中央大学社会科学研究所研究叢書……26

信頼感の国際比較研究

佐々木 正道　編著

中央大学出版部

はしがき

　「信頼」の研究は，社会学の根幹となる課題として，古来よりテニース，ジンメル，デュルケーム，パーソンズ，ルーマン，ギデンズ，バーバー，ベック等の理論家によって論じられ，長い間研究の対象として，多く議論されてきた。そして，「信頼」は，漠然とした測り難いものであると捉えられ，実証的裏付けのない理論的論争が中心となってきたが，1990年代になって，「信頼」に関する研究論文が主に欧米において社会学，心理学，政治学，経済学，経営学などの分野で多く発表されるようになった。ところが日本では，この分野の実証的研究は心理学では近年行われてきているものの，社会学においては実証的調査データに基づく，しかも国際比較研究はほとんど手つかずの状態である。

　「信頼」は個人の性格特性と社会関係および社会システムの特性と捉えることができ，個人の性格特性については，心理学で主に実験などを通して研究が行われてきた。「信頼」を社会関係特性，とくに対人関係において捉えた場合，「信頼」は社会関係による集団の形成とその維持そして集団成員の社会化の中核ともなる。「信頼」を社会関係に巻き込むことで「市民」を成立させ，安定した「市民社会」を形成しようとすることは，アダム・スミスからフーコーに至るまで繰り返し論じられてきた。「信頼」を社会システムの特性として捉えた場合，「信頼」は一般的には社会階層構造の上位から下位へ，他方で「不信」は下位から上位へと拡大していく傾向があると指摘されている。

　昨今では親から子への虐待や夫婦間・兄弟（姉妹）間のコンフリクトが，殺傷事件にまで至るなど，「信頼」を裏切る事件が頻発しており，「信頼」の揺らぎが第1次集団においても見られる。第2次集団への参加と「信頼」はダイナミックな相互依存関係にあり，「信頼」は集団への参加や組織化を促進するが，集団における相互不信は行動の監視と制裁を必要としそのためのコストは無視できない。とりわけ「信頼」は組織の目標を達成するための組織内外の社会的

資本（social capital）として組織に利益をもたらすが，ひとたび「信頼」を失った組織はその組織の解体に追い込まれることにもなる。

「信頼」の崩壊の起因については，伝統的価値観の崩壊，家族の機能の変化，ゲマインシャフト社会からゲゼルシャフト社会への移行による地域社会における連帯性や協力関係の弱体化，ダニエル・ベルの言葉を借りるならば「経済学化様式」としての利潤の飽くなき追求，さらに国際社会に目を転じると，宗教的対立・民族的対立・文明の衝突に基づく相互不信などが考えられる。そして，不信感の強い社会・文化では，その原因が歴史的経験に深く根ざしていることも多い。今後さらに進展する情報化，グローバル化，そしてリスク社会において，いかに「信頼」を構築することができるかが大きな課題である。

本書は，われわれのこれまでの研究に中央大学社会科学研究所の「信頼感の国際比較研究」チーム（幹事　佐々木正道）（2011 年～現在）の新たな研究結果を加え，編集したものである。

本書の刊行に当たり，研究の機会を与えてくださった中央大学社会科学研究所とその事務担当の鈴木真子さん，出版作業をお引き受けくださった中央大学出版部とその編集担当の長谷川水奈さんに謝意を申し述べたい。

平成 25 年 12 月

佐々木正道

目　　次

　　はしがき

第1章　信頼の社会学
田野崎昭夫

　1．信頼の社会学に関する基礎的考察
　　　──ホッブズの近代自然法論を中心に……………………………………1
　2．信頼社会学の基礎的考察──ロックの『政府二論』を中心に………15
　3．スミスの道徳哲学における信頼の社会学………………………………26

第2章　信頼の三相とその相互作用
森　秀樹

　1．信頼の発生……………………………………………………………………52
　2．古代における信頼……………………………………………………………54
　3．近代哲学における信頼………………………………………………………57
　4．信頼の3つの相とその相互関係……………………………………………62

第3章　「人間関係信頼感」と「信仰・宗教的な心」の国際比較
林　文

　1．はじめに………………………………………………………………………71
　2．人間関係信頼感………………………………………………………………72
　3．信仰と宗教的な心……………………………………………………………75
　4．人間関係信頼感と信仰・宗教的な心との関係……………………………78

第4章　パーソナルな信頼および一般的信頼と社会関係資本

安野智子

1. パーソナルな信頼と一般的信頼 …………………………………83
2. 文化差としての「信頼」 …………………………………………85
3. 「信頼」の範囲 ……………………………………………………87
4. データ ………………………………………………………………92
5. 社会関係資本と信頼——日米比較 ………………………………92
6. 結論 …………………………………………………………………100

第5章　ロシア人の信頼感
——旧体制の遺物か新体制の産物か——

石川晃弘
ニコライ・ドリャフロフ
ウラヂミール・ダヴィデンコ

1. 前提的考察 …………………………………………………………103
2. データ・分析方法・サンプル構成 ………………………………106
3. 分析 …………………………………………………………………108
4. 総括 …………………………………………………………………119

第6章　チェコにおける社会的信頼感とその関連要因

石川晃弘

1. 文脈——前提的考察 ………………………………………………123
2. 分析 …………………………………………………………………130
3. 総括 …………………………………………………………………139

第 7 章　Trust of Nations on Cultural Manifold Analysis (CULMAN): Sense of Trust in Our Longitudinal and Cross-National Surveys of National Character

Ryozo Yoshino

1．Introduction ···143
2．From Cultural Linkage Analysis (CLA) to Cultural Manifold Analysis (CULMAN) ···························147
3．Reconstruction of Trust in the Transitional Period···················153
4．Interpersonal Trust and Some Social Values ·························158
5．Cross-National Comparison of Interpersonal Trust & Institutional Trust ···168
6．Conclusions ···192
　和文要旨 ··203

第 8 章　信頼感と属性に関する国際比較

佐々木正道

1．各質問の回答と属性との関係 ···207
2．3 問による信頼感の尺度化の可能性 ······································215

第 9 章 Parental Socialization and Experiences of Betrayal: A Cross-National Analysis of Trust

Masamichi Sasaki

1．Parental Socialization ……………………………………230
2．Parental Promises ………………………………………232
3．Betrayal ……………………………………………………233
4．Data …………………………………………………………234
5．Research Findings ………………………………………235
6．Summary and Conclusions ……………………………254
　和文要旨 ……………………………………………………262

付録 1　 8 カ国調査表と単純集計表
付録 2　国別の単純集計表

第 1 章
信頼の社会学

田野崎昭夫

1．信頼の社会学に関する基礎的考察——ホッブズの近代自然法論を中心に

(1) 統治者と民衆と

　社会は人間によって構成されている。その人間ははじめから孤立した存在ではない。それは本質的には集合している存在としての人間であり，社会的存在としての人間である。そして，それらの人々は互いになんらかの「つながり」をもっている。最も身近で一般的な基本的「つながり」は，親子，夫婦，兄弟姉妹といった家族的な血縁のつながりである。それは人間の出生や成長をめぐる愛情を伴った信頼としてのつながりである。そしてこの信頼のつながりは，家族や親族の関係だけではなく，ひろく職場組織，近隣や地域社会，国家，さらには国家をこえて国際的地球的な人類社会にまで，その存立を基盤で支えている重要なつながりであることはいうまでもない。

　ところで，現実に社会には種々の対立や混乱があるのも事実で，それらの中で許容できない最たるものは戦争であり，現代社会はこれに悩まされており，これを防止ないしは終結させるべきあらゆる努力をしているのも事実である。課題は多岐にわたって厖大である。

　そこでここでは，考察の対象をしぼって，国家統治の近代への展開における

統治者と統治の対象である民衆，この場合国民と呼ばれることが多いが，その両者の間の信頼の成立過程を考察することにしたい。それは社会学史的にいえば近代自然法論の展開である。

とはいえ，自然法論は古代ギリシアからあり，法の示す正義の根拠を普遍的にイデアに求めたプラトンの説や，法の普遍的な正義を自然に由来するとしたアリストテレスの説などがあった。が，ここではアテナイの民主主義政治よりも現代の民主主義政治のより直接の源流としての近代自然法論に焦点を当てたい。

また政治において信頼が最も重要であることは，中国の儒教思想においても論語における有名な「民は信なくんば立たず」（民無信不立）という言葉に示されている。これは子貢が政治の要諦を問うたのに答えて，孔子が兵（軍備），食（食糧），信（信頼）の3つをあげ，そのうちで信頼が最も重要で，人民は信頼が政治になければ安定しないと述べているのである[1]。

しかしこのような民衆との信頼を重視する合理的ともいえる政治思想よりも，王権は宗教的権威によって正当化されるという思想がむしろ中国の王朝においては一般的だったといえる。このことは各王朝が王城首都を建設するに当たって王権儀礼の舞台としての祭壇を配置してきたといわれる。それらは儒教，仏教，道教や北方民族宗教など王朝によって様々であったが，共和国となってからはその機能は失われ遺跡になっている[2]。

ところで，近代自然法論は，ヨーロッパにおいて16世紀にフランスのジャン・ボダン（1530-1596年），17世紀にドイツのヨハネス・アルトジウス（1557-1638年）や，オランダのフーゴ・グロティウス（1583-1645年）などが活躍するに至って盛んになる。中でもグロティウスは，『戦争と平和の法』（*De jure belli ac pacis*, 1625）を書いた。これは彼が三十年戦争にかんがみて国際法の必要を痛感して著したもので，当時は，1618年にはじまった第1期ベーメン－ファルツ戦争が1623年に終わり，皮肉にも第2期デンマーク戦争がはじまった年であった。むしろ，グロティウスの近代自然法論で注目すべきは，自然法を神意法と人意法を含む意志法とは別系のものとして，ある意味で自然法を神

意法の上位概念に位置づけているところに中世的な宗教的国家論，王権論を克服していることである[3]。

(2) イギリスの内戦とホッブズ

近代自然法論者の中で，高校の教科書に取り上げられているのは，オランダのフーゴ・グロティウス，それからイギリスのトマス・ホッブズ（Thomas Hobbes, 1588-1679年）とジョン・ロック（John Locke, 1632-1704年）である。

当時，イギリスは新興海洋国家としてスペインに対抗し，これを凌駕しつつあった時代である。すなわち，1534年ヘンリー8世が首長令を発布して，ローマ教会から分離してイングランド国教会を設立して宗教改革を遂行することによって独自の王権の歩みを進めるが，その娘エリザベス（1世）女王はこのイングランド国教制度を確立し，シェークスピアの活躍などの文芸を発展させるとともに，スペインと戦って無敵艦隊（アルマダ）を撃破し欧州の列強に伍しつつあった。

ホッブズはこのイギリスがスペインの無敵艦隊を破った1588年に国教会牧師の子として生れた（ただしホッブズが生れたのは4月5日，無敵艦隊との海戦は7月31日から8月8日にわたってである）。しかし父トマス・ホッブズ（同名）は故あって出奔し伯父のもとでオクスフォードに学んだのち，キャヴェンディシュ卿（のちデヴォンシャー伯）の家庭教師となり，はじめは長男ウィリアムの，彼の没後はその子の家庭教師となり3回にわたって大陸旅行をしてフィレンツェでガリレオに会い，パリでデカルトに会っている。この頃イギリスはスチュアート王朝になってジェームズ1世を経てチャールズ1世の治世になって議会と王権の対立が激しくなり，チャールズ1世は1629年3月議会を解散して専制政治を強化するに至った。しかし1640年5月になって，ようやくチャールズ1世は議会を召集し，さらに11月に新議会を開くが，やがて王は議会と対立して1642年8月，軍を集結して弾圧を企てるに至って第1次内戦（Civil War）が始まる。はじめ王党軍が優勢であったが，オリヴァー・クロムウェルの鉄騎隊が王党軍を破って盛り返し議会軍の勝利で1646年5月第1次内戦が

終わる。しかし間もなくチャールズ1世が王党派を率いて第2次内戦をおこすが1648年8月クロムウェルはこれを鎮圧し、翌1649年1月30日議会はチャールズ1世を処刑する。

ホッブズは，1640年5月頃「人間性」と「政治体について」との政治論文[4]を書いて手稿の形でニューカスル侯（ウィリアム・キャヴェンディシュ伯のいとこ）に献じたものが回覧されて，その内容がスチュアート絶対王政の正当化に利用されたために，議会と王権との対立が激化して内戦へ発展する緊迫した状況を逃れて，いちはやく1640年末にパリに亡命していた。その頃，チャールズ1世の王妃がフランスのアンリ4世の娘であることもあって，多くのイギリスの貴族が1644年パリに亡命したこの王妃のもとに集まって一種の亡命宮廷[5]を形成した。1646年には，チャールズ1世に従って従軍していた皇太子が母である王妃のもとへ逃れて来た。1649年1月のチャールズ1世の処刑ののち彼は即位を宣言してチャールズ2世を称し，1650年6月スコットランドに上陸して挙兵するも，敗れて1651年10月再びフランスへ亡命して第2次内戦がようやく終わる。

この間，ホッブズはこの「亡命宮廷」に出入りして皇太子の数学教師として迎えられるが，他方イギリスの革命的状況に関心をもつホッブズは，1641年11月にラテン語で『市民論』(*De Cive*)[6]を書きあげた。この著書は匿名でパリで出版され，1647年には名前を出してオランダ・アムステルダムで出版されて，ホッブズの革命的立場が示され「亡命宮廷」で彼は異端視され，さらに『リヴァイアサン』(*Leviathan*)（英文）が1651年にロンドンで出版されるに及んで彼は「亡命宮廷」から排除されるに至った。そしてホッブズは遂に1651年末にイギリスに帰国してクロムウェルの新政権に帰順する。

オリヴァー・クロムウェルは，この1642年から1651年にわたる内乱（内戦）である清教徒革命（the Puritan Revolution）を遂行して1649年5月共和国・自由国家を宣言する。そして対外的には1651年10月9日航海条令（または航海法，Navigation Acts）を発布してイギリス海運業を保護する意図のもと，とくに中継貿易に重点をおいたオランダ船を排除したため，オランダと1652年

7月8日戦端を開くに至り，1654年4月講和によって勝利し，イギリスの海上覇権の基礎をつくった[7]。

かくして，オリヴァー・クロムウェルは厳格な清教徒としての統治を行ったが，次第に議会と対立するようになり，軍隊の支持の下1653年12月に護国卿（Lord Protector，あるいは護民官とも）となる。のちに1657年3月議会はクロムウェルに王位を要請したが5月共和派将兵の反対によって辞退した。ところがオリヴァー・クロムウェルは1658年9月3日病のため没した。その子リチャード・クロムウェルが継いで護国卿となるが，軍を支配しえず，議会の支持も失って1659年5月辞任して，替わってチャールズ1世の子チャールズ2世が，1660年4月オランダのブレダで王政復古の宣言をして帰国し，5月に即位し翌年戴冠式を挙行する。

ホッブズはデヴォンシャー伯とともにチャールズ2世を迎え，また宮廷に招かれて年金を付与されて生活を保障された。これは亡命中のチャールズ2世との関わりに因るところ大であった。王政復古になってホッブズの思想への批判は一層高まり，『市民論』やリヴァイアサンは禁書にもなった。ホッブズは晩年には1675年にロンドンを離れてデヴォンシャー伯のハードウィックの別邸[8]で過ごし，1679年12月4日91歳で亡くなっている。

(3) 『リヴァイアサン』にみる王と民衆の信頼関係

ホッブズは，「自然は人間を身体と心の能力において平等につくった」（Nature hath made men so equal, in the faculties of the body, and mind）という[9]。そしてそれゆえに，例えばふたりが同じものをほしいのに，それが不可能だとするとふたりは敵となり不信（diffidence）が生じる。こうして不信はあらそい（quarrel）の原因となる。「人々が，かれらのすべてを威圧しておく共通の力なしに，生活している時代には，かれらは戦争とよばれる状態にあるのであり，かかる戦争は，各人の各人にたいする戦争なのである。」（during the time men live without a common power to keep them all in awe, they are in that condition which is called war; and such a war, as is of every man, against every man.)[10] ホッブズは *Leviathan* の第13章「人類の至福と悲惨にかんするかれらの自然状態について（Of the natural condition of mankind as concerning their felicity, and misery）」においてこのように述べて，人々はこの自然状態を脱して平和への努力をする。そして理性は平和への規約条項を示し人々はこれらを承諾する。これが自然法（the Laws of Nature）である，という。

自然法とは，「理性によって発見された戒律または一般法則である。」（a precept or general rule, found out by reason）[11] このようにホッブズは自然法を定義し，19種の自然法をあげている。しかし重要なのははじめの3種ほどであろう。

第1の自然法は基本的自然法であって，「各人は，平和を獲得するのぞみがかれにとって存在するかぎり，それへむかって努力すべきであり，そしてかれがそれを獲得できないときは，戦争のあらゆる援助と利益を，もとめかつもちいてよい」[12] というものである。

第2の自然法は，平和への努力をする第1の基本的自然法から導かれる。すなわち「人は，他の人人もまたそうであるばあいには，平和と自己防衛のためにそれが必要だとかれがおもうかぎり，すすんですべてのものごとにたいするかれの権利をすてるべきであり，そして他人がかれにたいしてもつことを，かれがゆるすような，自由を，他人にたいして自分がもつことで，満足すべきである」[13] というものである。ここですてるべきとする権利の基本的なものが自然権であるが，自然権（the right of nature, jus naturale）とは「各人が，かれ自身の自然すなわちかれ自身の生命を維持するために，かれ自身の欲するままにかれ自身の力をもちいるという，各人の自由である」[14] とされる。

ただここで重要なのは，人間には放棄または譲渡されない若干の権利があるということである。「第一に，人は，かれの生命をうばおうとして力ずくでかれを攻撃する人々にたいして，抵抗する権利を，放棄することはできない。」[15] これはある意味で延長すれば暴君放伐論（monarchomachia）につながるといえるものである。

ともあれ，この第2の自然法は権利の放棄ないし譲渡が行われるが，それを

うけた人々の側では権利を放棄や譲渡をした人たちの利益を損なわれないようにする義務に拘束されるわけであり，そこでは相互の間に信頼がなければならない。契約（contract）とは「権利の相互的な譲渡」[16]であるとすると，さらに，契約された行為を遂行する場合，相手方が実行することを相互に信頼しあうことが必要であり，そのような契約は信約（covenant）と呼ばれる[17]。

かくして，「人々はむすばれた信約を実行すべきだ」という第3の自然法が提示され，そこに「正義のみなもと」(the fountain and original of justice) が存することになる[18]。

そして「正義の本質は，有効な信約をまもることに存するが，信約の有効性は，人々をしてそれをまもらせるに十分な，社会的権力（civil power）の設立によってのみはじまり，それと同時に所有権もまた，はじまるのである。」[19]それは「正義と所有権は，コモン‐ウェルスの設立とともに，はじまる」[20]ということである。

それは具体的にいうならば，「かれらを外国人の侵入や相互の侵害から防衛し，それによってかれらを保全して，かれらが自己の勤労と土地の収穫によって自己をやしない，満足して生活できるようにするという，このような能力のある共通の権力を樹立するための，ただひとつの道は，かれらのすべての権力とつよさとを，ひとりの人間または人々のひとつの合議体（assembly）にあたえることであって，そうして，多数者意見によって，かれらのすべての意志をひとつの意志とするのである。」[21]このようにして，人々は王あるいはこれに準ずる統治者を選んでこれに服従するとホッブズは考える。

「こうして一人格に統一された群衆（multitude）は，コモン‐ウェルス（a commonwealth），ラテン語ではCIVITASとよばれる。これが，あの偉大なリヴァイアサン，むしろ（もっと敬虔にいえば）あの可死の神 Mortall God の，生成であり，われわれは不死の神 Immortall God のもとで，われわれの平和と防衛についてこの可死の神のおかげをこうむっているのである。」[22]

コモンウェルスを定義するならば，「それは，ひとつの人格であって，かれの諸行為については，一大群衆がそのなかの各人の相互の信約によって，かれ

らの各人のすべてを，それらの行為の本人としたのであり，それは，この人格が，かれらの平和と共同防衛に好都合だとかんがえるところにしたがって，かれらのすべてのつよさと手段を利用しうるようにするためである。

そして，この人格をになうものは，主権者（Sovereign）とよばれ，主権者権力をもつといわれるのであり，他のすべてのものは，かれの臣民（Subject）である。」[23]

図1-1は，高校教科書にも掲載されてよく知られている絵であるが，ホッブズの『リヴァイアサン』の扉絵である。王冠を戴いた主権者が領土（国土）の上に君臨している図柄であるが，よくみると主権者である王の体部を民衆が蟻のようにむらがってつくっているのがみえる。というよりも，主権者たる王の身体が臣民である民衆によって構成されていることを示している。

ところでこの絵は，ホッブズの著書『リヴァイアサン』の扉絵であるので，中央下段に書名が書いてある。紹介すれば『リヴァイアサン　すなわち教会的および市民的国家の資料，形相，および力』マームズベリのトマス・ホッブズ著（LEVIATHAN or, the Matter, Form, and Power of a Commonwealth, Ecclesiastical and Civil. by Thomas Hobbes of Malmesbury.）と書かれている[24]。

したがって，この扉絵全体としては，リヴァイアサンというコモンウェルスの姿を描いているものであり，国家を人間の姿であらわしていることは，社会学説における社会有機体論になぞらえれば国家有機体論ともいえる。この人間との類比的（analogical）な論述は，むしろ『リヴァイアサン』の冒頭の序説によく示されている。

「技術（Art）によって，コモン－ウェルスあるいは国家，ラテン語でキウィタスとよばれるあの偉大なリヴァイアサンが創造されるのであるが，それは人工的人間（Artificial man）にほかならないからである。ただしそれは，それが保護し防衛するように意図された自然人よりもおおきくてつよい。そしてそのなかで，主権は，全体に生命と運動をあたえるのだから人工の魂であって，為政者たちやその他の司法や行政の役人たちは，人工の関節である。賞罰は神経であって，自然人の肉体におけるとおなじことをする。すべての個々の成員の

図1-1 ホッブズ『リヴァイアサン』の扉絵

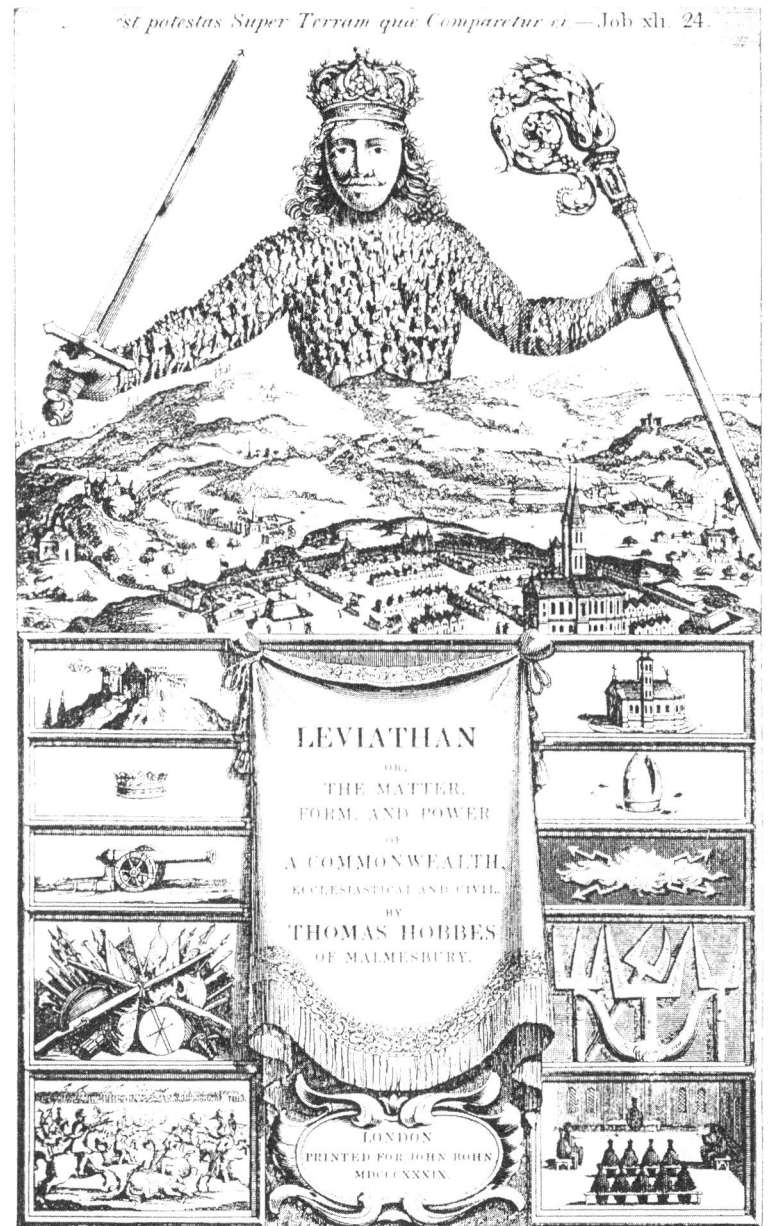

富と財産は，力である。人民福祉はその仕事である。顧問官たちによって知る必要があるすべてのことが示されるが，この顧問官は記憶である。公平と法は，人工の理性と意志である。和合は健康，騒擾は病気であって，内乱（Civil war）は死である。さいごに，この政治体（Body Politic）の諸部分を最初につくりだし，あつめ，結合した，その約束（Pacts）および信約（Covenants）は，創世のときに神が宣告したあの命令（Fiat），すなわち人間をつくろうという言葉に，似ている。

　この人工的人間の性質（nature）を説明するために，わたくしは次のことを考察する。

　　第1に，その素材（Matter）と創造者についてであるが，それらはともに人間である。

　　第2に，いかにして，どのような信約によって，それはつくられるか。主権者の諸権利および正当な権力，または権威とはなにか，それを維持し解体するものはなにか。

　　第3に，キリスト教のコモン－ウェルスとはなにか。

　　さいごに，暗黒の王国（Kingdom of Darkness）とはなにか」[25]
と述べている。

　この『リヴァイアサン』の4部構成をおおまかにいえば，第1部は自然法について人間考察から論じ，第2部は社会契約によって成立したとホッブズが考えるコモンウェルス（国家）を考察し，第3部はキリスト教におけるコモンウェルスたる神の国を聖書によって考察し，そして第4部で英国教会の立場から，ローマ法王とその配下の，および長老派教会の僧職者たちがこの宗教における暗黒の王国の創造者であるとして批判する。

　この『リヴァイアサン』はホッブズがクロムウェル統治下のイギリスへ1651年末帰国する直前の同年夏にロンドンで出版されたものであることを考えると，ホッブズの近代自然法論はクロムウェル統治の理論的基礎づけを意図している面をわれわれはうかがうことができる。戦争状態であるという自然状態は清教徒革命中の内乱（Civil war）の状態を念頭においたものとみることができ

るし，自然法に基づいた社会契約によって民衆との信約として確立したとされる主権者クロムウェルの支配の正当性は，ロバート・フィルマー[26]の王権神授説のような宗教的基礎づけによる支配の正当性に対抗するものであったといえる。それは，宗教的権威による支配の正統性のゆえの正当性から脱却して，王権そのものが宗教から独立した正当性のゆえの正統性を理論化した装置が近代自然法論であった。それは神との間ではなくて民衆との間の信頼に基づく契約である信約（covenant）という概念が重要な機能を果たしているとみることができる。

なお，前述したようにクロムウェルは王位につかず護国卿にとどまったのであるが，『リヴァイアサン』刊行の 1651 年頃は新王朝をおこすのではとみられていたので，前掲の扉絵はクロムウェルを想定した姿とみてよいし，事実，辞退はしたが議会はクロムウェルに 1657 年に王位を要請している。

また，コモンウェルスの語は『リヴァイアサン』では a commonwealth と書かれているが，後世の歴史では "the Commonwealth" と定冠詞を付して大文字で記すときは，1649 年から 1660 年の王政復古までの間のクロムウェル（子のリチャード・クロムウェルを含めて）統治下のイギリス共和国を示している。これはある意味でこの『リヴァイアサン』の影響によるものだといえよう。

⑷　名誉革命とフランス革命

1660 年王政復古になってチャールズ 2 世の治政が進行するが，1665 年 2 月またも第 2 回のイギリス－オランダ戦争がおこり，1667 年 7 月のブレダ条約で終わる。そしてさらに 1672 年 3 月第 3 回イギリス－オランダ戦争がおこり，1674 年 2 月ウェストミンスター条約で終わる。

ところで，イギリスにおける名誉革命につながる近代自然法論者であるジョン・ロックは，1666 年シャフツベリ伯（1621-83，当時アシュリ卿）の知遇を得て，その侍医となり子弟の家庭教師となる。シャフツベリ伯は大法官になるが失脚して 1675 年退きロックは 1679 年までフランスに遊学する。しかしシャフ

ツベリ伯は復活し，1678年旧教徒陰謀事件（Popish plot）を暴露して議会の多数派を握り，旧教徒である王の弟ヨーク公（のちのジェームズ2世）を王位継承から排除する法案を提出する。この法案の賛成者はホイッグ（Whig），反対者はトーリー（Tory）と呼ばれ，イギリスの二大政党制の端緒をつくった。しかし，この法案（Exclusion Bill）は成立せず，チャールズ2世に嗣子がなかったので，ヨーク公は1685年2月兄王の死により即位してジェームズ2世となる。

当時，ロックは1683年から再び亡命してオランダにいた。新王ジェームズ2世は旧教を復興して専制政治を行おうとしたため，国民および議会はこれにこぞって反対した。1688年4月ジェームズ2世が前年4月に続いて，再び信仰自由宣言を発布したため，議会は6月にジェームズ2世の先妻の子で新教徒であるメアリとその夫のオランダのオレンジ公ウィリアムに招請状を送る。これに応えて11月にオレンジ公ウィリアムがイギリスに上陸すると，ジェームズ2世は12月にフランスに亡命して王位は空席となり1689年2月イギリス議会が「権利の宣言」を議決し王冠を捧げウィリアムはウィリアム3世となりメアリも女王となる。すなわちここではウィリアムとメアリの「共治」であり，国家元首は2人一体とみなされる。ここに銃火を交えずに元首が交替したので名誉革命（the Glorious Revolution）が達成された。

ジョン・ロック『政府二論』（Two Treatises of Government）は1690年に名誉革命後に刊行されているが，執筆は革命進行中にされたものであろう。ロックの近代自然法論は，自然状態が自由で平等な状態であり，そして社会契約を結ぶ場合には自然権のうちで契約が信義，信頼に反する場合にこれに対抗する権利を保存している点において，ホッブズの近代自然法論とは対照的であるとされる。また『政府二論』の第1論文は王権神授説の批判であり，第2論文は自分の自然法学説の展開であるが，この両論文の間に本来用意されていた中間論文があったとされ，これがホッブズの自然法論批判ではなかったかと推測されている。ともあれ，ロックの『政府二論』が名誉革命の理論的基礎を提示していることは確かである。

名誉革命後のイギリスは、ウィリアム3世メアリ2世の共同統治も、メアリの他界（1694年）、ウィリアム3世の落馬事故がもとでの死去（1702年）などで終わり、メアリの妹アン女王の治世を経て、チャールズ1世の妹の嫁ぎ先のドイツのハノーバー選帝侯をジョージ1世として迎えてハノーバー朝がはじまるが、その子ジョージ2世もドイツ生れで英語をよく語れず、その治世1760年までの間に国政を内閣に委ねることによってイギリスの責任内閣制がますます発展確立した。

　また、ウィリアム3世はもともとオランダにあって、フランスのルイ14世の侵略に対抗して戦っていたが、イギリス王位に就いてからもフランスと1689年5月開戦し、海戦において、またアメリカ大陸において戦い、1697年9月連合した他の諸国とともにフランスと講和する。しかし間もなく1701年9月スペイン継承戦争がおこり、フランス対イギリス、オランダ、オーストリアの大同盟の抗争が1714年9月まで続く。

　そしてこのとき、イギリス王位はスチュアート朝からハノーバー朝にかわり、ジョージ1世とジョージ2世にわたってホイッグ党のウォルポール首相が1742年まで政権を担うが、1740年12月におこったオーストリア継承戦争に介入し、さらにアメリカ大陸でも英仏植民地間戦争も展開して1748年10月にアーヘン条約でようやく結着する。この間、トーリー党のウィリアム・ピット（大、1708–78年）は内閣を組織して1746年から、1760年に即位した次のジョージ3世の治世で（一時辞職しながらも）1768年まで活躍する。

　とにかくこの時期に、イギリスはフランスに対抗してヨーロッパでは時に応じてオーストリアやオランダその他と同盟しながら戦い、アメリカ大陸でも植民地間でフランスと戦争して優位に立っていた。

　これらの諸状況の差によって、一方でイギリスは産業革命を先行させて、1776年のアメリカ独立というイギリスにとっての植民地喪失の犠牲を払いながらも、資本主義国家への歩みを始めることができ、他方フランスは矛盾を抱えながら近代化への歩みに遅れてフランス大革命という悲劇的な犠牲を払うのである。

その過程は，イギリスとフランスが1756年から1763年にわたる七年戦争を戦いながらも，イギリスでは1760年頃にはいわゆる囲い込み運動が盛んに行われて農民が都市労働者へと流れて1770年頃からは産業革命期に入り，アダム・スミスが『国富論』を1776年に著して経済学が体系化されてくることに示されるように，資本主義社会が次第に確立してくる。ところでこれに先立ちスミスは，グラスゴー大学の道徳哲学の教授で当時の学制ではそれは神学，倫理学，経済学，法学の4部門を含むものであったので，その一環として1759年に『道徳情操論』(The Theory of Moral Sentiments) を著した。その中で彼は，人間は利己心のみによって支配されるもではなく，同情（sympathy）もまた人間の本性であって，これこそが社会結合の紐帯をなし道徳的感情の基礎をなすものと主張しており，ここにわれわれは「信頼の社会学」の源流のひとつを求めることができる。すなわち，近代自然法論が支配層と人民の間の，社会層間の信頼を説いたのに対して，ここでは社会や国家内での個人間の信頼関係の基礎を説いて，近代資本主義社会における活動の基盤を明らかにしたものである。

　また他方，近代社会への歩みで遅れをとったフランスでは，ジャン＝ジャック・ルソーの近代自然法論が，一般化された意味で啓蒙思想の形をとって展開されている。ルソーは『人間不平等起源論』(1755年) で人類は自由平等な自然状態から権力者の出現によって不平等になったと当時の絶対王政を批判する含意を示し，また『社会契約論』(1762年) によって，人類が部族社会に進化して社会的不平等が生じ抗争や戦争が甚しくなったので，社会契約によって市民社会としての近代国家を確立すべきであると説いて，自由と権力の調和を実現させようとした。しかしこのような主張は直接民主制へ導くものとして絶対王政の当局から弾圧されてルソーは亡命せざるをえなかったが，それはやがて百科全書派などの流れの啓蒙思想と合流，拡大してフランス革命を1789年7月に勃発させ，10年余に及ぶ大激動はルイ王朝を崩壊させて，ナポレオン等の帝政を出現させたりしながらも，基本的に共和制国家としてのフランスの資本主義社会を現出していった。それは王侯貴族や神職僧侶階級と，シェイエス

のいう第三身分である民衆との間に信頼関係が欠如していたからであった[27]。

2．信頼社会学の基礎的考察——ロックの『政府二論』を中心に

⑴　近代議会制度の渕源

　イギリスの議会制度は，近代社会の展開の中で，現代の世界諸国の議会制度の直接の源流と考えてよい。中世の王や諸侯の下における重臣の会議体である宮廷諮問会から発展して貴族，僧侶，民衆（商人，職人ときに農民）などの身分のうちのいくつかからなる会議体としての等族会議は，ヨーロッパでは 13 世紀には成立している。それらのうちで歴史的に有名なのは，イギリスのジョン王の治政下に 1215 年 6 月 15 日発布されたマグナ・カルタ（Magna Carta, Great Charter, 大憲章）である。ジョン王の失政，とくにフランスでの敗戦を挽回するための戦費調達などへの封建諸侯の反対で，王の専権を制限し 64 か条の過去の慣習の回復や封建諸侯の権利確認などを盛り込んだ法を王に承認させたものである。しかしのちに王は無効宣言をして内乱になるが 1216 年 10 月王は病没しておさまり，さらにこの法は削除や修正をされたりするが，とにかくイギリス立憲政治の基礎をなしているところにその意義がある。すなわち，のちに 1628 年 5 月チャールズ 1 世治下で議会が「権利請願」（Petition of Right）を議決して，国王の議会解散（1629 年 3 月）でやがて 1642 年ピューリタン（清教徒）革命がおこることになる。また，1689 年 12 月発布された「権利章典」（Bill of Rights）は，ウィリアム 3 世とメアリ 2 世が共同統治で即位し同年 2 月にイギリス議会が議決した「権利宣言」（Declaration of Right）を承認して発布したものであり，これによって名誉革命を完成させた。そこでこれらマグナ・カルタ，権利請願，権利章典は，イギリスの三大議会制定法といわれてイギリスの立憲君主制を確立させたといわれる。

他方，フランスでは，歴史的に有名なのは三部会（États généraux）で諸身分の全体会議のことであるが，1302年4月フィリップ4世が聖職者，諸侯，市民からなる会議を開いてから，とくに百年戦争（1339-1453年）期と宗教戦争期，とくにユグノー戦争（1562-1598年）の頃を中心に頻繁に開かれていた。しかも1560年からは身分制であるが選挙によって構成員が選出されるようになる。しかし1614年を最後に開かれず，ルイ16世治下の1789年5月に175年ぶりに開催されてフランス革命の端緒をつくる最後の三部会となった。

要するにフランス，スペイン，ドイツ帝国のように僧侶，貴族，平民といった三部会制であれ，イギリスの上院（the House of Lords）と下院（the House of Commons）と同様の，ハンガリー，ポーランドのような二部会制をとる国であれ，これら中世から近代へのヨーロッパにおける等族会議は，国王や諸侯が戦争や有事に臨んで戦費などを調達するため召集するのであるが，会議側はこれに対して各身分を代表して国王の権限を制限してその権利を守ろうとするのである。

ところで，マグナ・カルタを承認したジョン王に次いでヘンリー3世の治政下で貴族らが結束して国王を破り，1265年1月に貴族・僧侶のほかに地方の有力な騎士および都市の市民代表も加わって国政を議するようになって，イギリス議会の原型が出現したといわれる。その後，百年戦争，さらにばら戦争（1455-1485年）を経てイギリス王国はヘンリー7世のチューダー王朝となる。この間，イギリスは交換経済の展開，外国貿易の発展，都市の発達がみられ，さらには農民の経済的向上はヨーマン（yeoman，独立自営農民），ジェントリー（gentry，郷村紳士）の階層を形成させ，中世の荘園制度を解体させて，封建制度を崩壊させていった。

したがってチューダー朝を継いだ絶対専制君主ヘンリー8世は，彼の離婚問題によって1534年に英国国教会の成立というイギリス的宗教改革を断行して，さらに1536年小修道院の解散によって没収した土地などの資産を，地方行政を支援してくれた治安判事としてのまた下院議員としてのジェントリー層に分配して，その勢力をある意味で貴族層に対抗するものにした。

ヘンリー8世の娘エリザベスは，二代を置いて女王に1558年即位するが，スペインの無敵艦隊を1588年夏に撃破するなど政治権力を強化して，シェークスピア演劇が盛んとなり，いわゆるイギリス・ルネッサンスが開花するなど文化的繁栄をするものの，経済的には貧困問題を抱えるなど必ずしも順調ではなかった。

(2)　専制君主と議会

　1603年3月エリザベス女王が没して，ジェームズ1世が即位し17世紀にスチュアート朝を開く。時代は中世末期から近代への過度期としての専制君主制が，貴族層を軸とする議会から都市的商人層や郷村の地主層（ジェントリー）などを軸とする議会へと社会的影響力が移行した局面の中で，議会と対立する形で登場する。とくに次のチャールズ1世の治政下では，ジェントリー層が中心となって庶民院（下院，the House of Commons）だけでなく貴族院（上院，the House of Lords）の同意も得て，1628年5月議会が権利請願（Petition of Right）を議決して国王に提出して署名を得た。それは国王に議会の承認なく課税や財産没収しないことや，身体の自由など自由権の保障を求めたものであり，とくにイギリスのコモン・ロー（慣習法）での国王を相手に訴えないという原則のため，請願の形式で損害を回復するという手続から権利請願といわれた。

　ところがチャールズ1世は，権利請願に署名したにもかかわらず翌1629年3月に議会を解散して専制政治を強化していった。そこには，のちにジョン・ロックによって批判されるロバート・フィルマーたちの王権神授説による思想的支持もあった。また英国国教会体制の強化，清教徒その他の非国教徒への圧制，浪費的な宮廷財政などの諸問題は，とくに下院の議会を国王に対して批判的にさせた。下院の議会はジェントリー層，コモン・ローの専門家，清教徒派の三大勢力が主要な構成をなしていた。

　しかもこの時期は，新大陸アメリカへイギリスからも移民がさかんに開始されていた。すでに先王ジェームズ1世治下の1620年12月ニューイングランドへメイフラワー号で最初に移民した清教徒のうち，とくにプリマスに植民した

102名は，メイフラワー契約書を採択してピルグリム・ファーザーズ (the Pilgrim Fathers) とアメリカ史で呼ばれて，ある意味で社会契約説の実践といえる。チャールズ1世治下でも移民が行われ，1634年3月メアリーランド，1636年6月コネチカット，ロードアイランド，1638年4月ニューハンプシャーなどに，弾圧された非国教徒諸派が植民している。そして特記すべきは，1636年アメリカ最初の大学ハーヴァード大学が創立されている。

このように専制政治で国教会を強制したチャールズ1世は，1634年10月議会の承認なく施行した船舶税を1637年にさらに徴収範囲を拡大しようとして訴訟をおこされ，1637年6月にスコットランドに国教会の祈禱書の使用を命じて騒乱がおこり，とくに1639年5月から6月にかけてスコットランド人の大規模な蜂起がおこり，これに対する制圧，さらにスコットランド征討の戦費調達の協力を求めて11年ぶりに議会を1640年4月に召集するが反対がつよく，すぐに5月には解散する（短期議会）。しかし議員の人選をかえて新議会を同年11月に召集する。これは1653年まで続くので長期議会と呼ばれる。それは財政難から臨時課税や強制献金によってスコットランド戦争の戦費のためやむをえず開会したもので，この長期議会は，5月には解散反対法，7月には星室庁 (Star Chamber)，特設高等法院 (Court of High Commission) の廃止など次々と王権を制限して専制政治を打破するための改革を満場一致で実現し，さらに下院議会が11月に大諫議書を採択するに及んで，翌1642年1月に国王がピム (John Pym 1584-1643年)，ハンプデン (ハムデン, John Hampden 1594-1643年) ら5人の急進的指導議員の逮捕を要求したが，議会は拒否する。それは国王の宗教権，軍事権を議会が掌握しようとするもので，これには議会内の穏健派が国王支持に移行して，議会内で分裂対立が生じ，しかも国王が軍を集結して議会を弾圧しようとしたため，1642年8月第1次内乱 (Civil War) がはじまる。

議会軍ははじめ劣勢であったが，ハンティンドンのジェントリー出身のオリヴァー・クロムウェルがジェントリーやヨーマンの子弟を訓練して編成したいわゆる鉄騎軍を率いて1644年7月マーストン・ムーアで勝利する。しかし議

会軍内で長老教会派 (Presbyterians) および貴族勢力と，独立教会派 (Independents) との間に対立がおこり，クロムウェルは1645年4月長老教会派と貴族勢力を軍隊から排除して，独立教会派の指導者として2月に組織したばかりの新型軍 (New Model Army) を率いて6月にネーズビーで国王軍に大勝する。国王は1646年1月スコットランドに逃れて5月降伏し，第1次内乱が終わる。

しかし間もなく，1647年1月国王チャールズ1世は議会側にひき渡されて，国王と議会の間で交渉が行われるが，王に誠意乏しく議会の怒をかい，1647年12月王がスコットランドと密約して1648年8月に王党派の反乱に呼応してスコットランド軍が侵入し，第2次内乱がおこる。クロムウェルは直ちに軍を率いてスコットランド軍をプレストンで破る。12月に軍によって議会から長老協会派議員らが追放されて，議会は独立教会派の「残部議会」(Rump Parliament) となり，残部議会は国王チャールズ1世の裁判を要求し，1649年1月20日から27日にわたって裁判の結果，暴君，反逆者，虐殺者，国民の敵として，直ちに1月30日ロンドンで処刑された。

(3) フィルマー「王権神授説」の批判

以上の考察は，前節の中の部分と重なる時期を取り上げているが，本節ではイギリス議会制度の成立に視点をおいて考察したものであり，そしてイギリス革命を構成する前期の清教徒革命について取り上げたものである。その意図は，イギリス革命の後期をなす名誉革命の思想の支柱を打立てたジョン・ロックの『政府二論』(Two Treatises of Government, 1690) のうちの第1論文「前者については，サー・ロバート・フィルマーと，彼の追随者たちの間違った諸原理と根拠が見破られて打毀される」(In the Former, The False Principles and Foundation of Sir Robert Filmer, and His Followers, are Detected and Overthrown.) を取り上げるためである。

図1-2の『政府二論』の扉は，第3版1698年刊のものであるが[28]，筆者が前節で掲げたホッブズの『リヴァイアサン』の扉のように絵画的なものではな

図1-2 ジョン・ロック『政府二論』の扉

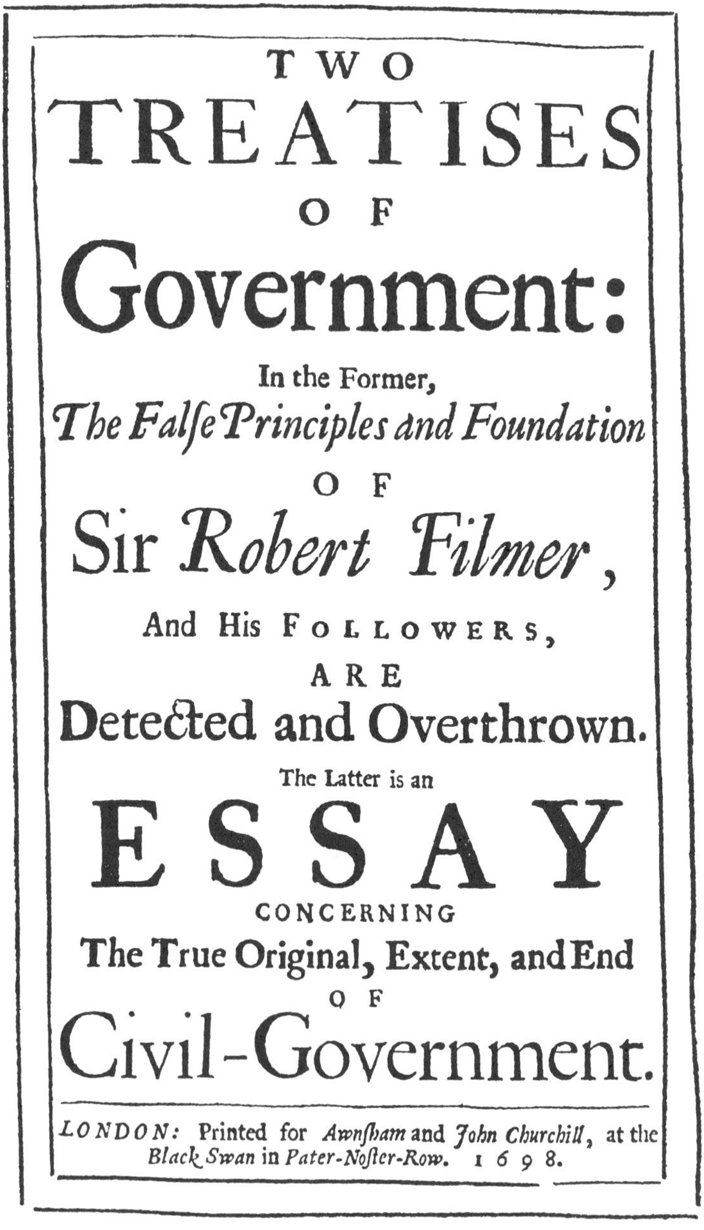

TWO TREATISES OF Government:

In the Former,
The False Principles and Foundation
OF
Sir *Robert Filmer*,
And His FOLLOWERS,
ARE
Detected and Overthrown.

The Latter is an

ESSAY

CONCERNING
The True Original, Extent, and End
OF
Civil-Government.

LONDON: Printed for *Awnsham* and *John Churchill*, at the Black Swan in Pater-Noster-Row. 1 6 9 8.

くて，みればわかるように文言的なものである。しかし文言が扉面いっぱいに，しかもかなり説明的ながら文字は大小太細を交えて装飾的である。なお第2論文については，「後者は市民政府の真の起源，範囲，および目的に関する試論である」(The Latter is an Essay concerning the True Original, Extent, and End of Civil Government.) と書かれている。

　フィルマーは，いわゆる王権神授説（the divine right of kings）の代表的主唱者として，チャールズ1世によってナイトに叙せられ，内乱では王党派として活動する。フィルマーは1589-1653年を生没年とするが正確ではなく他の説もある。しかし活躍するのは前期スチュアート朝のチャールズ1世治下であり，クロムウェル共和政期に没する。ところがジョン・ロックが『政府二論』で批判の対象にするのは，1660年の王政復古後の後期スチュアート朝の1680年にトーリー党が中心になってフィルマーの遺著『族父論』(Patriarcha, or the Natural Power of Kings)[29]が刊行されて，チャールズ2世，とくにジェームズ2世の専制政治の理論的支柱として影響力を示してきたからである。

　ロックは『政府二論』においてフィルマーをフル・ネームで書くことは殆どなく，「Sir Robert」「Sir Robert F.」，甚しきは「Sir R.F.」，とさえ書いている。今日われわれは，一般には「R.Filmer, R. フィルマー」と記するが，他面ではロックはいちいち「Sir」の称号をつけて書いている。

　ところで王権神授説は，世界的には王，君主が神からその権力を与えられたとして，その権威を神によって正統化する思想であるが，フィルマーの場合は17世紀ヨーロッパがキリスト教社会であり，しかも宗教改革を経たイギリスであることを前提とすれば，そこでは一般に王権神授説が民衆支配の思想的手段であり，また各地の貴族層を統率する有効な論理であることはいうまでもないが，さらにこの場合，イギリス国王が英国国教会の首長であることから，それはローマ法王の介入を退けるための論理でもあった[30]。王は権力の根拠として神から与えられたものでローマ法王からではないとすることによって専制君主の他の宗教権力者からの独立を意図していた。それは他方からみれば，君主自身が神であるとすることへ通ずるものでもあった。イギリス国王がイギリ

ス独自の英国教という宗教体の首長であるということで完結されていたのである。フィルマーはこれを論理的に強化するために，聖書に直接の根拠を求め，しかもそれを国家が家族の拡大であるとみなして君主の権威は家父長の権威ないし権能の発展したものとして捉えたところに特徴があった。

「ロバート・フィルマーの大前提の立場は，人々は生れながら自由なのではない，ということである。」(Sir R. F.'s great Position is, that *Men are not naturally free*.)[31]とロックは『政府二論』の第1論文の第2章冒頭で述べて，これがフィルマーの絶対専制君主制のよって建つ基礎であると考えたと捉えている。フィルマーは聖書を根拠にして，端的にいえば，神がアダムに父としての自然権を与えて，それを相続してきた子孫であるイギリス国王の権威は神から授かったものであると主張する。

これに対してロックは，同様に聖書に立脚しながらフィルマーの主張を反論していく。仮にアダムか神から授かった子供達に対する父としての権威とか世界に対する支配権とかが，ロックは首肯しないのだが，仮に正しかったとしてもその子孫はそれらの権利を相続してもっているとは認められず，仮にもっていたとしても確実に決定されたとは認められないし，さらに確実に決定されたとしても全人類の中の誰がその正統な相続人であるかは全く不明で不可能であるとする。

フィルマーの主張は，アダムの第10代の子孫で大洪水に際して方舟をつくって全世界の動植物と人類を救ったとされる族長ノアについて聖書の神話社会の中ですでに疑わしいのであり，ましてや現実の歴史社会の中でイギリス国王チャールズ1世については完全に否定されている，とロックは断定する。そもそもフィルマーの説の体系は，「すべての政府は絶対専制君主制であること」(That all Government is absolute Monarchy.) そしてその根拠は「人間は自由な存在として生れるのではないこと」(That no Man is Born Free.)[32]にあるとしたことに誤りがあったとロックは分析する。

(4) 名誉革命とロック「市民政府論」

　1649年1月のチャールズ1世の処刑ののち，2月，その遺子チャールズは即位を宣言してチャールズ2世としてパリに亡命宮廷をつくるが，イギリスはオリヴァー・クロムウェルの共和政治がはじまる。議会は実質的に下院（庶民院）のみの一院制として存続し，先に1640年11月にチャールズ1世治下で召集された長期議会は，1648年12月長老教会派が追放されて，独立教会派を中心とし，内乱中に台頭したレヴェラーズ（水平派），ディガーズらの急進派を含む「残部議会」となるが，これら急進派はクロムウェルに弾圧され，さらに1653年4月には残部議会も追放される[33]。

　端的にいえば，クロムウェルの治政は，ピューリタン（清教徒）と軍によって支えられた専制独裁政治といってよく，したがってオリヴァー・クロムウェル個人が1658年9月3日病没するやこの支配体制は崩壊する。これを継いで子のリチャード・クロムウェルが護国卿となって，翌1659年1月新議会を開くが，議会が軍と対立して4月には軍の圧力でR. クロムウェルが議会を解散させ，さらに5月にはR. クロムウェルが護国卿を辞任し，ついに10月には軍が再度の残部議会を追放するに至る。しかし革命は次第に保守化して1660年4月チャールズ2世はオランダのブレダ（Breda）で宣言を発し，5月に即位式を行ってイギリスは王政復古され，後期スチュアート朝がはじまる。

　チャールズ2世は，クロムウェルが1651年10月9日航海条令を発布し（1849年6月廃止），オランダの海外貿易を圧迫して，翌1652年7月8日第1回イギリス-オランダ戦争がおこり1654年4月に講和するが，王権復古後になって1665年2月オランダに宣戦し第2回イギリス-オランダ戦争をおこし，1667年7月ブレダ条約で講和する。そしてさらに1672年3月に第3回イギリス-オランダ戦争をおこし1674年2月ウェストミンスター条約で講和する。このようにチャールズ2世治政下ではオランダとの戦争をするほか，アメリカ大陸の植民地経営にも力を注いでいる。ニューヨークはオランダの植民地を占領したものである。また他方では王は，旧教徒を煽動したり，王位継承排

斥問題で議会と争い，王弟が旧教徒として 1685 年 2 月即位してジェームズ 2 世となる。この過程で議会にジェームズ 2 世即位に反対であったホイッグ (Whig) と賛成であったトーリー (Tory) との二大党派が形成されていった。

しかしジェームズ 2 世は 1687 年 4 月信仰自由宣言を発布してカトリシズムの復権をはかるが議会の反対に遭う。しかし翌 1688 年 4 月王が再び信仰自由宣言を発布したため，6 月議会がジェームズ 2 世の娘の夫になっていたオランダのウィレムに招請状を送り，これに応じてウィレムが 1 万 5,000 の兵を率いイギリスに上陸したため，ジェームズ 2 世は 12 月フランスに亡命し王位は空席となる。

そこで 1689 年 2 月イギリス議会は「権利の宣言」(the Declaration of Rights) を議決してウィリアム（ウィレム）3 世とメアリ 2 世の共治の即位を実現させる。そして 12 月権利宣言を国王の承認によって通称「権利の章典」(the Bill of Rights) 正式には「自由の権利および自由を宣言し，王位継承を定める法律」を制定する。このようにして名誉革命 (Glorious Revolution) は清教徒革命 (1642-1653 年) とともにイギリス革命として遂行されイギリスの立憲君主制が定着する。しかし反面では，ジェームズ 2 世がフランスに亡命したことにより 1689 年 5 月フランスとの戦争が「ウィリアム戦争」としてアメリカ大陸でもおこり 1697 年まで続く。しかもこれはより拡大して考えれば，1744-1748 年の英仏戦争（アメリカでのジョージ王戦争），1756-1763 年の英仏七年戦争と継続的に展開し，遂には 1775 年 4 月にアメリカのレキシントンおよびコンコードでおこった独立戦争が 1783 年 10 月パリ条約でアメリカ独立が実現するという局面まで続くのである。

ところで，前節ではホッブズがその『リヴァイアサン』で信頼がどのように捉えられているかについて考察したのであるが，ホッブズは信頼 (trust) そのものの概念についてはこれを契約 (contract) が遂行される場合の基本的前提として把握し，そのようにして実現される契約を信約 (covenant) と呼んで，いわば，信約の考察を通して信頼の社会学を展開している[34]。

これに対して，ロックは『政府二論』において，とくにその第 2 論文におい

て，より明確に「信頼」（trust）の語によって信頼の社会学の展開に寄与している[35]。

ロックによれば，国家の最高権（Supreme Power）は立法権（the Legislative）であり，しかもそれは人民の信頼ないし信任によって成立しているものであるから，その信任ないし信頼に違背した場合には，その立法権を剥奪され，その政府は解体される[36]。

ロックは政府，とくに執行部の権力が公共の福利のために用いられるという「信頼」のうえに執行部の立法府を召集し開会する権限が与えられていることを明らかにしている[37]。そしてまた君主の大権（prerogative）は，人民の福祉のために人民から委ねられたという「信頼」を知っている善い君主の場合は適切に行使されるが，その「信頼」に背いて勝手に行使する邪悪な国王の場合はその権力を制限し，さらには去らせるために争い（Contest）をし，ときには公共のための反乱（Public Disorders）をおこさなければならなかった，とロックは清教徒革命と名誉革命を抑制した表現で記述している[38]。

そもそも，ロックは『政府二論』の序文（the Preface）の冒頭において，「政府に関する一連の長編論文の始めと終り」（the Beginning and End of a Discourse concerning Government）の2論文を刊行したとして，当初の予定は本来ならばその中間およびその他すべての諸論文を配列して刊行するつもりだったが果せなかったけれども，読者各位にその次第を語る余裕はないと述べている。そして「われらが偉大な復興者，われらが現国王ウィリアムの王位を確立するのにこれで充分であると考えたい」と書いている[39]。

この『政府二論』の序文の記述から，少くともこれら2論文の中間にはホッブズの『リヴァイアサン』を中心とする近代自然法論への批判論文が書かれていたか，書く予定だったのではないかという推測がなされているのである。それは，ホッブズの王権論，国家論が中世的なローマ法王下のものではなくて，それ自体絶対的な専制君主ないしオリヴァー・クロムウェルのような独裁者を含めての政治体制の主張，擁護であったのに対して，ロックは，イギリスの成文憲法をもたない，マグナ・カルタ（1215年），権利請願（1628年），権利章典

(1689年)に基づく伝統に根拠をおいた立憲君主制の結実として,名誉革命におけるウィリアム3世とメアリ2世の共治王位を賞讃しており,1689年印刷され1698年に刊行された『政府二論』は,まさに当時の同時代的今日的刊行書だったのである。

そしてそこでは,やがてイギリスが産業革命を通して,国王,議会,政党,人民とつながる「信頼」の展開が近代的個人の進展によって現代社会における「信頼」の社会学を成立させる基礎を生成していくのである。

3．スミスの道徳哲学における信頼の社会学

(1) イギリスにおける議会政治の発展

最近,ある新聞で「政府への信願が好景気の源」という見出しの記事をみた[40]。最近,中国の農村部で耐久消費財である自家用車の普及が予想以上に高いのは,政府への信頼があるから,将来の不安に備えての貯蓄増を押えて,国内の消費市場を拡大させていたのだという主旨の文章である。これはまさに現在日本が直面している政府への信頼の問題と重なる課題である。

このような,政府と国民との信頼関係は,トマス・ホッブズやジョン・ロックの近代自然法論の中で王と臣民,支配者と民衆との信頼関係として考察してきたところであるが,名誉革命後,イギリスにおいては議会制度が急激に発展し,王と臣民の間に議会が民衆の代表機関として抬頭してきた。

すでに1679年5月イギリス議会が人身保護法(Habeas Corpus Act)を制定して,国民の身体の自由擁護のために不当な逮捕・裁判を禁止した。このとき,議会は国教会の権威を以て伝統と秩序を重んずる宮廷党と,宗教的に寛容で積極的財政をとった地方党とが議会で形成され,それぞれ前者はトーリー党(Tory),後者はホイッグ党(Whig)と呼ばれて,議会勢力が次第に王権に対して強大になっていった。これには名誉革命で即位したウィリアム3世(メアリ2世との共治,治世1689-1702年)が,チャールズ1世の長女が母ではあるが

オランダ統領の子として外国人であったのでイギリス社会に詳しくなかったため，却ってイギリスの政治に介入することなく議会政治を尊重し政党内閣の基礎をつくることに貢献したという事情があった。次いでメアリ2世の妹が即位したアン女王（治世 1702-14 年）の下でも政党政治と責任内閣制が発達し，また 1707 年 5 月イングランドとスコットランドが合同して大ブリテン連合王国が成立した。アン女王の 1702 年 3 月の即位後間もなく 5 月にはフランスとアメリカ大陸で衝突して「アン女王戦争」がおこり，ホイッグ党が多数の議会がこの戦争を支持した。これは，その前年 1701 年 6 月にイギリス，オランダ，オーストリアが大同盟（Grand Alliance）を結成してフランスに対しておこしたスペイン継承戦争の一環をなすそのアメリカ版であるが，ヨーロッパではフランスと大同盟が互いに攻防を重ねるうちに，イギリスでは 1710 年 11 月にトーリー党が議会で多数となって和平の気運が高まり，1713 年 4 月ユトレヒト条約でオーストリアを除きフランスと講和して「アン女王戦争」は終わる。なお翌 1714 年 3 月オーストリアも講和してスペイン継承戦争も終わる。

　ところがこの 1714 年 8 月にはアン女王が他界して，1701 年に制定された王位継承法（Act of Settlement）によって 9 月にジョージ 1 世（治世 1714-27 年）が即位してハノーバー朝を開く。この人（ブラウンシュワイク公）は，清教徒革命で処刑されたチャールズ 1 世の姪ソフィアが母で，ハノーバー選定侯エルンスト・アウグストが父で，1698 年父を継いでハノーバー選定侯になった人であるが，即位したときは 54 歳になっていたので英語をほとんど知らずイギリスの政治を支配するおそれがなかったため，いわゆる「王は君臨すれども統治せず」として統治権は議会を通じて国民が行使するという責任内閣制が，この国王の治世で大いに発達した。とくにこのことは，ウォルポール（Robert Walpole, 1676-1745 年）が 1721 年から首相となってホイッグ党の支持を得て健全財政と平和外交の政策を以て約 20 年間，この間治世は 1727 年に次のジョージ 2 世（治世 1727-60 年）に代るが，オーストリア継承戦争（1740 年 12 月-1748 年 10 月）にまきこまれて参戦し 1742 年下野するまで政権を維持したことで明らかである。

そしてなお，ウォルポールの政敵であるトーリー党のピット (William Pitt, 1708-78年，大ピット)[41]が，トーリー党の立場からウォルポールの対外政策を攻撃して抬頭し，ウォルポールの下野の後，1746年ホイッグ，トーリー連立内閣の閣僚となる。やがてアメリカ大陸におけるフランスとの対立が拡大して1756年5月七年戦争がおこると政府の対仏戦失敗を攻撃して倒閣し，国務相となって戦争を指導したがホイッグ勢力の圧迫で一時辞職する。しかし直ちに世論の支持を得て1757年6月ニューカスル－ピット連立内閣を組織して対フランス戦を圧倒的勝利に導いていった。しかし1760年10月ジョージ2世が他界してジョージ3世が即位すると，間もなく戦争遂行で王と意見を異にして1761年10月辞職する。やがてイギリスはフランス，スペインと1763年2月パリ条約を結んで七年戦争はようやく終わり，イギリスはカナダおよびミシシッピ川以東を獲得する。

そしてさらに大ピットは，ホイッグ党のロッキンガム (Charles W.–W. Rockingham, 1730-82年) 首相の北アメリカ植民地への政策に反対して倒閣し，1766年7月上院ホイッグ党のグラフトン (Augustus H. P. Grafton, 1735-1811年) を首相に擁して連立内閣を組み再び政権を握り，また自分も上院に移るが病を得て1768年下野する。しかしその後，ホイッグ党のノース (Frederick North, 1732-92年) を首相とする政府の，北アメリカ植民地におけるアメリカの独立戦争に対する政策を批判し，1778年病をおして登院しアメリカ独立反対の演説中卒倒し間もなく没する。

ところで，アダム・スミス (Adam Smith, 1723-90年) がグラスゴー大学に，次いでオクスフォード大学に学んだ期間は，上述したようにウォルポール内閣の末期，それに次いでホイッグ，トーリー連立政府で大ピットが頭角を現わしてきた頃であった。そしてスミスがグラスゴー大学の道徳哲学の教授となり，1759年に『道徳感情論』を著すが，その頃は大ピットは1756年におこった七年戦争に対処して国務相ではあるが事実上の首相として戦争を指導して勝利に導いた。そしてこの七年戦争が終わるのをまってスミスはバックルー公と共にヨーロッパ大陸を旅行し，帰国後は郷里で執筆に専念して1776年にいわ

ゆる『国富論』を出版する。スミスはこの『国富論』によって，経済学を体系化した古典派経済学の祖といわれ，また産業革命の理論的基礎をつくったといわれる。そこで次に産業革命の展開にふれておこう。

(2) イギリスにおける産業革命

産業革命という場合，様々な使い方があるが，ここではいうまでもなく，本来的な歴史的固有名詞としてイギリスの産業革命（the Industrial Revolution）を中心とするものであり，必要に応じて他のヨーロッパ諸国やアメリカ合衆国などのそれにも関連的に言及することとする。産業革命は，製造業において動力機械の発明と応用が生産技術さらには運送手段に画期的な変革をもたらして，それまでの手工業的産業を機械制大工場の工業へ発展させ，そのことによって社会全体のあらゆる面，生活，経済，交通，政治などに生じた変動と展開の全過程である[42]。

そしてイギリスがその最初の展開をしたのであって，その前提の準備段階としては，トマス・モア（Thomas More, 1478-1535年）の『ユートピア』（1516年刊）で羊が人間（農民）を食べるという風刺の文章で有名になり，1760年頃最も盛んとなったエンクロージャー（囲い込み）などの農業における変動，およびチュードル（Tudor）朝のエリザベス1世（Elizabeth I, 1533-1603年，治世1558-60年）の時代にイギリスがスペインの無敵艦隊（Armada Invincible）を1588年に撃破した頃から保護貿易によって国富を増大させようとした重商主義（mercantilism）による経済の進展であった。

イギリスの産業革命はまず綿織物工業を中心にはじまった。ハーグリーブズ（James Hargreaves, 生年不詳-1778年）によるジェニー紡績機の発明が1714年になされ産業革命の発端となった。そしてアークライト（Richard Arkwright, 1732-92年）によって1768年に水力利用の紡績機が発明され，クロンフォードに紡績工場を建設して1771年操業を開始した。さらにクロンプトン（Samuel Crompton, 1753-1827年）がハーグリーブズ，アークライト両者の紡績機を改良して1779年にミュール（mule）紡績機を発明したことによって綿織物工業は

飛躍的に発展した。また1785年にはワット（James Watt, 1736-1819年）の発明した蒸気機関を利用することによって，それまでの水力利用のための工場立地の制約から解放されて，ランカシャーなどを中心に綿工業の都市が多方面に出現することを可能にした。それには綿花原料が輸入品であり，また成品としての綿布が市場を全世界に広げることによって一層の発展を促進したのであった。ただ綿工業は軽工業であるため産業革命の社会的波及には限界があってそれ程社会全体の構造に大きな変動をもたらすものではなかった。

これに対して製鉄業を中心とする重工業の展開は，産業革命の社会全体への波及効果がはるかに強大であった。イギリスにおいては，16世紀では木炭を燃料とする製鉄業であったため森林が伐採されて製鉄業も停滞していた。ところが1708年，ダービー（Abraham Darby, 1677-1717年）によって砂型鋳物製造が発明され，さらに1713年に石炭による鉄鉱石熔融が成功した。そしてその子ダービー（Abraham Darby, 1711-63年）は1735年に石炭をコークス化して燃料とする鉄鉱石溶鉱炉を発明した。そして1775年にはワットの蒸気機関がコークス炉への送風機に導入されて，製鉄業と石炭鉱業とが一層強く結びつけられて産業革命の中心となっていく。またさらに，1784年にはコート（Henry Cort, 1740-1800年）が反射炉熔融法を発明した。このパッドル法（puddling method, 攪拌方式）によって鉄鋼のほか良質の錬鉄も作られるようになった。かくしてこの時期には，製鉄所が石炭を多量に必要とするため炭鉱地帯に近接して設立されるようになった。

また石炭の需要は，それまでの都市の家庭用燃料から，製鉄業でダービーのコークス炉での需要で飛躍的に増大した。そこでは炭坑の排水機としてはニューコメン（Thomas Newcomen, 1663-1729年）はセーヴァリ（Thomas Savery, 1650頃-1715年）が1698年蒸気を冷却して揚水する機関を発明したが，これを改良して，1710年頃から実用化して使われていた。ところがワットはこのニューコメンの蒸気機関，いわゆる大気圧機関をさらに改良して，蒸気の圧力を直接に利用する効率の格段とすぐれた本格的蒸気機関を1765年に発明した。さらにワットは，1781年には蒸気機関の往復運動を車輪の回転運動に変

換する装置に改善して，蒸気機関を鉱山用から一般の原動機として利用できるようにした．

この蒸気機関の回転運動への変換は，これを車輪の運動へと展開することにより交通手段の変革を可能にした．それまでの内陸交通は馬車輸送であり，これには道路舗装の技術の改良により，1663年からその有料道路（turnpike）が建設されて若干の進展がみられた．また道路輸送と平行して内陸水路として河川および運河の舟運航路の発達が，平坦なイギリスの地形の特徴もあって，とくに1760年代から運河の開削が盛んとなって運河網がミッドランドやランカシャーを中心に全国に広まった．これは舟運輸送の重量当り経費が陸上運送に比べてはるかに経済的であったことによる点も見逃せない．

しかしこれら道路および水路の交通手段の発達をこえて，産業革命の展開に決定的な役割を演じたのは，牽引力と速度にすぐれた蒸気機関車による鉄道輸送である．ただし，その初期にあっては，トレビシック（Richard Trevithick, 1771–1833年）が当時馬車鉄道用に作られていた軌道上を1808年に蒸気機関車を走らせたが，軌道が重さに耐えられず実用化には至らなかった．これに続いてスティーブンソン（George Stephenson, 1781–1848年）は1825年ストックトン－ダーリントン間の鉄道に蒸気機関車ロコモーション（Locomotion）号を運転した．そして1829年にリバプール－マンチェスター間を蒸気機関車ロケット（Rocket）号を運転して最大時速48 kmで完走した．そしてここに翌1830年世界最初の鉄道が正式に開業した．

このようにして，1830年代から1850年代にかけて鉄道網は延約1万kmになんなんとし，ほぼイギリス全土を覆うに至った．この鉄道建設と営業は多額の資金と大量の労働力および就業者を必要とし，人間や物資の流通を促進し，生産の集中と拡大，大都市の成立を実現するなど，これらがイギリス経済を近代資本主義社会へと先導していった．

それは社会的には手工業時代の親方，職人，徒弟といった関係から雇用主，経営者，従業員・賃金労働者といった関係へと発展し，産業ブルジョアジー階級と労働者プロレタリアート階級という社会階級を形成してゆく．それまでの

伝統的支配階級であった土地貴族，大地主，ジェントリーもひとつの社会的支配勢力として，産業資本家階級と，時には団結する労働者階級とともに産業革命期のイギリス社会を構成していく。

そこでは従来の家族総出で働く構造，――それは農業，家内工業，自営業，商店などいろいろあるが，――そのような構造から，常勤して働く従業員労働者が得た賃金によって自分とその世帯の家族が生活していくことを可能にするような生活様式をもつ家族形態をとることとなる。そこでは典型的には核家族[43]の姿で，夫婦と複数の子供が学校で学ぶ者を含めて世帯主である夫が通勤して働く事業所，それは工場，営業所，事務所，商店などいろいろな職場であるが，そこで定められた日数および1日の一定の時間を労働することによって，自分と自分の家族員が生活していくだけの賃金と報酬を最低限得ることを可能にし，さらには賃金を増加させて（いわゆる昇給）将来の退職後の生活もある程度可能にさせることも要請される。

このようにして，都市はこれら一般労働者を中心とする集住地域として発展し，大規模事業所が増加すればする程，都市は大都市となり，従業員も経営者もその住居から事業所へ通勤して働くという現代の都市形態と都市的生活の様式が展開することとなる。

⑶　アダム・スミスと18世紀

ところで，ここで取り上げるアダム・スミスは以上で考察してきたイギリスの産業革命期，1760年から1850年までの90年間を上中下の3期にわけた場合，その上期で活躍していたとみることができる。

アダム・スミスは1723年6月5日スコットランドのエディンバラの近く，湾口対岸のカーコーディ（Kirkcaldy）に税関官吏を父として生れたが，父はその年のはじめに亡くなったため，母の手ひとつで育てられたスミスは，その後晩年に至るまでとりわけ母に孝養をつくすこととなる。町立学校を優秀な成績で卒業したスミスは，エディンバラよりは遠くのグラスゴー大学へ進学する。グラスゴーという商業貿易で栄え経済発展を遂げつつある港湾都市は，大

図1-3 スミス『道徳感情論』初版の扉

学でもスコットランドとしては比較的自由な雰囲気があり,とくに道徳哲学のハチソン (Francis Hutcheson, 1694-1746年) 教授の影響をうけたのち,1740年にイギリス国教会牧師になる条件の奨学金でオックスフォード大学のベリオール・カレッジに国内留学するが,当時のオックスフォード大学の保守的な沈滞した気風への失望から1745年8月に帰郷して中途退学する[41]。

帰郷してスコットランドで職を求めていたスミスに対して,法曹界の有力者や国会議員の推挙があり,1748年から1751年にわたって冬季に修辞学,法学,哲学史を主題とする公開講義がスミスによってエディンバラで行われた。

この公開講義の好評によって，スミスは1751年1月母校グラスゴー大学の論理学教授となり，翌1752年には以前に恩師ハチスン教授が担当していた道徳哲学の講座の教授となった。そしてこの道徳哲学の教授として講義した内容の中心である道徳哲学をまとめたものが，スミスの主要著作のひとつである『道徳感情論』(*The Theory of Moral Senitiments*) 1759年刊行，である。図1-3はその初版の扉である。

　当時のヨーロッパでは，学問の分類体系は現代とは異なり，かなり未分化であった。道徳哲学の講座は，神学，倫理学，法学，経済学の4部門からなるものであり，『道徳感情論』はこのうち第2部門の倫理学に当たるものであった。この著作は当時のヨーロッパで評判となり，ひろくロシアや，ジュネーブから留学生が来るほどであった。とくに，のちに蔵相となるタウンゼント (Charles Townshend, 1725-67年) から自分が後見するスコットランドの名門バックルー公爵 (Henry Scott, 3rd Duke of Buccleuch, 1746-1812年) の外国留学の付添い教師となることを依頼され，スミスはヨーロッパ大陸旅行の機会を与えられたことを感謝して，グラスゴー大学を退職して1764年1月から1766年10月まで2年9カ月をパリ，南仏トゥルーズ，ジュネーヴなどに滞在した。スミスは重農主義者で『経済表』(1758年) で有名なケネー (François Quesnay, 1694-1774年)，フランスの代表的啓蒙思想家ヴォルテール (Voltaire, 1694-1778年)，百科全書派のドルバック (Paul Henri Dietrich d'Holbach, 1723-89年) たちと会って意見を交換することができた。ただその著作に関心を示しながら会うことができなかったのがルソー (Jean-Jacques Rousseau, 1712-78年) であったことは残念だったろうと思われる。

　スミスは海外旅行から帰国して，ロンドン滞在を経たのち，故郷カーコーディに帰り，バックルー公から年金の支給をうけて1767年から1775年までの9年間，『諸国民の富の性質と原因に関する考察』(*An Inquiry into the Nature and Causes of the Wealth of Nations*, 1776) いわゆる『国富論』の執筆に取り組んだ。

　それは，出生前父が死去して母に育てられて独身で過してきたスミスが，母

と友と書物を3つの楽しみとして『国富論』の執筆に専念したといわれる生活であった。その完成までには，ロンドンに一時滞在したが，ほとんど故郷カーコーディにこもってようやく1776年3月に出版されて，親友ヒューム（David Hume, 1716–76年）の8月の他界前に間に合い，その刊行を喜んでもらったといわれる。

その後，スミスは1777年11月スコットランド関税委員に任命されて，1778年2月にエディンバラへ移住し，母を1784年に看取ってから1787年には居を換えることなくグラスゴー大学の学長をつとめ1790年7月に他界するが，この間，1784年には『国富論』第3版を，1790年には『道徳感情論』第6版を大きく改訂するなどしている。

(4) 「道徳哲学」の体系と系譜

ところで，スミスが『道徳感情論』を出版した1659年は，考察してきたようにイギリスにおける産業革命がはじまった頃であること，そしてスミスがグラスゴー大学では1751年には論理学の教授であったが，すぐ翌1752年には道徳哲学の教授になったということが指摘されなければならない。したがって，その後『国富論』を書いて経済学を体系化した経済学の祖として今日われわれが理解するスミス像以前の，いわば原型の姿のスミスとしてここでは理解したい。

そこでまず考えなければならないのは，スミスがグラスゴー大学で担当した道徳哲学という講座であるが，それは神学，倫理学，法学，経済学の4部[45]からなるのが道徳哲学であるという学問体系の分類である。なお，これには，やや異なるが道徳哲学を自然神学，倫理学，司法論，便宜論の4部門[46]とする捉え方もあるが基本的には同類とみてよい。

学問の分類については，今日われわれが大学の学部，学科構成で理解するような分類体系と異なって，近代初頭では中世までの学問体系の様態をのこしているといってよい。

これについて最も強く想起されるのは，大法官にまでなりながら失脚して晩

年淋しく没した，近代科学（学問）の開拓者の1人であるフランシス・ベーコン（1561-1626年）による学問の分類であろう。ベーコンは人間の心的能力，すなわち知力の3大区分，すなわち記憶，想像，および理性に対応して，それぞれ歴史，詩，および哲学の3分類をして，さらにそれぞれを，図1-4に示すように体系的に分類した[47]。

これによってみると，スミスの担当する道徳哲学が理性に対応する哲学であることはいうまでもないが，神学は神を対象とするうちの自然神学であることは明確であり，倫理学は人間の学であることも確かであるが，この図のうちでは人間性の考察，個別的人間の考察，社会的な人間の考察のいずれにも関連するので決しかねるが，強いていえば，心理学ほどではないが人間の精神の能力ないし働らきに関連する学であるとみることもできる。そうすれば，この図ではさらに分類はしていないが，道徳哲学の第3と第4の部門は，残る「社会的な人間」の学とみることができる。

次いで想起されるのは，近代自然法論のイギリスにおける代表的存在として，前節で考察したトマス・ホッブズが『リヴァイアサン』（1651年）の中で，知識の種類について考察しその分類体系を図1-5のように展開していることである[48]。

この図は，『リヴァイアサン』第9章「知識のそれぞれの主題について」からの修正を加えた摘記であるが，ホッブズは知識を事実に関する知識と，ひとつの断定から他の断定への帰結（consequence）[49]である「学問」（science），あるいは「哲学」とにわける。そして前者の記録は歴史であり，人間の意志に依存しない自然史と人間の意志的行為による社会史（civill history）とにわけられる。また後者の学問の記録は哲学書であるとされる。

この図において，後世スミスが担当する道徳哲学の4部門に当たるものをみると，まず神学は自然哲学のうちの不確定な量と連動からの帰結である「第1哲学」と考えられる。「第1哲学」はアリストテレスが無限定の存在を対象とする形而上学とよんだものであるが，この存在者一般にわたる原理の学はまた神学であったのであるから，スミスの道徳哲学のうちの神学部門とみることが

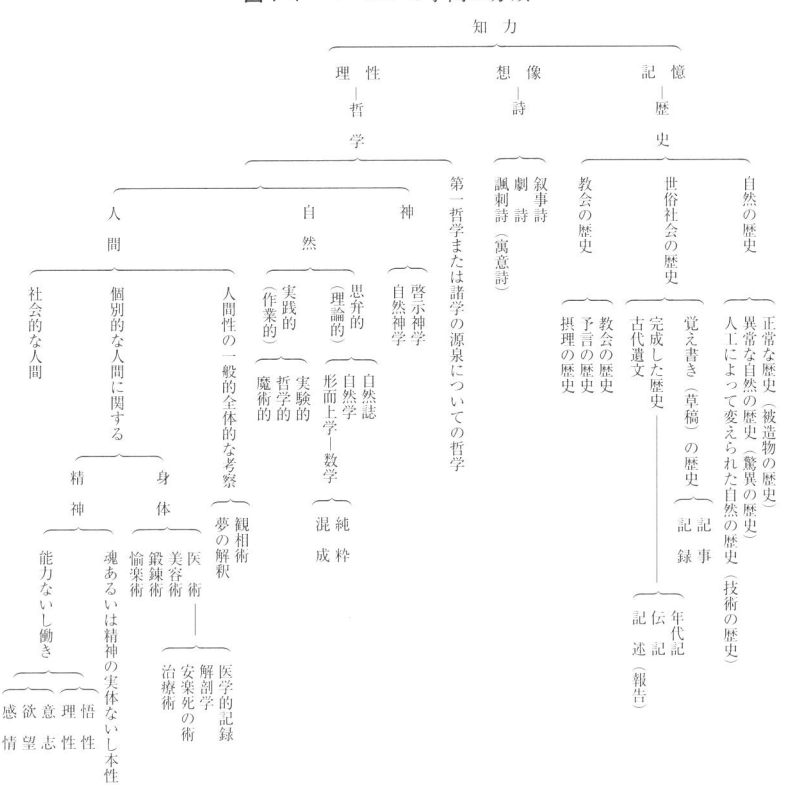

図1-4 ベーコンの学問の分類

（図中のテキスト、階層構造に従って記載）

知力
├ 理性──哲学
│ ├ 第一哲学または諸学の源泉についての哲学
│ ├ 神
│ │ ├ 啓示神学
│ │ └ 自然神学
│ ├ 自然
│ │ ├ 思弁的（理論的）
│ │ │ ├ 自然誌
│ │ │ └ 形而上学─数学
│ │ │   ├ 純粋
│ │ │   └ 混成
│ │ └ 実践的（作業的）
│ │   ├ 実験的哲学
│ │   └ 魔術的
│ └ 人間
│   ├ 人間性の一般的全体的な考察
│   ├ 個別的な人間に関する
│   │ ├ 精神
│   │ │ ├ 魂あるいは精神の実体ないし本性
│   │ │ └ 能力ないし働き
│   │ │   ├ 悟性
│   │ │   ├ 理性
│   │ │   ├ 意志
│   │ │   ├ 欲望
│   │ │   └ 感情
│   │ └ 身体
│   │   ├ 医術
│   │   │ ├ 医学的記録
│   │   │ ├ 解剖学
│   │   │ ├ 治療術
│   │   │ └ 安楽死の術
│   │   ├ 美容術
│   │   ├ 鍛錬術
│   │   └ 倫楽術
│   │   └ 夢の解釈
│   │   └ 観相術
│   └ 社会的な人間
├ 想像──詩
│ ├ 叙事詩
│ ├ 劇詩
│ └ 諷刺詩（寓意詩）
└ 記憶──歴史
   ├ 教会の歴史
   │ ├ 摂理の歴史
   │ ├ 予言の歴史
   │ └ 教会の歴史
   ├ 世俗社会の歴史
   │ ├ 覚え書（草稿）の歴史
   │ │ ├ 記事
   │ │ └ 記録
   │ ├ 古代遺文
   │ └ 完成した歴史
   │   ├ 年代記
   │   ├ 伝記
   │   └ 記述（報告）
   └ 自然の歴史
      ├ 正常な歴史（被造物の歴史）
      ├ 異常な自然の歴史（驚異の歴史）
      └ 人工によって変えられた自然の歴史（技術の歴史）

できよう。

　そしてスミスの道徳哲学のうちの倫理学は，ホッブズの場合は人間の質のうちの情念からの帰結の学として倫理学を捉えている。またさらにスミスの道徳哲学における法学は，ホッブズの場合とくに人間のことばからの帰結のうち契約におけるものとしての「正義」と「不正」についての学問を中心に捉えることができるが，それはまたさらに，法全体としては政治体の属性からの帰結である「政治学」（politiques）および「社会哲学」（civil philosophy）において捉えられるとみることができる。

　そしてさいごにスミスの道徳哲学のうちの経済学は，ホッブズの学問分類体

図1-5 ホッブスの知識の分類体系

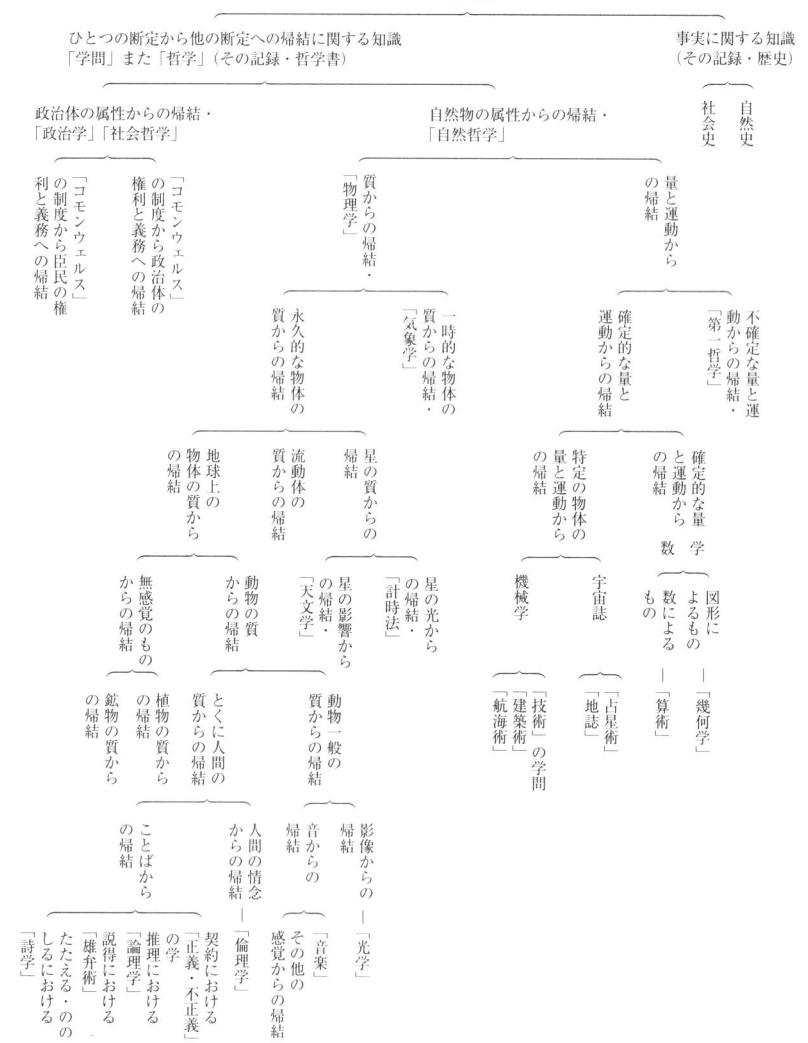

知識
- ひとつの断定から他の断定への帰結に関する知識　「学問」また「哲学」（その記録・哲学書）
  - 政治体の属性からの帰結・「政治学」「社会哲学」
    - 「コモンウェルス」の制度から政治体の権利と義務への帰結
    - 「コモンウェルス」の制度から臣民の権利と義務への帰結
  - 自然物の属性からの帰結・「自然哲学」
    - 質からの帰結・「物理学」
      - 一時的な物体の質からの帰結・「気象学」
      - 永久的な物体の質からの帰結
        - 流動体の質からの帰結　星の質からの帰結・「計時法」　星の光からの帰結・「天文学」　星の影響からの帰結
        - 地球上の物体の質からの帰結
          - 無感覚のものからの帰結
            - 鉱物の質からの帰結
            - 植物の質からの帰結
          - 動物の質からの帰結
            - 動物一般の質からの帰結
            - とくに人間の質からの帰結
              - 人間の情念からの帰結・「倫理学」
                - その他の感覚からの帰結
                - 音からの帰結・「音楽」
                - 影像からの帰結・「光学」
              - ことばからの帰結
                - 契約における「正義・不正義」の学
                - 推理における「論理学」
                - 説得における「雄弁術」
                - たたえる・そしるにおける「詩学」
    - 量と運動からの帰結
      - 不確定な量と運動からの帰結・「第一哲学」
      - 確定的な量と運動からの帰結
        - 特定の物体の量と運動からの帰結
          - 宇宙誌
            - 「占星術」
            - 「地誌」
          - 機械学
            - 「技術」の学問
              - 「航海術」
              - 「建築術」
        - 確定的な量と運動からの帰結　数学
          - 図形によるもの ―「幾何学」
          - 数によるもの ―「算術」
- 事実に関する知識（その記録・歴史）
  - 社会史
  - 自然史

系においては経済学そのものが独立して成立せず，商業や産業の関連的諸活動の中に散在している状態として考えられる。そこでは後世の経済学は，商業活動，生産活動の基礎としての計数や計算には数字が必要であり，航海，建築，

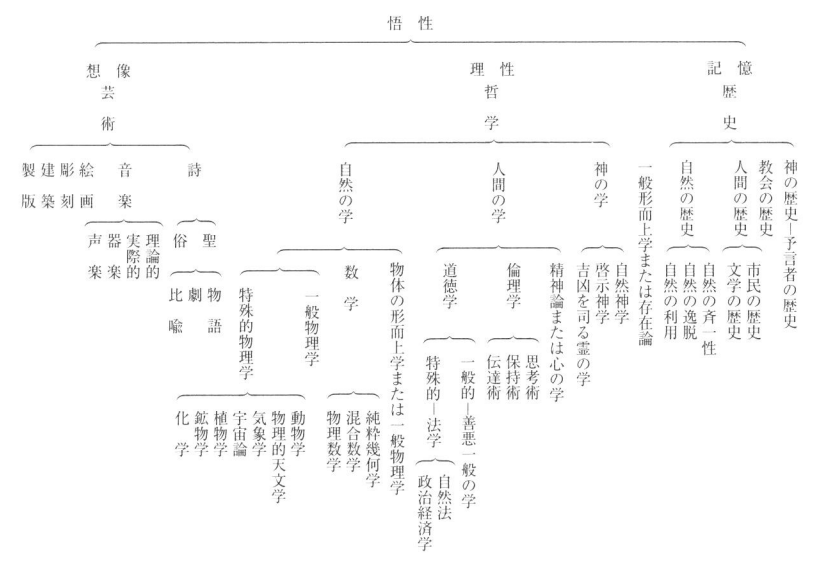

図1-6 ダランベールの人間知識の系統図

技師の活動に関連する学問でもあり，何よりも「社会哲学」の部分として「コモンウェルス」（common wealth）の中で商業，産業の諸活動，すなわち経済活動が展開するのである。

ところで，アダム・スミスが同時代人として国外旅行をしたときに百科全書派のドルバックとも親交を結んでいるが，百科全書派のダランベールもベーコンやホッブズと同様に「人間知識の系統図」を図1-6のように展開している[50]。ただ，ダランベールの展開図はかなり厖大なので，ここではかなり簡略化している。

これをみると，ダランベールの系統図は，ベーコンの分類図を模範にしていることが，最初の段階の分類を記憶，理性，想像の3分類にしている点で明らかである。

スミスの道徳哲学の4部のうち神学は，ベーコンと同様に自然神学に当たる。そしてスミスの倫理学は，道徳学のうちの一般的道徳学に当たり，法学は特殊的道徳学の法学に当たる。しかしスミスの道徳哲学における経済学は，ダ

ランベールの系統図では法学の中の自然法とわけ合った政治経済学[51]として位置づけられている。

　以上いろいろみてきたが，アダム・スミスの活躍した時期でのイギリスでは，学問体系としての道徳哲学は神学，倫理学，法学，経済学の4部門から成るものと理解してよいであろう[52]。なお，ジョン・ミラーがアダム・スミスの道徳哲学の講義が，自然神学，倫理学，司法論，便宜論の4部門構成であったとする記述も大体同様であるとみてよい[53]。そこで，これら道徳哲学の4部門のうち，第2部門の倫理学が『道徳感情論』(1759年)であり，第4部門の経済学が『国富論』(1776年)になったといえる。そして第3部門の法学は，不完全で未完成ではあるが受講者がまとめた講義記録であるアダム・スミス『法学講義』(1766年)であるとみることができる。そして第1部門の神学については，アダム・スミスはとくに残された著述はない。この場合神学は，その中でも啓示神学に対する自然神学と考えてよいが，よく知られているのは，神の「見えざる手 (invisible hand)」という，市場経済の個々人の私利を目指す行為に任せておけば社会全体の利益が達成されるのは，この「見えざる手」によるとする考え方であるが，この「みえない手に導かれて，彼の意図のなかにまったくなかった目的を推進する」[54]という，市場経済のいわば自動調節機構をいう言葉は，却ってスミスに無神論者のうたがいをかけさせるものであった。

　しかし，スミスは前述したように，オックスフォード大学に国教会聖職者養成のための奨学金で留学したが，奨学金の条件に従わず中退している。これには，やはりスコットランドがオリヴァー・クロムウェルの時代に一時イギリスに支配されたものの，ながく王国として存続してきていた背景がある。そしてアダム・スミスが生れる16年程前の1707年5月にイギリスとスコットランドが合同して大ブリテン王国となったのであり，また宗教の面では長老派教会が最も有力な存在としてきているという状況であった。したがって，このような複雑な歴史的背景のためからか，スミスとしては道徳哲学の第1部門である神学についての講義にはほとんど立ち入らなかったのであろう。

ところで，アダム・スミスにおける道徳哲学の流れを別の視点からみた場合，われわれはジョン・ロックの思想の影響の流れを見出すことができる。

まずそれは，ジョン・ロックが家庭教師をしたシャフツベリ伯3世 (3rd Earl of Shaftesbury, 1671-1713年) への流れである。ロックは公使秘書としてドイツに滞在中にアシュリー卿，のちのシャフツベリ伯1世 (1st Earl of Shaftesbury, 1621-1683年) と相知り，その侍医，顧問，家庭教師となる。そして後年伯が王位継承の争いにまきこまれて1682年オランダに亡命するのを追って翌年亡命し，伯の孫に当たるシャフツベリ3世と共に1686年からヨーロッパ各地を旅行して名誉革命の成功により1689年帰国する。そして3世伯はロックの庇護者となり，下院議員として活躍するが病弱のため辞して静養と倫理学の研究をする。

かくしてジョン・ロックの薫陶をうけたシャフツベリ伯3世は，『人間，風習，意見，時代の特性』 (*Characteristics of Men, Manners, Opinions, Times*, 1711) を著して，道徳論について，自然主義や宗教の偏見から解放された道徳を固有の価値の領域として捉え，これを人間の本性に根ざす利己的および利他的傾向の調整に求めている。そしてこの背景として汎神論的な調和的宇宙観をおき，そこにおいて個体の完成が可能であると考え，それによって人間の心は芸術的感覚のような「道徳感覚」をもつのであると主張した。

そしてこのシャフツベリ伯3世の道徳論のとくに「道徳感覚」という捉え方に注目して発展させたのが，グラスゴー大学の道徳哲学の教授フランシス・ハチソンであった。ハチソンは『われわれの美と徳の理念の原型の探求』 (*Inquiry into the Original of our Ideas of Beauty and Virtue*, 1725) などの著作によって，シャフツベリの学説を体系化して，道徳の根源を「道徳感覚」に求め，後に功利主義の主唱者ジェレミー・ベンサム (Jeremy Bentham, 1748-1832年) の著書『道徳および立法の原理への序論』 (*Introduction to the Principles of Morals and Legislation*, 1789) で有名になった「最大多数者の最大幸福」 (the greatest happiness of the greatest number) という言葉を，文脈の違いはあるが，この最大多数者の最大幸福を目指す行為が是認されて，自愛の感情と共感の感情が人

間に内在すると説いた。

そしてこのハチソンの道徳哲学の理論が，前述したようにスミスに影響を与え，『道徳感情論』の理論的展開を導いたのである。

⑸　共感における信頼

ごく最近，アダム・スミスのわが国における研究第一人者水田洋（90歳）は新聞紙上で，スミスが「社会秩序や繁栄を導く人間の本性を明らかにしたくて1759年『道徳感情論』を著したのですが，その次の段階として，それらを導く一般原理の具体的な内容を著述したいと考えていました。『国富論』は，この構想のうち，経済に関する部分だけが提示されたもので，むしろ『道徳感情論』こそが，アダム・スミスの出発点。アダム・スミスの原点は道徳哲学にあるのです」と語っている[55]。

スミスの『道徳感情論』では sympathy（共感，または同感）が中心概念であることはよく知られている[56]。それは，人類の幸福の実現における条件として，各個人が自分を維持するための自愛心ないし利己心を相互にみたす仕組みとして，物質的側面における過程の解明である，スミスが後に『国富論』で展開する経済学的研究とともに，各個人間の人間的関係の解明である，スミスの『道徳感情論』の道徳哲学研究，今日的にいいかえれば社会学的研究が必要とされてくる。その社会的仕組みとしてスミスは，中立的な観察者（impartial spectator）として各個人が自己と他者をみることによる社会的信頼の成立を指摘しているとみることができる。そこでは，各個人が相互に観察者の立場にたつことによって共感をもつことが可能となり，社会的信頼に即して利己心の発現を適宜性（propriety）の範囲に抑制するのである。

スミスは，多くは一般市民の行為についての考察を中心とするが，ときには人並すぐれた有徳者についての信頼も考察している。すなわち，「個人にたいするすべての愛着（affection）のなかで，おおくの経験とながい知りあいとによって確認されたかれの善良な行動とふるまいについての，尊敬と明確な是認とに全面的にもとづいているものは，格段にもっとも尊重すべきである。……

自然の同感から，すなわち，われわれが愛着をもつ諸人物が尊敬と明確な是認の自然で適切な対象であるという，やむにやまれぬ感じから生じたものであって，それは有徳な人びとのあいだでだけ，存在しうる。有徳な人びとだけが，相互の行動およびふるまいに完全な信頼を感じることができるのであり，その行動およびふるまいはかれらにたいしていつでも，自分たちは相互に不快にすることも不快にされることも，けっしてありえないということを保証するのである」[57]と述べている。

　以上考察してきたように，アダム・スミスにおいては，その著『道徳感情論』においても，信頼の社会学的研究における諸概念，諸用語を多用してはいない。なおこの点はさらに考察する必要があるが，アダム・スミスにおいてはとくにsympathy（共感または同感）が，信頼の社会学的研究において重要な中心概念のひとつであることは明確である。

1) 『論語』の顔淵第12の7。
2) 妹尾達彦「都の建築―中国大陸を事例に―」『人文研紀要』中央大学人文科学研究所，第61号，2007年。
3) 田野崎昭夫「神々と人々―民衆文化の視点から―」『紀要』社会学科第15号，中央大学文学部，2005年。
4) この2つの政治論文はのちにまとめられて『法学要綱』（*The Elements of Law, Natural and Politic*）として1889年に刊行される。
5) 国王は亡命していないので，正確には亡命宮廷ではない。
6) この市民論（De Cive）は，のちに書かれる第1巻『物体論』（*De Corpore*, 1655），第2巻『人間論』（*De Homine*, 1658）ともに第3巻に当たるものとして，ホッブズの『哲学要綱』（*Elementa philosophiae*）を構成するものとなる。
7) このイギリスとオランダの海上覇権闘争は王政復古が行われたチャールズ2世の時代にも1665年2月第2回イギリス－オランダ戦争が開かれて，1667年7月ブレダ条約によって終わる。
　　なお，航海条令は1849年6月に廃止された。
8) 筆者が1992年シェフィールド大学に客員教授として訪れていたとき，大学の案内冊子にホッブズのこととともにハードウイックのデヴォンシャー伯の別邸のことも掲載されていたので訪れてみた。邸内の館，庭園は公開されて美術品などの展示はあったが，とくにホッブズに関する展示はなく，職員に尋ねてみたがホッブズについてはほとんど知らなかった。

9) Thomas Hobbes, *Leviathan, or the Matter, Form, and Power of a Commonwealth Ecclesiastical and Civil*, 1651; *The English Works of Thomas Hobbes of Malmesbury*; Now first collected and edited by Sir William Molesworth, Bart. Vol. Ⅲ. Reprint of the Edition 1839, p. 110.（ホッブズ著，水田洋訳，『リヴァイアサン』（一）岩波文庫，199頁）なお訳文は水田洋訳の頁を参考に示したもので必ずしも水田洋訳の通りではない。原語も筆者の参照本と水田氏のそれと異るので綴りの異る点がある。

10) ibid. p. 111, 訳（一）202頁。よく引用される「万人に対する万人の戦い」（Bellum omnium contra omnes）はこの文章の末尾部分の Leviathan のラテン語訳。また『哲学要綱』Elementa Philosophiae の序文にある人間の自然状態（原始状態）の語句である。

11) ibid. p. 116, 訳（一）208頁。

12) ibid. p. 117, 訳（一）209頁。

13) ibid. p. 118, 訳（一）210頁。

14) ibid. p. 116, 訳（一）208頁。

15) ibid. p. 120, 訳（一）213頁。ホッブスに対比してのジョン・ロックの近代自然法論の特色は，自然状態の把握のほかに，専制君主への抵抗権にあるといわれるが，この点を考えると必ずしもそうではなく，ある意味で程度の差であるとみることもできる。

16) ibid. p. 120, 訳（一）213頁。

17) ibid. p. 121, 訳（一）214頁。なおこのホッブズのいう信約の概念は，後日争いがおこった場合に証拠となるように契約書や念書等を作成するようになることへと発展する。

18) ibid. p. 130, 訳（一）228頁。

19) ibid. p. 131, 訳（一）229頁。

20) ibid. p. 131, 訳（一）228頁。

21) ibid. p. 157, 訳（二）33頁。

22) ibid. p. 158, 訳（二）34頁。ここでの群衆（multitude）は社会学における集合的集団の分類上の群集（衆）crowd ではない。統治対象者・被統治者としての民衆の意味である。

23) ibid. p. 158, 訳（二）34頁。

24) この扉絵は，*The English Works of Thomas Hobbes of Malmesbury*, London, 1839 の Vol.Ⅲ からのものである。

25) *Leviathan*, 1651, pp. ix-x, 訳（一）37-39頁。

26) Sir.Robert Filmer, 1589-1653. なおその著『族父論』（*Patriarcha*）は没後 1680 年に出版されている。

27) Emmunuel Sieyès, *Q'est-ce que le tiers état?* 1789.（『第三身分とは何ぞや』）。

28) この扉図は，Peter Laslett, *Jhon Locke: Two Treatises of Govermment*, A

Critical Edition, Cambridge at the University Press, 1960. p. 153 からのものである。
29) フィルマーのその他の論文としては次のようなものが生前発表されている。P. Laslett, op.cit., p. 501.
　The Anarchy of a Limited or Mixed Monarchy, 1648.
　The Freeholders Grand Inquest, 1648.
　The Necessity of the Absolute Power of All Kings, 1648.
　Directions for Obedience to Governors, 1652.
　Observations upon Aristotles Politiques touching Forms of Government, 1652.
　Observations Concerning the Original of Government upon Mr Hobs Leviathan, Mr Milton against Salmasius, H. Grotius De Jure Belli, 1652.
　An Advertisement to the Jurymen of England touching Witches, 1653.
　これらの発表はチャールズ1世とクロムウェル治政下であるが、再版はすべて1679年と1680年であり、*Patriarcha* の刊行の時期である。
30) フィルマーは、この点で君主の主権を「何者にも拘束されない（法によっても）、市民および臣下に対する絶対で無制限の権力である」とするボーダン（Jean Bodin 1530-1596）『国家論』（*De la République*, 1576）の思想を根拠としている。
31) Locke, *Two Treatises of Government*, I, §6.
　なお、ロック『政府二論』の原典は版によって頁構成がちがうため、Text が章（Chap.）構成を通貫して文節番号が付されているので、第1論文はI. §記号、第2論文はⅡ, §記号を付した数字で表記した。
32) Locke, op.cit., I, §2.
33) オリヴァー・クロムウェルは、同じ1653年7月に新議会を召集するが12月には解散する。
34) 本章、7頁参照。
35) John Locke, *Two Treatises of Government*, 1690. ロック著、鵜飼信成訳『市民政府論』岩波書店（岩波文庫），1968年。ただしこの岩波文庫の鵜飼訳は、ロックの『政府二論』の中の第2論文の訳である。
　ロックの第2論文では、trust の語が鵜飼氏によって訳されているが、「信任」と訳されているのが最も多く16カ所で、次いで「信託」という訳が6カ所、「信頼」は2カ所である。これらは文脈によるニュアンス（語調）のちがいであり、内容的には「信頼」として理解してよいものである。なおこれらは、鵜飼訳には索引がついていないので、P. Laslett の Text の index に拠って調べた。
36) Locke, *Two Treatises of Government*, Ⅱ, §149, 221, 222.
37) Locke, op.cit., Ⅱ. §156.
38) Locke, op.cit., Ⅱ. §164-166.
39) P. Laslett, op.cit., Ⅱ. §155.

40)『朝日新聞』「経済気象台」2009 年 9 月 15 日。
　しかしまた，これに反するような中国における記事を最近みた。「共産党への不信の連鎖」という見出しで，「党がいかに国を強くし，富ませたかをアピールする建国 60 周年祝賀ムードの陰で，不満がはち切れそうな民衆と，それを力で押し込む当局との間の緊張が続いている」との前文で，「中国社会科学院によると，民衆の騒乱は 93 年は 8700 件。それが 99 年に 3 万 2000 件，05 年には 8 万 7000 件に増えた。全体の 65％ は農民や労働者らの不満の爆発で，『最大の要因は司法（警察，裁判所）の腐敗』としている」と述べている（『朝日新聞』「中国建国 60 年，1949.10.1～2009.10.1」2009 年 9 月 30 日）。
　これを読むと，かつてイギリスで『リヴァイアサン』（ホッブズ）や『政府二論』（ロック）が書かれた絶対主義政治の時代の問題が連想される。

41) この政治家を大ピットと呼ぶのは，大ピットの次男 William Pitt（1759-1806 年）がやはりイギリスの政治家で，区別するため次男を小ピットと呼ぶからである。小ピットは，はじめホイッグ党であったが，のちトーリー党に転じて 1784 年首相としてアメリカ独立戦争後の財政を立て直しアダム・スミスの自由貿易主義を採り入れたが，1789 年フランス革命が勃発するに及んでこれに対処し，一時はジョージ 3 世と政策で意見を異にして 1801 年 2 月首相を辞するが間もなく再び 1804 年首相となり，皇帝となったナポレオンと対峙して 1805 年第 3 回対仏大同盟をロシア，オーストリア，スウェーデンと組織して戦い，トラファルガー海戦に勝利するもアウステルリッツの会戦で敗れ，翌年病を得て他界する。
　なお，小ピットの功績としては，1798 年 5 月アイルランドで反乱がおこり，フランス軍上陸の危険を回避するため，アイルランド議会に働きかけて 1800 年イギリス議会との合同を認めさせて，1801 年 1 月 1 日大ブリテンおよびアイルランド連合王国の成立を実現させたことである。

42) 産業革命期を各国においてみる場合，イギリスは発祥地であるためかなり長い期間であることはいうをまたない。異説もあるが，大体一般的には下記のようにみてよいだろう。
　　a. イギリス
　　　ハーグリーブズの紡績機が 1764 年発明されて機械制大工場が発展した 1760 年頃から，イギリスの鉄道網が国内で一応完成した 1850 年頃までの約 90 年間。
　　b. フランス
　　　クロンプトンが改良発明したミュール紡績機がフランスで普及した 1810 年頃から，フランスが 1860 年 1 月イギリスと通商条約を結んで自由貿易主義政策に転換した 1860 年までの約 50 年間。
　　c. アメリカ合衆国
　　　アメリカが 1812 年 6 月 18 日イギリスに宣戦布告して第 2 次英米戦争がおこり，1814 年 12 月ガン条約で終わるが，この戦争のためそれまでのアメリカ南部のイギリスへの綿花輸出ができないため，アメリカのニューイングラ

ンド北部に紡績と織布一貫の大工場が急速に展開した。そしてアメリカの内乱（Civil War，日本ではアメリカ史について南北戦争という）が1861年4月12日におこり，1865年4月9日南軍降伏し，その直後14日リンカーン大統領狙撃され翌日死亡するが，この内乱の結果，アメリカ南部や西部と北東部工業地帯との国内交易市場関係が確立する。この1812年から1865年の53年間をアメリカの産業革命期とみる研究者が多い。

  d. ドイツ

  ドイツはフランスと接しているので産業革命の影響はもっと早くみられていいのであるが，ドイツは領邦国家（Landstaat）に分裂してドイツ皇帝は名目的なものにすぎないという実情から産業革命はおくれた。

  ドイツの盟主プロイセンが1818年関税法を制定して近隣へ関税撤廃を拡大して1833年3月ドイツ関税同盟が成立して翌年1月発足し，1835年にニュルンベルクとフュル間にドイツで最初の本格的鉄道が開通して，ドイツでは石炭業と製鉄業の重工業を中心とする産業革命が展開して軍備の増強がはかられ，遂に1866年6月15日オーストリアとの戦争がおこり，これに勝利して8月オーストリアとプラハ条約を結んで「ドイツ連邦」を解散してオーストリアの勢力をドイツから駆逐して，1867年7月1日プロイセン主導の「北ドイツ同盟」を結成する。このプロイセンの中央ヨーロッパでの急速な抬頭は，フランスが遂に1870年7月19日プロイセンに宣戦布告して普仏戦争がおこる。9月2日にナポレオン3世が捕えられ帝制廃止され，翌1871年1月18日にプロイセン王ウィリアム1世がベルサイユ宮殿でドイツ皇帝に即位する。そして1月28日にパリが陥落し休戦条約を結ぶ。他方，パリでは3月18日革命的市民が蜂起して28日にパリコミューン（Commune de Paris，革命自治政府）を宣言して5月28日まで抵抗する。この間5月10日，ドイツとフランスはフランクフルト講和条約を結んで普仏戦争は終わる。

  結局，ドイツの産業革命期は関税同盟の成立から普仏我争でドイツが統一国家となる大体1830年から1670年に至る約40年間とみてよく，それは重工業に重点をおいた国家政治的な性格のものといってよい。

43) George Peter Murdock, *Social Structure*, 1949, 内藤莞爾訳『社会構造』1978年。

44) アダム・スミスがオックスフォード大学に国教会牧師になることを条件としたスネル奨学金をうけて留学しなから，これを放棄して中途退学したことについて，水田洋は3つの理由をあげている。第1はスコットランドとイングランドの生活水準や経済発展の格差，第2に当時のオックスフォード大学の教育の頽廃，第3に名誉革命で王位を追われたスチュアート王朝の復興運動である「ジャコバイトの反乱」の3つである（水田洋「解説」アダム・スミス著，水田洋監訳，杉山忠平訳『国富論』（四）岩波文庫2001年，363頁）。筆者としてはこれら3つの理由のうち，第3の「ジャコバイトの反乱」が直接的に影響していると思う。

当時イギリスはハノーバー王朝のジョージ2世治下であるが，1688年名誉革命で王位を追われたジェームズ2世を支持した人たちをジャコバイト（Jacobite）と称するが，この派の人たちの反乱はすでに1715-1717年にもあって，このスミス留学のときの反乱は第2回ジャコバイトの反乱でとくに the Forty-five Rebellion と呼ばれている。

ただ，アダム・スミスがオックスフォードから郷里カーコーディに帰ったのは，上記『国富論』の水田洋「解説」では「反乱壊滅の翌年」(364頁)，すなわち1747年であるが，アダム・スミス著，水田洋訳『道徳感情論』(下)，岩波文庫2003年，の「解説」451頁では，「1746年夏に故郷に帰ったスミスは，オックスフォードにもどらず，母とくらしていた」とある。ところが，『平凡社大百科事典』第8巻，1985年，169頁で水田洋執筆「スミス Adam Smith 1723-90」では「約6年の在学ののち，1745年8月に帰郷，中途退学した」とある。

アダム・スミスがオックスフォードからカーコーディに帰郷したのが，同一人による執筆ながら1747年，1746年，1745年と3説述べられているが，筆者としては1745年8月が最も納得できる。というのは，第2回ジャコバイトの乱は1745年7月におこっているので，オックスフォード大学の当時の雰囲気にいささか失望していたスミスとしては早く帰りたかったであろうと思うからである。

45)「スミス, Smith 1」『岩波西洋人名辞典』増補版，1981年，754頁。
46) アダム・スミス著，水田洋訳『法学講義』岩波書店（文庫），2005年の水田洋の「解説」の中で，ジョン・ミラーのスミスの道徳哲学の講義に関する記述として取り上げられている（同書，515頁）。
47) ディドロ，ダランベール編，桑原武夫訳編『百科全書―序論および代表項目―』岩波書店（文庫），1971年，364-5頁。
48) ホッブズ著，『リヴァイアサン』(一) 岩波書店（文庫），1954年，141-3頁
49) 水田洋訳によれば，consequence を文脈によって連続と訳したり帰結と訳したりしているが，やはりこの場合は帰結と統一した方がよいと思う。同書訳(一)の90頁3行目，141頁本文2行目と末行では連続しているが，コンセクエンスとふり仮名しているが，類似語で sequence 連続と訳されるのが一般であり，これと区別が必要だからである。
50) ディドロ，ダランベール編，桑原武夫訳編『百科全書―序論および代表項目―』岩波書店（文庫），1971年，367-74頁。
51) ダランベールの表における政治経済学，あるいは国民経済学という言い方は，地方領主や貴族が領内や植民地の領地の経済や，さらには一般に家族の家内経済（家計）に対して王国全体や共和国全体の公共的経済をとくにいって区別する場合が多く，近代ではたんに経済といってよいものである。例えば，カール・マルクスの *Zur Kritik der politischen Ökonomie*，1859年は『経済学批判』と書名を訳し，フリートリヒ・エンゲルスの *Umrisse zu einer Kritik der Nationalökonomie*，1844年は『経済学批判大綱』と書名を訳している。
52)「アダム・スミス」『岩波西洋人名辞典』増補版・岩波書店，1981年，754頁。

53) アダム・スミス著，水田洋訳『法学講義』岩波書店（文庫），2005 年，解説，515 頁．
54) アダム・スミス著，水田洋訳『国富論』，岩波書店（文庫），2001 年，（二）303 頁．
55)「水田洋語る『自由競争』に誤解あり」『朝日新聞』2009 年 11 月 7 日．
56) 水田洋は sympathy を同感と訳している．Sym－は syn－の別形であり，symphony, symposium, などがある．syn－は「共に，合って，同時に，似た」などの意味である．多くの英語辞書では，sympathy の第 1 義には compassion（同情）があげられて第 2 義に共感, 合致, 第 3 義に同感, 同意と続く．しかし水田洋は，sympathy の Sym－よりも－pathy の方にこだわって，同情と同感を峻別して，「『同感』は彼（スミス）が最も重視している概念の一つで，『同情』とは異なります．他人の目で自分をみて，感情や行為を類推・観察し，それが適当なものであるかどうかを判断する能力のことです」（前注に同じ）と語っている．
57) アダム・スミス『道徳感情論』（下），123-24 頁．

初　出
第 1 節　「信頼の社会学に関する基礎的考察─ホッブズの近代自然法を中心に─」『紀要』社会学・社会情報学　第 18 号　通巻第 223 号　2008 年 3 月発行　89-98 頁．
第 2 節　「信頼社会学の基礎的考察─ロックの『政府二論』を中心に─」『紀要』社会学・社会情報学　第 19 号　通巻第 228 号　2009 年 3 月発行　79-86 頁．
第 3 節　「スミスの道徳哲学における信頼の社会学」『紀要』社会学・社会情報学　第 20 号　通巻第 233 号　2010 年 3 月発行　117-30 頁．

［追記］本章は上記の 3 論文を修正加筆したものである．当初は，スミス以後の社会学の成立とその後の展開を通して，調査票における信頼の概念につながるまでの考察を企てて書きすすめたが，これについての発表は後日にゆずることとした．

第 2 章
信頼の三相とその相互作用

森　秀　樹

　フクヤマ，コールマン，パットナムといった様々な論者が信頼を話題にしている。その背景にあるのは「信頼の崩壊」論である。今や社会の紐帯たる信頼は危機に瀕しており，だからこそ，それを守ることが重要であるというのである。しかし，このような論調は何も 20 世紀末になって初めて生じたものではない。テニエス，ジンメル，デュルケームなどの名前をあげれば，信頼がもともと社会学にとって重要な主題の 1 つであったことが明らかになる。中でも，ジンメルは，分化した社会においては「相互知識」と「無知」（相手の秘密に対する配慮）とともに信頼が必要となるとし，信頼を近代社会の紐帯として主題化している。その後，パーソンズは，社会秩序の可能性を「ホッブズ問題」として主題化し，ルーマンもまたこの着想を受け継ぎ，「二重の不確定性」を縮減するものとして信頼を捉えている。このように，社会学は，近代において個人が社会を形成するのはいかにして可能かというアポリアから出発している。しかも，社会学にとって，信頼とは常に危ういものでもあった。すでにテニエスにおいてゲマインシャフト的なものの崩壊が語られ，ジンメルの信頼とは，個人間の面識が不可能になっている近代社会における現象であった。だとすれば，信頼は近代社会においてとくに問題となるような概念なのであり，それゆえにまた，常に危機とともに語られる運命にあるのである。とはいえ，近年の「信頼の崩壊論」が以前のものの焼き直しでしかないというわけではない。ここ 100 年の間に近代はさらに歩みを進め，いわゆる「後期近代」に入っているといわれるからである。近代に入って，流動化する社会を媒介するものとして

信頼という制度が形成されてきたのであるが，その流動化がさらに進行する中でそのあり方がほころびを見せていると捉えられている。例えば，ギデンズは制度・個人・家族関係が「再帰化」し，各々に対する信頼が揺らいでいると指摘している[1]。

　以上のような混乱状態は信頼をどのように捉えるのかの混乱と関わっている。一方において，信頼は社会事象として実在的なものであるとみなされる。しかし他方において，信頼とは規範的な概念でもあり，あるべきものとして求められ，それが無いことが嘆かれたりする。だとすれば，信頼について論じる前に，信頼とはいかなる概念であるのかを概観することが必要となるはずである。そこで，本論文は，まず，信頼がどのように発生し（1節），思想史の中でどのような意味で用いられてきたのかを概観する（2節，3節）。そのうえで，信頼を構成する3つの相とそれらの相互関係を析出し，信頼が複合的な現象であることを明らかにし，信頼の崩壊論について考察することにする（4節）。

1．信頼の発生

　一見すると信頼は人間に固有な現象であるように思われるかもしれないが，仮にそうだとしても，信頼は生命の歴史の中で突然発生したわけではなく，先行する諸能力を組み合わせる中で徐々に発生してきたと考えられる。生物は限られた情報だけを用いて複雑な環境に適切な仕方で対処しなくてはならない。環境をより精密に認知することは適切な対処をもたらす可能性を増大させるが，同時に，そのことは情報処理の複雑さや時間といったコストをももたらす。そこで，環境のもつ複雑性を適切に縮減することが必要となる。例えば，環境には危険な捕食者が存在しているが，そのような危険な捕食者（らしきもの）を前にして，それが本当にそうであるのかをゆっくりと検討するような時間的な余裕があるとは限らない。むしろ，多少の誤差が含まれていても，そのような危険をただちに察知する方が生存上都合がよい。このようにして，生物は危険なものを一瞥して見分ける能力を身に付けるようになり，そのようなも

のに対しては感情的な反応をみせるようになる。例えば，恐怖や不安といったものは，大脳を経由しない情報処理経路に基づいて，危険を知らせる役割を果たしている。逆の言い方をすれば，生物は，このような仕組みを作ることで，常に警戒するというコストを減らすことができるようになり，「安心」という状態が可能となったのである。

　しかし，このような信頼性は信頼とは異なる。警戒の対象が，（こちらの信頼を認知しない）たんなる事物ではなく，（信頼を認知できる）個体相互の協力関係となるとき，はじめて不信や信頼が生じると考えられる。協力関係の存在が信頼の前提となっているのである。生物の世界には，共生関係をはじめ，アリの高次な集団生活など様々な協力関係がみられる。このような協力関係は血縁淘汰によって発達してきたとされる。だが，通常はアリがお互いを信頼し合っているとは表現しない。というのも，アリの協力関係には非協力という可能性が考えられないからである。するとさらに，信頼は協力しないことも可能であるにもかかわらず，協力するということをさらに前提していることになる。このような場合も血縁淘汰によって説明されるが，協力する相手（＝信頼できる相手）とそうでない相手とを区別する仕組みが発生している点において信頼の起源となっていると解釈することができる。

　しかしながら，信頼に基づく協力というオプションを備えた生物であっても，それをいつも発揮できるわけではない。常に「社会的ジレンマ」にさらされうるからである。各自が部分的な利得を選択する結果，より大きな利得をもたらす協力関係を取り逃がしてしまうという事態を回避するためには，各自が協力しあうように約束しあい，それを信頼しあうことが必要になる。だが，そのような信頼には，相手の「ただのり」を許容してしまう危険性が常に伴っている。だとすれば，信頼に応えてくれるであろう相手のみを信頼し，そうではない相手は信頼しないという区別をすることが必要になる。ここにおいて，相手を理解できることが信頼にとって重要となる。近年の研究は「共感」がミラーニューロンにみられるような神経システムに組み込まれているということを明らかにしてきた。そもそも，自分を形成しうるためには行動のレパート

リーを修得しなくてはならないが，それは他者の行動を学ぶことによってのみ可能となる。同様な環境の中で生まれ育ち，同様な行動を習得していることは，相互理解にとって有利な条件となり，ひいては信頼の基盤となると考えられる。

　一方において，仲間を明確にしておくことは，「社会的ジレンマ」に陥ってしまうというコストを回避させ，信頼するかどうかの判断を容易にする。しかし，他方において，集団内で信頼関係を固定化してしまうことは集団外との協力関係を疎外してしまうことになり，そのための機会コストを支払うことになる。そこで，仲間集団を超えながらも，「ただのり」を許さないような信頼もまた求められることになる。そのようなあり方は，まず相手を信頼するが，相手の出方によっては信頼関係を解消するという「戦略」に結実することになる。ここで重要なのは，相手の反応によって自分の反応を決めることを「戦略」として単純化してしまうことで，信頼するかどうかを考え続けるというコストをはぶくことである。このような戦略を古代ギリシアのデモクリトスは次のように簡潔に表現している。「すべての人をではなく，信頼に足る人びとを信ずること，というのも，前者は愚かしく，後者は節度ある人のすることだから」[2]。この言葉は信頼がとくに人物に向けられるものであり，かつ，盲信とは異なり，信頼性を考慮に入れたものであることをよく示している。このようにして信頼が人類史の中に刻み込まれることになった。

2．古代における信頼

　古代ギリシアにおいて信頼に相当するのはπίστςという語である。この語は，一般には，信頼，忠誠を意味し，特定の誰かに対する，ある程度根拠づけられた関係を指すものとして理解されていた。そのことは上においてみたデモクリトスの言葉にもよく現れている。だが，この語は哲学的な概念としても用いられていた。すなわち，この語は認識論において用いられ，知識と臆見との中間状態を指すものとして考えられていた。一方において，ある種の確実性を備えている点において知識に似ているが，他方において，それが知識の場合の

ように確かな根拠に基づいてはいない点において臆見に似ているというのである[3]。さらに、この語は弁論術における基礎的概念でもあった。というのも、弁論術とは「どんな問題でもそのそれぞれについて可能な「説得の方法（πιθανόν）」をみつけ出す能力」であり、それが具体化すると πίστς（説得／納得）となるからである[4]。πίστιςは πείθω（説得する）の中動態 πείθεσθαι（信じる）の名詞形として理解されており、十分な威力によって説得され、信じ、従わざるをえない状態に至っているということを意味する。ここには、信頼がたんに対象のみとの関係から生じるのではなく、主体と対象とをともに含む環境との相互関係の中で育まれるものであることがよく現れている。したがって、たんに事柄を証明してみせるだけでは不十分であって、さらに、相手を納得させなくてはならない。アリストテレスによれば、πίστιςとなりうるものは、1）話し手の ηθος, 2）聴き手の πάθος, 3）λόγοςそのものである。まず、ηθοςは「人柄」「性格」と翻訳されるが、ここで考えられているのは、話者が置かれてきた状況の中で醸成されてきたもののことである。すなわち、話者がどんな環境の中で生まれ育ち、どんな性向を備えるに至ったのかが πίστιςに影響するわけである。次に、πάθοςは情念などと翻訳されるが、ここでも、ある状況の中に置かれ、そこから影響を被っているということに主眼が置かれている。聴き手がどんな状況に置かれているのかによって、信憑性が変わるというのである。最後の λόγοςも「議論の内容」と理解することができるが、それだけではなく、世界の中での摂理に即しているかどうかが重要になる。さらに、アリストテレスは、1）審議弁論（選択における利害の説得）、2）法廷弁論（行為に対する正不正の説得）、3）演示弁論（人物の美醜の説得）を分類している。この分類は真・善・美という基本カテゴリーに対応するものであると同時に、人間をとりまく時間に対応するものでもある。人間は将来・過去・現在のいずれにおいても不確実性にさらされているが、それにもかかわらずある程度の蓋然性を模索していかねばならないというのである。

　これに対して、πίστιςはヘブライ語の aman という語の翻訳として宗教的な意味においても用いられる。この背景の下、キリスト教において πίστιςの概念

はもう1つの人格的存在である神について用いられることになる。まず，ユダヤ教において，信仰は，何らかの根拠に基づく信頼ではない。むしろ，ユダヤ人であるという自己認識を切り開くようなものである。まずあるのは神からの呼びかけである。それは人間の知識を超えるようなものとして現れ，人に呼びかける。そして，その呼びかけに勇気をもって応えようとすることが，人をユダヤ人にし，神を可能ならしめ，さらには将来への救済への期待や安心をもてるようにする。ここには跳躍があるが，その跳躍こそが新たな見方を切り開くのである。このような発想はキリスト教にも受け継がれる。さしあたり，通常の「信」が権威なり，真理なりに基づくものであるのに対して，キリスト教の「信」は内的な確信に基づくものであるとされる。ただし，キリスト教において神への信仰は福音を経由する。そこで，「信仰するとは啓示する神に対して，知性と意志を全く奉献し，自由に神のことばを受け入れて，自分のすべてを神にゆだねること」と定義されることになる[5]。ここにおいて，イエスという人間の言行が神への信仰の原型となり，信頼は多重化されることになる。まず第1に，誰を信じるのかという観点がある。この観点においては，イエスないしそれを伝える人間を信じることと，その中で伝えられる神を信じることとが相乗的な仕方で重ね合わされることになる。まずもって，信じるということが学ばれねばならないが，それは，ある人が誰かを信じることを通してのみである。そのようなモデルの振る舞いを通して，誰を，そして，何を信じるのかを人は学ぶ。そして第2に，どんな内容を信じるのかという観点がある。啓示の内容は実生活の諸知識と関連づけられ，了解されるのでなくてはならない。例えば，人は日常的には日常世界を信じている。しかし，よく考えてみれば，それらには絶対の根拠が欠けている。世界を創造し，それを支える存在が必要となる。ここにおいて，日常的な眼差しを超える見方が生まれることになる。さらに第3に，信じることは単なる状態ではなく，行為として遂行されるべきものである。すなわち，人間の側の信仰は常に神によって試され，かつ，そのことを人間は知っている。このような状況下で信仰は練り上げられていく。人格を信じるとは，その言葉を鵜呑みにするというよりはむしろ，その言葉を通

して自らの理解を試し，新たな観点を切り開いていくという実践を遂行することなのである。

　人間は様々な不確実性に取り巻かれている。すでに認識においてそうであるし，対象が人間ともなればなおさらなことである。また，将来の事柄はもちろん，過去や現在の事柄についても人々のいうことは様々である。だが，そのような人間同士といえどもある状況を共有しあっており，その制約の中で蓋然的なことを繋ぎ合わせ，さらに対話や実践の中で吟味していくことによって，ある程度まで信頼に足るものをわかちもつことが可能になる。近代におけるように，人間同士の相互的な関係から生じる不確実性は必ずしも主題化されておらず，信頼もそこに限定されていない。むしろ，信頼を状況との相互作用のプロセスとして考えていこうとしている。

3．近代哲学における信頼

　以上において古代における信頼の概念についてみてきた。それは現代人が信頼ということで考える諸相がすでに現れている。ただし，近代に至るとこの原像に近代的な特徴が付加され，むしろ，それが信頼の中心として意識されるようになっていく。

　近代哲学の嚆矢とされるのはデカルトであるが，彼は自分の哲学を「方法論的懐疑」によって開始している[6]。彼は第一級の教育を受けたが，かえって諸学問が「あやふやな基礎」の上に立てられていることに気づかされた。その後，彼は兵士として諸国を巡り，学者として歴史を学ぶ中で，場所と時代によって人々の考えも様々であることを知った。まず注目されるのは，近代に至ると，個人が多様な考え方がありうることを直接経験し，他者の見方を疑わしく思うと同時に，自らの信念をも疑わせるようになり，「当たり前」とみなしてきたことに対する信頼性のゆらぎが経験されるようになっているということである。そして，そのような経験に対してまずは不確実なものから信頼できるものを見分ける「方法」が要請された。「制度」によって不信に対処しようと

したのである．その中で，人間を欺く疑わしい「感覚」に対して，明晰・判明に思惟する「理性」とそれによる「演繹」が称揚された．そのことは信頼の所在の変化をも意味した．すなわち，素朴な体験に対して懐疑の眼差しを向ける一方で，「理性」に対しては信頼を向けるようになっていった．

　他方，人間に対する信頼はどうか．この点で，現在に至るまで広範な影響を及ぼす「言説」を展開したのがホッブズであった．『リヴァイアサン』によれば，国家や法が不在な「自然状態」にあって，人々は「戦争状態」に陥る[7]。ホッブズによれば，生物の一種である人間は「自然権」を主張する存在であり，自らの欲求に従って行動する．したがって，自然状態にあって，他者から利他的行動を期待することはできず，自分以外を頼りにすることはできない．しかし，自らの欲求によって生きながらも，結果として死という自らの欲求を満たしえない状態を招くのは背理である．そこで，死への恐怖ゆえに人々は，自然法を見出し，社会契約を結ぶ．ホッブズによれば，契約（contract）とは「権利の相互譲渡」のことであるが，契約はただちに完了するとは限らない．「相互契約者のうちの一方が，自分の契約した物は引き渡してしまい，相手方にある期間ののちに契約を履行するにまかせ，そのあいだは相手方を信頼している（be trusted）というばあい，自分にとってこの契約は，《協約》（パクト）とか《契約》（カヴィナント）と呼ばれる．また両者がいま結んだ契約をのちに履行するというばあいもある」（ibid., p. 163）．社会契約は後者に属する．ただし，契約の履行は確実とはいえない．というのも，「ことばの拘束力は，何か強制的な力にたいする恐怖がないところでは，人間の野心，貪欲，怒り，その他の情念を抑制するにはあまりにも弱い」（ibid., p. 166）からである．

　ここからいわゆる「秩序のホッブズ的問題」が生じることになる．パーソンズの『社会的行為の構造』によれば，この問題は，各個人が功利主義的に振る舞うとき，社会秩序はいかにして可能かというものである．パーソンズは，社会契約によって秩序は不可能であるとみなした．というのも，「純粋に功利主義的な社会というものは，カオスであり不安定なものである」からである[8]。ただし，この主張は，ホッブズの主張を否定するものではない．この問題に対

して，ホッブズは，契約を相互に守らせるために人々は国家（コモンウェルス）を設立すると答える。「正，不正の名が存在しうるためには，そのまえになんらかの強制力が存在して，人々が契約の破棄から期待する利益よりもより大きな処罰の恐怖によって，彼らに等しく契約を履行させるのでなければならない」(ibid., p. 172)。すると，戦争状態への恐怖と国家の権力ゆえに人々はその国家に服従することになる。この状態は「ホッブズ問題」に対して「安定解」をもたらす。ホッブズの人間は平和を予期し，さらに，その予期に基づいて，秩序を強制する政府の存在を認知することができるからである。結局，人を信頼できる存在にするのは，より大きな利得に対する理性的な判断力と国家制度に服従することによってだということになる。確かに，人間の利己性は信頼を危うくする。しかし，利己性が確実なものであれば，そこから信頼に足る制度を作り出すこともまたできるのである。

　ロックの想定する自然状態はホッブズとは対照的なものであった。ロックによれば，自然状態は「人それぞれが，他人の許可を求めたり，他人の意志に依存したりすることなく，自然法の範囲内で，自分の行動を律し，自らが適当と思うままに自分の所有物や自分の身体を処理することができる完全に自由な状態」であると同時にすでに「平等な状態」である[9]。そして，「何人も他人の生命，健康，自由，あるいは所有物を侵害すべきではない」という自然法が理解され，その侵犯に対してはお互いに適切な範囲において処罰する権利が認められている。このようにロックの自然状態においては自然法の範囲での相互信頼がすでに成立していると考えることができる。ここには，内乱の時代の生々しい記憶を保持していたホッブズと市民階級の勃興を目の当たりにしていたロックとの体験の差異が反映しているように思われる。しかしながら，自然状態における所有権は不安定であり，戦争状態に陥る危険性をはらんでいる(ibid., p. 441 f.)。というのも，1）自然法は成文化されておらず，あいまいであり，2）公平な判断を下す者がおらず，3）適切な判断を執行させる権力が存在していないからである。そこで各自の所有権を保証してもらうために，これら3つの事柄を行う国家を設立し，そして，自己の立法権と執行権を放棄す

るとともに，国家を維持するのに必要なものを負担することに同意する。ロックはこのような同意を trust と呼んでいる。この語は「信託」と翻訳される。信託とは，他者のことを信用して，その他人に自分の権利を自分に代わって執行するよう委託することであり，信託された側はその信託に応える義務が生じることになる。したがって，国家がもしその信託に応えていないとすれば，信託は取り消されることになる（ibid., p. 473）。このようにロックは国家に対する抵抗権を認めている。ホッブズは信頼の可能性の条件として国家という制度を考えたが，ロックは国家そのものが信頼されない可能性を考えた。そして，抵抗権という可能性を残すことで，国家が信託に背く可能性を制限しようとした。

　以上においてみてきたように，近代になると，私たち現代人が想定するような信頼，すなわち，言葉，他者，制度に対する信頼が主題化されるようになった。だが，古代・中世において主題化された「信仰」の系譜もまた，信頼とは別のものとして意識されつつも，存続している。すなわち，信仰を，神を信じようとする人間と人間の信仰を試す神との間の相克的関係として捉えようとする着想はとくに宗教改革後の近代的な自我の中においてさらに展開されている。ルターにおいて，信仰とは，神の言葉が啓示され，それに聴き従うことである。被造物である人間はそのようにすることにおいてのみ，神の創造を完成させることができ，そこにおいて，人は至福に至る[10]。信仰の審級をなすのは，もはや教会や共同体ではなく，良心（人格）である。良心は自由を与えられつつも，その自由を他者の視点から反省しうるということを意味する。そして，このような良心が信仰の秩序を駆動する役割を果たすことになる。このような人格の発想は世俗の領域にも影響することになる。例えば，敬虔主義の影響を受けたカントにおいて，「信仰は，道徳律の約束への信頼である」[11]。この言葉は「信仰……とは，理論的認識によって到達しえないものへの信憑における理性の道徳的態度である。したがって信仰は，最高の道徳的究極目的が可能となるための制約として必然的に前提されるべきものを……そのものへの責務のために，真であると想定しようとする，信条の恒常的原則である」（ibid.)

とも表現されている。すなわち，道徳的に振る舞うことが幸福をもたらすかどうかは認識できないが，それにもかかわらず，それを信頼して，行動するべきであり，そうすることによって，初めて道徳的な世界が可能となるというのである。ここにはホッブズ問題に対する解の1つが示されている。ただし，ヴェーバーも指摘するように，この良心の駆動システムは過剰なものであり，資本主義のような秩序の形成につながるとともに，他方において，病的な悪循環をも生みだすことにもなる。

確かに，前近代においても信頼において人間同士の信頼は重要な主題であった。しかし，近代になって，制度によって信頼性を制御しようという発想が生まれてくると，かえって制御不可能な複雑性をもつものとして人間関係が主題化され，人間同士の信頼が中心的な課題として主題化されるようになった。なるほど，信頼をある時点におけるものとして対象化するならば，ホッブズ的問題が発生し，解を導くことは不可能になってしまう。すなわち，信頼を認識の対象とすることは，信頼の依拠する状況を排除してしまうことであり，不信しかまねかない。そもそも，状況から独立した純粋な人間もまた虚構でしかない（国家はもちろん，家族関係なども想定されないような全くの自然状態にある人間とはいかなる存在でありうるのか）。人間とは常に文脈的存在である。このことは近代においても全く見失われてしまったというわけではない。（例えば，ホッブズにみられるような）裸のままの人間が出会い，関係をもっていく中で信頼できる文脈が生まれ，それに対応した自我を備えるようになっていくとき，信頼が可能になるという着想がそれである。これとても，制度による信頼性の制御の一種と解釈することもできる。というのも，この着想を人間の内面形成を制度によって規定しようとするものであると考えることができるからである。社会が流動化し，素朴な信頼がゆらぐに至った近代において，制度を作ることにより，信頼を制御しようとしたのである。

一方において，コミュニケーションは素朴な信頼を破壊するが，他方において，コミュニケーションは制度的信頼を醸成する。ここで信頼はシステム的信頼の問題として考えられている。とはいえ，ルーマンによれば，システム的信

頼は直接的制御が難しい。この問題に対するロックの答えは，制度がうまく機能しない場合のために，制度を替える仕組みを作っておくというものである。とはいえ，流動化が激しくなってきたからといって，制度を次々と替えるわけにもいかない。近年問題になっている信頼の崩壊はこのような問題であるように思われる。一方において，流動化に応じて制度を作り替えていくことは必要であるが，他方において，そのようなことは人間にとって過酷なことでもある。流動性に身をさらしながらも，ある程度までの一貫性を維持できるようにするには何が必要なのか。ここにおいて，信頼が状況の中で形成されるものであるという前近代的な発想が重要になる。一方には，信頼は「自ずからなるもの」であるという発想がある。ただし，この場合，信頼を作っていくことはできない。また，他方には，信頼は一種の「行為」であるという発想がある。だが，根拠無き信頼は無謀である。むしろ，信頼を「遂行プロセス」として理解することが必要となる。ここにおいては，近代が切り捨ててしまった，使用できるもの，頼りにできるものを探し出し，その上に信頼を構築していくことが求められる。もはや，変わらぬ信頼は困難かも知れないが，その都度の経験の中で得た信頼の手がかりをもって，次の信頼にコミットしていくことは可能であり，そのような模索こそが信頼を形成していく契機となるのである。なるほど，流動化する社会の中では，安心できるような信頼はなかなかみつからないかもしれないが，だからといって，何かに固執することはむしろリスクをもたらす。むしろ，新たに出会う相手と新たな仕方で信頼を結ぶことが必要であり，相手にとっても同じことが妥当する以上，このことには十分な可能性があるということができる。

4．信頼の3つの相とその相互関係

　以上における概観から容易に見て取れるように信頼は単一の現象ではなく，諸契機の相互関係によって生じる複合的な現象である。信頼という現象は主として3つの相において現れている。第1に，信頼とは何を対象にするにしても

不安や不信に対立するものであり，感じられるべきものである。この意味での信頼を「信頼感としての信頼」と呼ぶことにする。だが，デモクリトスが述べていたように，何でも信頼してしまうことは愚かである。信頼においては何を信頼し，何を信頼しないかを区別することが重要となる。ここにおいて，信頼とは，自分の期待に対象がどの程度まで応えることができるのかという信頼性を判断し，選択する行為となる。この意味での信頼を「判断としての信頼」と呼ぶことにする。しかし，合理性のみに基づいて判断されることは不信の現れであり，むしろ，それをこえて信頼することこそが本来の信頼であるともいわれる。ここにおいて，信頼は不安や期待値とは独立に信じるべきであるという一種の態度という側面をもつことになる。この意味での信頼を「態度としての信頼」と呼ぶことにする。

　このような三相は信頼の発生の観点からも区別することができる。生物は環境に対応することが必要であるが，複雑な環境に適切に対応するためには，複雑な判断の仕組みが必要となる。生物は神経や脳のシステムを発達させることでこの問題に対応してきた。「判断としての信頼」はこの延長線上にある。しかし，複雑な仕組みをもつことは時間や資源のコストをかけることでもあるため，複雑性を思い切って縮減する仕組みが必要となる。生物は情緒という仕方でこの問題に対応しており，「信頼感としての信頼」の基盤となっている。他方，個体としての選択が可能であるとともに，社会性を発達させた高次の生物の間では，「共感」や利他性の仕組みを発達させてきた。これが「態度としての信頼」の基盤となっている。このような三相は信頼に関する学問的なアプローチの仕方にも反映している。まず第1に，「判断としての信頼」は，経済学的なモデルの中で研究されると，選択肢相互の損得を合理的に比較・考量することとなり，「合理性としての信頼」という観念が生じる。第2に，「態度としての信頼」は例えば倫理学や宗教学において取り扱われ，「規範としての信頼」として純粋化される。第3に，「信頼感」とでも呼ばれるものは心理学（社会心理学や行動経済学）の分野において取り扱われ，「感情としての信頼」と呼ぶことができる。近年の行動経済学の進展は，人間の脳は「合理性としての信

頼」を計算するのはあまり上手ではなく，むしろ，心理的なバイアスによって左右される存在であるということを明らかにしている。

　これらは，アプローチが異なっていることからもわかるように，別々の対象であるとみなすこともできるが，これらの間には相互作用もまたみられる。例えば，貸金業においては，「合理性としての信頼」に基づき，相手の返済可能を考慮に入れ，それに見合った額しか貸さない。しかし，返済可能性のみに依拠することは相手のことを信頼していないことの証であるともみなされる。そこで，「規範としての信頼」は，人々が信頼を置かない場合においても相手を信頼することこそ本来の信頼であると主張する。そして，さらに，そのような信頼がある社会こそが結局は「合理性としての信頼」にもかなうことになるという主張もまたなされる。現実の実践においては，これらの事情を勘案して，どのような行為をするのかを判断することになるが，その判断においては「感情としての信頼」が介入することになる。これは「合理性としての信頼」や「規範としての信頼」を強化したり，歪ませたりする。一方において，「感情としての信頼」は，将来の損得を低く見積もる傾向があるとされ，「合理性としての信頼」を歪ませる可能性をもっているが，同時に，そのように将来のことを切り捨てることによってかえって，行動へと後押しし，人間の相互的な支え合いを促進し，かえって「合理性」を高めることもあるとも考えられる。また，他方において，「感情としての信頼」は「合理性としての信頼」が考慮に入れていない不安要因を敏感に感じ取ることによって，大きなリスクを回避する役割を果たすと同時に，不安感にさいなまれて，「合理性としての信頼」すら破壊してしまうこともありうる。

　それどころか，さらに詳細にみれば，これら3つの相はそれぞれにおいて他の相の影響を受けるため，相互に独立したものとはいえないことがわかる。まず，「合理性としての信頼」が成立しうるためには「市場」が機能している必要があるが，それは「ルール」によって支えられている。これは「規範としての信頼」に関わっている。また，「規範としての信頼」が成立しうるためには，人間が通常の心理状態に置かれていることが必要であり，そのためには例えば

「安心」が必要であり，これは「感情としての信頼」と密接に関係している。そして，「感情としての信頼」が醸成されるためにはきちんとした「発達」を経験することが必要となるが，そのためには「家族」や諸制度が必要であり，さらに，それらが持続しうるためには「合理性としての信頼」が広く共有されているのでなくてはならない。このように信頼の三相の間には相互循環的な基づけ関係があることがわかる。このように考えるならば，信頼についての研究はこれらの三相の間の区別を意識しながらも，同時に，相互に基づけ合うことで，一体のものとして機能するものでもあることを考慮に入れておく必要がある。

　すでに三相の相互関係において現れていたように，一方において，信頼は主体の側が抱く主観的なものである。「信頼感」や「規範としての信頼」にそのことはよく現れている。また，「判断としての信頼」においても信頼をするかしないかは主体の選択に任されている。だが，他方において，信頼が向けられるべき対象とも無縁ではない。とくに，「判断としての信頼」においては根拠を欠いた信頼は盲信でしかないとされる。信頼性は客観的な尺度であると考えられているし，経済における信用はしばしば金額によって換算される。このように，信頼は，その対象が信頼できるものであるかどうか，また，それを判断する人が信頼する傾向をもつかどうかといった条件によって決まってくると考えられている。しかし，以上の考察は，信頼を，環境と人間との総合的な関係性のあり方を示す指標として解釈することを求める。まず，信頼は，人間がどのような状況の中に置かれているのかによって左右される。同じ人間が同じような対象に対して抱く信頼であっても，どのような状況に置かれるかによって変わってくる。同じ額の貨幣が意味するものは物価が異なれば別のものになる。また，「規範としての信頼」は，ホッブズが考えているような自然状態においては不可能であり，社会の中でのコンセンサスを必要とする。この観点からすれば，信頼を関数として考えるにしても，主体と対象という係数の他に，状況もまた考慮に入れる必要があるということになる。そしてさらに，環境と人間の関係には，現時点での状況だけではなく，歴史的経緯もまた含まれる。

そうなると，同じような状況に置かれていても，どのような経験をしてきたのかによって，状況をどのように捉えるのかは違ってくる。例えば，自由に食料を購入することができる状況にあっても，窮乏生活を経験した人とそうではない人とでは，この状況に対する態度は異なるであろう。信頼感は過去の経験によって左右されるのである。そもそも，「信頼感」は持とうとしても持てるようなものではなく，安定した環境に時間をかけて慣れ親しむことによってのみ可能となる。さらに，信頼感は生物が体験してきた環境との関わり方の記憶であるということもできる。また，「判断としての信頼」が意味をもちうるのは現在の信頼が将来の利益をもたらすと考えられるからである。だとすれば，信頼は人間関係が反復されるような社会を前提としており，そのような長期的な視野をもちうる環境においてのみ意味をもちうることになる。そうなると，主体と状況との関係の関数は歴史的経緯によって規定されることになり，単純な関数としてはもはや記述できなくなる。これらの事情から，信頼は時間的現象であることがわかる。このような機微をよく表現しているのが，古代ギリシア語の「中動相」という発想である。すなわち，信頼は，主体の側のものでも，客体の側のものでもなく，環境との相互作用の中で徐々に形成されていくものだというのである。すなわち，信頼は「信頼する」という表現に表れているように，主体による行為であるのみならず（行為としての信頼），環境との関係の中で自ずから成立するようなものでもあり（自ずから成るものとしての信頼），この両者を総合するようなものとして「遂行としての信頼」が考えられるのである。

　以上のように考えるとき，三相を貫く観点が見えてくる。一方において，人間は複雑な環境の中に置かれて，途方に暮れる存在である。そのような状況のもとで，人間は環境との間に制度的なものを構築することによって，環境の複雑性に対処してきた。そのような制度的なものが信頼を支えている。上述の信頼の三相はいずれもそのような制度的なものの一種なのである。まず，「合理性としての信頼」はリスクを偶然にまかせるのではなく，それをどこまで回避しうるのかを見極めようとする営みである。そして，その判断の仕組みができ

れば，システム的判断に移行することになり，制度化されることになる。また，「規範としての信頼」は，相互信頼関係をたやすくするものであり，一種の制度化であると理解することもできる。制度化によって，より高次なシステムを構築し，人間社会の安定性を向上させる役割を果たす。そして，「感情としての信頼」は，人間が長い進化の過程で発達させてきた，リスク回避の1つの手法であり，環境との安定的な関係の持続に対応するものである。信頼は，複雑な環境を相手にして，安定的な秩序を発見しようとする営みであり，それに持続的に成功している状態である。ただし，それに安住することもできないため，さらなる秩序の形成が求められる。このような動性をもった営みであり，諸側面の総合としてある。

　人間は環境との間に安定的な関係を構築しようとして信頼というあり方を発達させてきた。このことは通時的にいえることであり，信頼の三相は通時的にみられるものである。しかし，信頼が状況依存的なものである以上，それは時代ごとに少しずつ違った姿をみせることになる。古代ギリシアにおける用法から読み取ることができたように，前近代にあって，信頼と信頼性とは必ずしも区別されていなかった。すなわち，いかなる人柄であり，どんな状況に置かれているのかがその人物の信頼を規定すると考えられていた。前近代にあっては，人間は神話や言語，社会関係によって規定された共同体の中に埋め込まれており，個人としてではなく類型として扱われていたのである。近代化とともに，様々な共同体の交渉関係が広まり，社会そのものが流動化していく。その中で，近代人は以前の制度に対して「懐疑」の眼差しを向けるようになり，自明の信頼性が喪失されるようになる。近代にあっては，科学や技術といった合理的な制度が以前の制度にとって代わることになった。すなわち，制度の信頼性を上げることによって対処しようとしたのである。しかし他方において，そのような制度は常に複雑な環境からの挑戦を受け，ほころびをみせるようなものでもある。それは前近代においてすらみられる現象ではあるが，近代になってあらゆる領域において制度化が試みられるようになり，そのための試行錯誤が行われるようになると，より顕著になってくる。このような状況の下で，「判

断としての信頼感」が，市場経済の発展の中で注目され，経済や保険の領域で考察されていった。このように近代の趨勢は，複雑な環境に対する不安に制度への信頼で対処するというものであった。これと並行して，近代になると人間の個人としての側面が強調されるようになっていく。環境の複雑性は制度によって対処可能とされたのとは反対に，個人としての人間は，相互関係の中で態度を変える複雑なものとして，信頼の事柄として主題化されるようになる。だが，このような主題化は本来的に解きえないアポリアの中に落ち込むことを意味する。個人が本来的に予想を裏切る存在であるならば，そのような個人を信頼することは不可能となるはずだからである。パーソンズやルーマンが立てた問題設定は，近代における信頼を典型と考えることにおいて，歴史的制約を被っており，解けない問題を主題化しているともいえる。このような信頼論の設定そのものが「信頼の崩壊論」を孕んでいるのである。ただし，このような問いは現実によって乗り越えられることになる。というのも，現実の個人は常にすでに何らかの文脈の下にあるからである。

　近代においても，信頼の三相がともに働いている。まず，「合理性としての信頼」は，個人の計算には限界があるが，市場の計算にはより信頼がおけるという発想を提示する。また，「規範としての信頼」は，情報のない相手であっても，相手を信頼することによって，相互に利得のある関係性を生みだしていくことを提案するものである。これに対して，「感情としての信頼」は古くからのシステムとして流動的なあり方に対処するのが難しく，動的平衡に尻込みをする傾向があるが，同時に，盲信という仕方で，ジレンマを断ち切る役割も担っている。ここにおいてはもはや個々の制度そのものに固執するのではなく，諸制度の試行錯誤自身をコントロールするような発想が生まれている。例えば，複雑化した社会を媒介するものとして貨幣が発達してくるが，懐疑の対象となった個人であっても人間も市場に代表される関係性に巻き込むことによって制御可能なものとみなしうるようになる。

　ただし，このような近代における信頼の再植民地に対して，生身としての個人が「悲鳴」を上げるようになっているのが後期近代である。ギデンズが示し

ていたように，近代が創出した3つのシステム（制度・個人・家族）への信頼がゆらぎ，そこからの撤退現象が生じている。そして，その撤退現象が共同体を困難にしている。冒頭においてみた「信頼の崩壊」論も同様な文脈の中に位置づけることができる。近代は，人間と環境との間に制度的なものを構築することによって，環境との間に安定した関係を維持しようとしてきた。このような安定した関係を表現する言葉として「安心」がある。しかし，同時に，近代の過程で，そのような制度的なもののゆらぎも明らかになってきた。信頼はもともと信頼できるシステムを構築する営みであった。だが，近代においては流動化が激しくなり，システムの構築のサイクルが早くなっている。安心がゆらぐとき「不安」が発生するが，このような不安は皆無にすることはできない。むしろ，そのような不安を前提としてのみ信頼が語られる余地がある。信頼は，「安心」とか「安住」とかいうこととは本来的に違ったものである。だとすれば，しばしば語られる「信頼の崩壊」は「安心」の崩壊であっても，信頼の崩壊までも意味するとは限らない。むしろ，従来のシステムが機能不全に陥っていると解釈することができる。だとすれば，その機能不全を認めたうえで，新たな仕方での信頼を構築することが必要である。そうなると，ある程度の流動性を認めつつも（それは，ある程度の不安は回避できないということを意味する），その流動的なものに対する信頼性を構築するという発想もうまれてくる（動的平衡）。

　不安はあっても，相手を信頼することは可能であるし，そうした方が結局はうまくいく可能性も考えられる。例えば，職場が受動的だと，そこで働いている人はより受動的な考えになり，職場が自律的だと，より自律的な考えになるといわれる。なるほど，うまくいっているときには，前者の職場は安心をもたらすかもしれないが，危機に瀕したときには失敗する可能性があり，その意味では，信頼できない。後者の職場は日常的に安心には至らないかもしれないが，危機に直面したときにも，それに対処することができるという意味で，信頼するに値する。素朴な信頼（安心）が危険であることがある以上，信頼が裏切られうることは，全体社会にとってメリットもありうる。このように，安心

と信頼を区別していくことが必要である。例えば，他者が予想外の行動をとったときに，それをただちに否定するのではなく，意味ある行動として解釈しようとしたうえで，吟味してみることができることが必要である。

創発という出来事が起こることに対して寛容であることが，社会での信頼性に含まれねばならない。このように考えるならば，「信頼の崩壊」という現象は，大きな視野でみれば，このような価値観の移行期において発生しているものであり，信頼とされてきたものが実は「安心」になってしまっていたことが気づかれてきたこととして解釈しなおすことが可能になる。問題は，個人がこの再帰化のサイクルに慣れていくことができるのか，どう移行していけばいいのかといった実践的な問題や，このプロセスの中での「格差」をどうすべきかという問題である。これらの問題は，近代的な信頼論からは解くことができない。むしろ，状況論の中での手がかりによって，解いていかねばならない。それは具体的なモデルを示し，徐々に慣れていくことができるようにすることといった仕組みを整えることであり，教育や風土の問題となる。

1) アンソニー・ギデンズ『モダニティと自己アイデンティティ』ハーベスト社，2005。
2) 『ソクラテス以前哲学者断片集第Ⅳ 分冊』岩波書店，1998，182頁。
3) プラトン『国家』岩波書店，1979，534a。
4) アリストテレス『弁論術』岩波書店，1992，31頁，1355b25。
5) カトリック中央協議会『カトリック要理（改訂版）』中央出版社，12頁。
6) ルネ・デカルト『方法序説』岩波書店，1953。
7) トマス・ホッブズ「リヴァイアサン」,『世界の名著28 ホッブズ』中央公論社，1979，156頁。
8) タルコット・パーソンズ『社会的行為の構造1』木鐸社，1976，155頁。
9) ジョン・ロック『統治二論』岩波書店，2010，296頁。
10) マルティン・ルター『キリスト者の自由』岩波書店，1955。マックス・ヴェーバー『プロテスタンティズムの倫理と資本主義の精神』岩波書店，1989，95頁以下。
11) カント「判断力批判」,『カント』河出書房新社，1965，389頁。

初 出
『中央大学社会科学研究所年報』第17号（2012）79-93頁。

第 3 章
「人間関係信頼感」と「信仰・宗教的な心」の国際比較

林　　　文

1．はじめに

　近代化に伴って宗教は次第に廃れていくものと考えられたときもあったが，アメリカなど信仰を持つ人の割合が減っていない国も多く，また，宗教の対立によるとされる国際紛争が起きている。宗教が依然として社会に大きな影響を与えているといえよう。しかし廃れていくものと考えられたように，宗教の社会的意味は変化していると考えられる。日本においては，明治時代の西欧化とともに，廃仏毀釈などを経て大きく変化し，さらに第2次世界大戦時の思想によって，さらに変化したといえよう。調査によって意識としての信仰が捉えられるようになったときには，すでに信仰者は減少し，欧米先進国と比較して少ない状況となっている。現代日本において宗教の意味はどうなのか。「宗教的な心」は日本における宗教に関する考え方を捉える重要な考え方である。これらの宗教に関する考え方が社会における様々な考え方と総合的に何らかの影響を与えていると考えているが，その1つとして，人間関係信頼感との関係を取り上げ，国際比較データから考察した。人間関係信頼感と信仰・宗教的な心との関連を，各国・地域の宗教の社会的意味，信頼感を理解する一端として捉えたい。

　データは，2004年から2009年に行われた環太平洋の10の国・地域の環太

平洋価値観調査（吉野編，2010，筆者は共同研究者）による。人間関係信頼感の3問の信頼回答から信頼感尺度を作成し，「信仰・宗教的な心」との関連を分析した。環太平洋価値観調査を実施した国・地域は，Japan, Beijing, Shanghai, Hongkong, Taiwan, South Korea, USA, Singapore, Australia, India である。中国は北京，上海，香港の3都市を別にしているが，中国は地域による特徴が顕著で，1国として捉えることは難しく，代表的地域としてこの3つの都市それぞれを，他の国と同等の単位として調査している。なお，本章は2013年3月日本分類学会第31回大会での報告（林，2013）に加筆したものである。

2．人間関係信頼感

人間関係信頼感の質問は次の3問である。これはアメリカにおいて研究された信頼感尺度として広く用いられている（中村他，2009；吉野編，2010）。

A　たいていの人は，他人の役にたとうとしていると思いますか，それとも自分のことだけ考えていると思いますか。
　　1　他人の役にたとうとしている
　　2　自分のことだけ考えている
　　3　その他（記入　　　　　　）

Would you say that most of the time, people try to be helpful, or that they are mostly just looking out for themselves?
　　1　Try to be helpful
　　2　Look out for themselves
　　3　Other（Please specify　　　　　　）

B　他人は，機会があれば，あなたを利用しようとしていると思いますか，それともそんなことはないと思いますか。
　　1　他人は機会があれば利用しようとしていると思う

第3章 「人間関係信頼感」と「信仰・宗教的な心」の国際比較

  2 そんなことはないと思う

  3 その他（記入　　　　　　）

Do you think that most people would try to take advantage of you if they got the chance, or would they try to be fair?

  1 Take advantage

  2 Try to be fair

  3 Other（Please specify　　　　　　）

C たいていの人は信頼できると思いますか，それとも，常に用心した方がよいと思いますか。

  1 信頼できると思う

  2 常に用心した方がよい

  3 その他（記入　　　　　　）

Generally speaking, Would you say that most people can be trusted or that you can't be too careful in dealing with people?

  1 Can be trusted

  2 Can't be too careful

  3 Other（Please specify　　　　　　）

 各質問の回答割合を表3-1に示す。日本は各質問で「その他」「わからない」の回答がどれも10％程度あり，上海は質問Bのみ「その他」「わからない」の割合が20％もあるなど，はっきりした回答を避ける傾向や質問内容な社会状況として考えにくいなどの問題もあると推測される。信頼感尺度は，各質問のプラスの回答選択肢，すなわち，質問Aの回答1，質問Bの回答2，質問Cの回答1のうち，該当する回答数で求める。各質問の回答分布が示すように，すべての人が1または2に回答しているわけではなく，どれか1問でも1または2でない回答をした人は分析から除くという考え方もあるが，ここでは，3問のうち信頼感プラスの回答数（0–3）とした。2問はプラス回答で，1問が「わからない」の回答の場合は信頼感尺度2となる。各国の尺度の分布を表3-

表 3-1　各国・地域の回答分布

	回答者数	他人の役にたとうとしている			他人はあなたを利用しようとしている			たいていの人は信頼できる		
		他人の役に	自分のことだけ	その他わからない	利用しようと	そんなことない	その他わからない	信頼できる	用心した方がよい	その他わからない
日　本	1,139	34.8%	53.6%	11.6%	29.9%	58.6%	11.4%	37.4%	51.9%	10.7%
北　京	1,053	67.3%	29.2%	3.4%	34.6%	51.4%	14.1%	36.6%	61.3%	2.2%
上　海	1,062	65.3%	26.8%	7.9%	23.5%	53.4%	23.1%	34.4%	59.9%	5.7%
香　港	849	41.0%	53.1%	5.9%	52.2%	42.3%	5.5%	18.8%	79.7%	1.4%
台　湾	603	45.9%	51.2%	2.8%	35.0%	61.0%	4.0%	18.7%	80.6%	0.7%
韓　国	1,030	56.7%	40.7%	2.6%	47.6%	45.0%	7.5%	30.4%	65.6%	4.0%
アメリカ	901	56.4%	41.1%	2.6%	41.0%	56.5%	2.6%	41.2%	55.8%	3.0%
シンガポール	1,032	50.4%	44.4%	5.2%	44.7%	50.6%	4.7%	25.8%	67.3%	6.9%
オーストラリア	700	54.0%	42.6%	3.4%	37.4%	59.0%	3.6%	42.9%	53.9%	3.3%
インド	2,002	61.2%	37.5%	1.3%	69.5%	29.4%	1.1%	51.6%	46.7%	1.6%

出所：筆者作成。

表 3-2　各国・地域の信頼感尺度分布

	信頼感尺度				計	
	0	1	2	3	%	実数
日　本	26.7%	31.4%	26.3%	15.6%	100	1,139
北　京	16.4%	30.3%	34.9%	18.4%	100	1,053
上　海	19.9%	26.7%	33.9%	19.5%	100	1,062
香　港	35.1%	35.0%	22.6%	7.3%	100	849
台　湾	23.4%	38.1%	27.9%	10.6%	100	603
韓　国	22.9%	36.5%	26.2%	14.4%	100	1,030
アメリカ	27.0%	19.4%	26.2%	27.4%	100	901
シンガポール	29.7%	27.7%	28.6%	14.0%	100	1,032
オーストラリア	25.0%	21.3%	26.6%	27.1%	100	700
インド	20.4%	28.6%	39.4%	11.6%	100	2,002

出所：筆者作成。

2に示す。しかし，この尺度化については，尺度化が妥当であるかどうかの論議もなされている。「その他」「わからない」の回答の割合も国によって異なっており，上海，北京，日本では尺度となりにくいことを示している。

人間関係信頼感の3問の回答を対応分析してみると，第1固有値の値が大きいのはアメリカ，オーストラリアであり，他のアジア諸国の値より大きい。これは，アメリカで信頼感尺度とされる3問がアジア諸国では明確ではないことを示している。しかし大局的には明らかに信頼の回答と不信頼の回答が1次元目では両極に位置し，信頼の尺度を作ることも妥当といえる。

信頼感尺度として捉えてみると，香港の信頼感尺度0の割合が最も多く信頼感尺度3が最も少ないことから，最も信頼感が低いと解釈されるが，国・地域間の信頼感尺度の比較は，上記のように，安易になされるべきではない。しかし同じ国・地域の中では，同じ社会文化として比較できる。国・地域別に信頼感の程度を示すものとして，信頼感の高低と何が関連しているかを，国・地域ごとにみていくこととした。本稿では，その中で，信仰と宗教的な心との関係について比較し考察する。

3．信仰と宗教的な心

信仰と宗教的な心の質問は，日本人の国民性調査（統計数理研究所，1953年から5年ごとに実施）（中村他，2009；林他，1992）で1958年調査から用いられている次のD，Eの2問であり，国際比較でも用いている。

D　宗教についておききしたいのですが，たとえば，あなたは，何か信仰とか信心とかをもっていますか？
　　　1　もっている，信じている
　　　2　もっていない，信じていない，関心がない
　Now I would like to ask you a few questions about religion. Do you have any personal religious faith?
　　　1　Yes　　　　　　2　No

E　それでは，いままでの宗教にはかかわりなく，「宗教的な心」というものを，大切だと思いますか，それとも大切だとは思いませんか？

1　大切　　　2　大切でない　　　3　その他

Without reference to any of the established religions, do you think a religious mind is important, or not important?

　　　1　Important　　　2　Not important　　　3　Other

　このD問の後に，通常，信仰をもっていると回答した対象者に対して信じている宗教を尋ねているが，ここではそれは扱わない。E問は，日本人の国民性調査の初期から導入された質問である。日本人にとっての宗教との関わりは，西欧の「宗教を信じているか」という質問で同様に測れるものではなく，信じていなくても宗教的な何かは大切だと思っているという特徴を捉えるものである。以前から日本人の海外居住者が現地に与える驚きの1つが信仰をもっていなくても，信仰者と同じような倫理道徳を持っていることといわれてきた。「信仰をもっていない・信じていない」と答えた者の割合は，1958年調査から今日に至るまで3割程度であり，国民性調査の初期には「信じていない」の回答者にのみ，E問を問うていた。それは，信じているならば当然宗教的な心は大切と考えているという発想によるものであろう。しかし，1970年に国際比較調査に発展していく中で，「宗教的な心」を宗教信仰との関係で捉えるために，「信じている」回答者にも同様にE問を問うこととなった。日本においては，初期の質問設定の時の予想どおり，「信じている」回答者のほぼすべてが「宗教的な心は大切」と回答していたが，日本以外では必ずしもそうではなく，「信じている」回答者の中に「宗教的な心は大切でない」との回答者がおり，その割合が国によって異なることがわかってきた。ここで注意しなければならないのは，国際比較における質問文の翻訳の問題であり，この「宗教的な心」は翻訳の困難な言葉の1つである。すなわち「宗教的な心」は日本人の宗教観に立った言葉であり，religious mindでイメージされることが何を示しているのかは実際にはわからない。しかし，翻訳の同等性を論じて調査しないよりも，あいまいなままでも調査することによって，他の質問との関係の中から，その意味するところを見出すことができるのである。

表 3-3　日本人の国民性調査における宗教に関する2つの質問の回答割合の変化（％）

調査年	1958	1963	1968	1973	1978	1983	1988	1993	1998	2003	2008
「信仰あり」	35	31	30	25	34	32	31	33	29	30	27
「信仰あり」回答者中の「宗教的な心は大切」	−	−	−	−	−	94	93	94	93	94	93
「信仰なし」回答者中の「宗教的な心は大切」	70	77	76	69	74	73	63	61	58	60	60
「宗教的な心は大切」	(80)	(84)	(83)	(77)	(83)	80	72	72	68	70	69

注：括弧つきの数字は「信仰あり」または「宗教的な心は大切」の回答割合。
出所：筆者作成。

表 3-4　「信仰の有無」と「宗教的な心は大切か」の回答組み合わせの回答割合（％）

信仰の有無 宗教的な心	信仰あり 大切	大切でない	その他	信仰あり 合計	信仰あり +大切	信仰なし 大切	(*)	大切でない	その他
インド（AP）2008	74	17	1	93	97	4	(57)	3	0
イタリア（7N）1992	81	5	2	88	93	5	(44)	5	2
アメリカ（AP）2006	69	8	2	79	86	7	(34)	11	2
シンガポール（AP）2007	67	8	3	79	86	7	(33)	12	2
ドイツ（西）（7N）1987	56	17	5	77	81	3	(14)	17	2
台湾（AP）2006	58	5	1	65	85	20	(58)	12	2
イギリス（7N）1987	48	14	3	65	76	11	(30)	22	2
フランス（7N）1988	52	11	2	65	76	11	(31)	22	2
オランダ（7N）1993	41	14	5	60	69	9	(22)	26	5
韓国（AP）2006	51	1	1	54	81	27	(58)	13	6
香港（AP）2006	31	5	2	38	71	32	(53)	22	8
日本（AP）2004	27	1	1	28	73	45	(63)	15	12
上海（AP）2006	17	5	5	28	43	16	(22)	35	22
北京（AP）2006	9	3	1	14	44	30	(35)	47	9

注：国・地域名の後の括弧内の7Nは7カ国国際比較調査、APは環太平洋価値観調査。その後の数字は調査年。
　　（*）は、「信仰なし」の中の「宗教的な心大切」の率。
出所：筆者作成。

まず，日本人の国民性調査による1958年から5年ごと，2008年のD問，E問の回答結果を表3-3に示す。1983年以降の「信じている」回答者中の「宗教的な心は大切」の回答が93%，94%と非常に高い割合で安定していることがわかる。残りの6%の回答は，「大切でない」あるいは「その他」「わからない」という回答である。また，「信じていない」回答者中の「宗教的な心は大切」の回答は70%台から減少しているものの近年でも60%程度であり，「いままでの宗教とは関わりなく宗教的な心は大切」と考える人が，信仰を持っているかどうかにかかわらず，70%程度ある。これは，「信じている」回答者が30%程度しかない日本人の宗教観を示しているといえる。国際比較で宗教を問うたとき，この「宗教的な心は大切」の回答者が，西欧で「信仰を持っている」回答者とほぼ似た特質・役割を持って社会に存在していると考えることができるのである。しかし各国にも，信仰を持ってはいないが宗教的な心は大切とする回答も日本ほどではないが存在する。日本以外でも「宗教的な心」（religious mind）に何等かの意味があるのである。2つの質問回答の組み合わせカテゴリを信仰と宗教的な心による宗教観として捉え，その国際比較を表3-4に示す。なお日欧米7カ国は1988年から1993年の7カ国国際比較調査による（林他，1998）。

4．人間関係信頼感と信仰・宗教的な心との関係

さて，このような信仰・宗教的な心の質問の回答による宗教観が人間関係信頼感に影響しているのであろうか。「信仰の有無」と「宗教的な心は大切か」の回答の組み合わせによる4群それぞれの信頼感尺度の高低2群（低：信頼感尺度0, 1；高：信頼感尺度2, 3）の割合を国別に示したのが図3-1である。

上海を除いて，「信仰あり・心大切」よりも「信仰あり・心大切でない」の群は信頼感が低い。そして，「信仰あり・心大切でない」よりも「信仰なし・心大切」の方が信頼感が高い傾向を示している。日本では「信仰あり・宗教的な心大切でない」は6人しかおらず一般論にできないが，これらの国と傾向が

第 3 章 「人間関係信頼感」と「信仰・宗教的な心」の国際比較　79

図 3-1　信仰の有無・宗教的な心の回答パターン別の信頼感

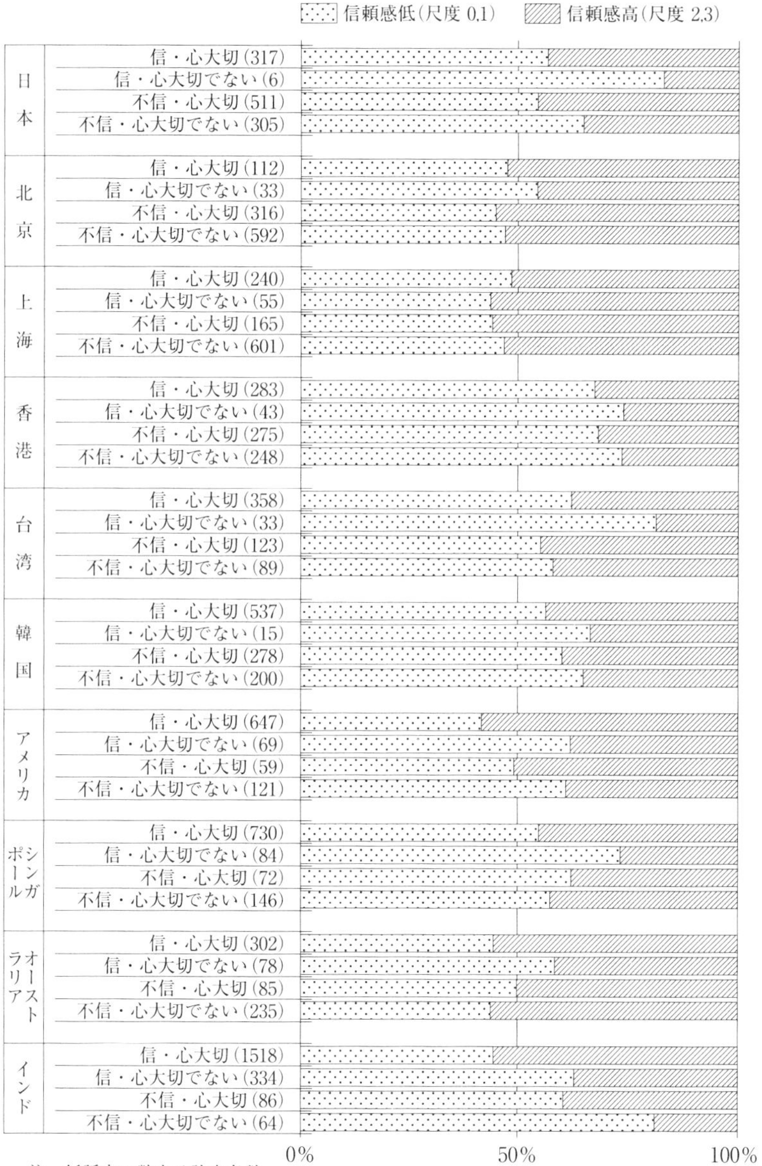

凡例：信頼感低（尺度 0,1）　　信頼感高（尺度 2,3）

国・地域	回答パターン（該当者数）
日本	信・心大切 (317)
日本	信・心大切でない (6)
日本	不信・心大切 (511)
日本	不信・心大切でない (305)
北京	信・心大切 (112)
北京	信・心大切でない (33)
北京	不信・心大切 (316)
北京	不信・心大切でない (592)
上海	信・心大切 (240)
上海	信・心大切でない (55)
上海	不信・心大切 (165)
上海	不信・心大切でない (601)
香港	信・心大切 (283)
香港	信・心大切でない (43)
香港	不信・心大切 (275)
香港	不信・心大切でない (248)
台湾	信・心大切 (358)
台湾	信・心大切でない (33)
台湾	不信・心大切 (123)
台湾	不信・心大切でない (89)
韓国	信・心大切 (537)
韓国	信・心大切でない (15)
韓国	不信・心大切 (278)
韓国	不信・心大切でない (200)
アメリカ	信・心大切 (647)
アメリカ	信・心大切でない (69)
アメリカ	不信・心大切 (59)
アメリカ	不信・心大切でない (121)
シンガポール	信・心大切 (730)
シンガポール	信・心大切でない (84)
シンガポール	不信・心大切 (72)
シンガポール	不信・心大切でない (146)
オーストラリア	信・心大切 (302)
オーストラリア	信・心大切でない (78)
オーストラリア	不信・心大切 (85)
オーストラリア	不信・心大切でない (235)
インド	信・心大切 (1518)
インド	信・心大切でない (334)
インド	不信・心大切 (86)
インド	不信・心大切でない (64)

横軸：0%　50%　100%

注：括弧内の数字は該当者数。
出所：筆者作成。

同じである。ただし，信仰なしで宗教的な心が大切でない群の信頼感は，国によって，信頼感が高かったり低かったりしている。中国では信仰・宗教的な心と信頼感の関係がほとんどみられない。宗教が政治的に否定された時期があり，近年回復の傾向にあり，状況が他の国・地域と多少異なっているといえる。逆にインドは，関連が大きく，信仰ありで宗教的な心大切の群の信頼感は高く，信仰なし・宗教的な心大切でない群の信頼感は大変低い。

　中国とインドを除いて，信仰の有無よりも宗教的な心が大切と思うかどうかによって，信頼感尺度に差があるということができる。信仰ありだが宗教的な心は大切でないという人々は，信仰ありで宗教的な心は大切という人々よりも，厳格な宗教を持っていることが推測される。一方，宗教的な心が大切だという人々の宗教観としては，世俗社会における倫理・道徳的なものと捉えている傾向があることを示しているのではないだろうか。しかし，信仰を持っておらず，宗教的な心は大切でないという人々においても，信頼感が極端に低いわけではなく，むしろ国・地域によっては高い信頼感を示している。そこでは，人間関係の信頼感は世俗社会の道徳的なこととであり，宗教とは関係ない，ということもできる。「宗教的な心」という考えは日本に独特のものを捉えるものであったが，またその言葉自体の翻訳の問題もあるが，日本以外でも，人間関係の信頼感などの社会的倫理感が，必ずしも信仰によってはいない。そうした意味で「宗教的な心」という考えを無視できないことを示しているのではないだろうか。

参 考 文 献

林知己夫他，1992，『第 5 日本人の国民性』出光書店。
林知己夫他，1998，『国民性七か国調査』出光書店。
林文，2010，「現代人にとっての信仰の有無と宗教的な心―日本人の国民性調査と国際比較調査から―（研究ノート）」『統計数理』58-1，39-59。
林文，2013，「素朴な宗教的感情と信頼感の構造」『日本分類学会第 31 回大会講演報告集』4-5。
林文・吉野諒三編，2011，『伝統的価値観と身近な生活意識に関する意識調査報告書―』。

中村隆・前田忠彦・土屋隆裕・松本渉，2009，「国民性の研究第 12 次全国調査―2008 年全国調査―」『統計数理研究所研究リポート』99。
吉野諒三編，2010，『環太平洋価値観国際比較調査・東アジアと周辺諸国の「信頼感」の統計科学的解析―総合報告書』。

第 4 章
パーソナルな信頼および
一般的信頼と社会関係資本

安 野 智 子

1．パーソナルな信頼と一般的信頼

　「信頼」は、互恵性規範やボランタリーなネットワークと並ぶ社会関係資本（social capital）の重要な一要素（Putnam, 1993, 1995, 2000）として，近年の社会科学で広く関心を集めてきた。信頼の定義は研究者によってまちまちではあるが，基本的には他者の善意（あるいは良き行い）に関する期待とみなすことができるだろう（Barber, 1983; Granville & Paxton, 2007）。

　信頼は多元的な概念であり，様々な分類が試みられているが，本稿では対人的な信頼として「パーソナルな信頼（personalized / particularized trust）」および「一般的信頼（generalized trust）」を取り上げ，政治参加や民主主義的価値観との関連について検討する。パーソナルな信頼とは，個人的な経験に基づいて形成された特定の相手への信頼であり，一般的信頼とは不特定の他者（あるいは「人間全般」）に対する信頼とされる（例として Stolle, 2002; Uslaner, 2002；山岸, 1998；山岸・小宮山, 1995；Yamagishi & Yamagishi, 1994）。社会関係資本の議論では，この一般的信頼こそが見知らぬ他者との協力を促進し，民主主義社会を機能させるものとして重視されてきた。

　パーソナルな信頼と一般的信頼の概念は，「結束型（bonding）」および「橋渡し型（bridging）」の社会関係資本に対応させることができる（Gittell and

Vidal, 1998; Narayan, 1999; Putnam, 2000を参照)。結束型の社会関係資本とは，相互に結びつきの強い親密なネットワークのことであり，ソーシャル・サポートや協力の基盤となる反面，部外者に対して排他的となりうる要素を持っている。これに対して橋渡し型の社会関係資本とは，異なる背景を持つ多様な他者との結びつきである。異質な他者との結びつきを促進するためには，見知らぬ相手への信頼，すなわち一般的信頼が重要な役割を果たすと考えられる。Bekkers（2012）は，オランダにおいてパネル調査を行い，（一般的）信頼感がボランタリーな中間集団への参加（スポーツや趣味の団体，市民運動など様々な団体への参加）を促進するという因果関係の存在を報告している。日本のデータでは，一般的信頼と組織参加・活動自体には関連がないものの信頼感が組織の多様性を高めるということが Ikeda & Richey（2012）により見出されている。

このように，一般的信頼感が橋渡し型の社会関係資本と関連づけられてきたのに対し，パーソナルな信頼は結束型の社会関係資本と結びつけられてきた（例として Narayan, 1999; Stone and Hughes, 2002; Uslaner, 2002)。しかし，パーソナルな信頼が本質的に排外的なものかどうかについて確立した知見があるわけではない。ロシア国内の2つの地域を比較した研究において，Bahry らは自民族集団に対する信頼が高いからといって他民族集団への信頼が低くなるわけではないと結論づけた（Bahry, Kosolapov, Kozyreva, and Wilson, 2005)。自民族集団の規範に対するアタッチメントが強く，他民族集団に対するネガティブなステレオタイプを持っているような場合には他民族集団への信頼が低下するが，近所の人や同僚への信頼は他民族集団への信頼と正の相関を示していたのである。

なお，対人的な信頼として，一般的信頼・パーソナルな信頼に加え，「カテゴリ／アイデンティティに基づく信頼（castegory-based/identity-based trust)」が別の次元として存在することも指摘されている（Freitag and Bauer, 2013; Kramer, Brewer, and Hannna, 1996; Stolle, 2002)。カテゴリに基づく信頼とは，「同じ学校の卒業生だから信頼する」「同じ日本人だから信頼する」というような共通の集団アイデンティティによる信頼である。ただし，カテゴリに基づく

信頼も，人間一般に関する信念ではなく特定の他者に対する信念という点では、パーソナルな信頼に類似した概念と考えられる（山岸，1998）。

2．文化差としての「信頼」

　信頼感は個人特性とみなされることもあれば，社会の特性（文化差）として扱われることもある。Fukuyama（1995）は，家族主義的で血縁を重視する文化を「低信頼社会」，家族や縁戚を超えた関係を築く文化を「高信頼社会」と分類した。Fukuyamaによれば，高信頼社会では家族を超えた自発的な中間集団が発達しやすくなるため，産業化が進みやすく，大企業が育ちやすいという。彼は低信頼社会の例としてフランス，イタリア，中国，韓国を，また高信頼社会の例として日本，ドイツ，アメリカをあげている。

　家族を超えたつながりの形成が産業の発展に重要であるという議論は重要と考えられるものの，Fukuyamaによる「高信頼社会」「低信頼社会」の分類には異論も多い。例えば吉野（2005）は，信頼感を測る質問項目「たいていの人は，他人の役にたとうとしていると思いますか，それとも自分のことだけ考えていると思いますか」および「たいていの人は信用できると思いますか，それとも常に用心した方がいいと思いますか」という問いに対する回答の国際比較から，中国人の「信頼感」は（アメリカやドイツ，日本などを含めた）調査対象国の中で，相対的に高い水準にあることを指摘している。また，山岸は，実験場面における行動の観察から，日本人がアメリカ人に比べて他者を信頼しないことを報告している（例として山岸，1998，1999; Yamagisi and Yamagishi，1994）。日本人の実験参加者は，報酬や罰がない条件では，アメリカ人の実験参加者に比べて，他の参加者に協力する率が低かったのである。つまり，日本人が他人に協力するのは，そこに外的なインセンティブがあるからであり，他人を信頼するからというわけではないということになる。

　協力行動の日米差を説明するために，山岸は「信頼」と「安心」の区別を提案した（山岸，1998，1999）。山岸によれば，「信頼」が「相手は自分を搾取し

ないだろう」という相手の人格に対する期待であるのに対し,「安心」とは「裏切ることは相手にとって損だから裏切らないだろう」というような,相手の自己利益(に関する情報)に基づく期待であるという。「安心」は,社会的な不確実性を低減させるために,特定の相手と長期的なコミットメントを築くような社会の行動原理である。山岸(2009)では,そのような「安心」社会の例として,11世紀の地中海貿易におけるマグレブ商人の集団をあげている。マグレブ商人のギルドでは,「同じマグレブ商人仲間とのみ取引する」「取引相手を騙すような裏切り者が出たらその情報を仲間内に広めて排除する」などの取り決めがあったという。このような閉鎖的なシステムの下では,仲間内で取引をする限り騙されることはない。騙すような人は集団から排除されるからである。したがって「安心」社会は,相手の人格を信頼しなくとも済む「低信頼」社会でもある。しかし「安心」社会では,集団外部への信頼を醸成する機会がなく,外部により良い取引の可能性があったとしてもそれを生かすことができないというデメリット(機会コスト)を伴う。その結果マグレブ商人は,よりオープンな取引システムを確立させていたジェノア商人に地中海貿易の覇権を渡すことになったというのである。

　山岸によれば,社会的な流動性の低い日本は,マグレブ商人のような「安心」社会であり,長期的なコミットメントの形成によって社会的な不確実性(取引によって不利益を被るかもしれないリスク)に対処していると考えられる。これに対して,法制度によるコントロールを整備しつつ,見知らぬ人をとりあえずは信頼してみるという形で発展した「信頼」社会の例がアメリカであるという。(もっとも,そのアメリカも,近年は信頼の低下に直面していることをPutnam(1995,2000)は指摘している。)山岸の議論で興味深いのは,社会的流動性の低さとそれによる長期的コミットメントの形成が,日本文化を「集団主義的」にしたという指摘である。つまり,集団主義か個人主義かという特性は,文化の本質というよりも社会制度の結果なのである。現代の日本は,社会の流動性の上昇に直面しながら,そのような社会で求められる一般的信頼の醸成に苦慮しているようにもみえる。例えば坂本(2010)は,日本人の一般的信頼感が1980年代

から90年代にかけて上昇したあと，若干低下傾向にあることを指摘している。

ここで，第1節で述べた「パーソナルな信頼」と「一般的信頼」の区別が，「安心」と「信頼」に（少なくとも部分的には）対応するものであることを確認しておきたい。山岸・小宮山（1995）によれば，パーソナルな信頼は，一般的な人間性への期待ではなく相手の情報に基づく信頼という点において，「安心」に近いものと考えられる。しかし，利得構造に基づく評価ではなく，相手の人格に根ざした信頼という意味では，パーソナルな信頼は「安心」とは区別されるべきという。そのため山岸・小宮山（1995）は，パーソナルな信頼を「信頼」と「安心」の中間に位置するものと論じている。

3．「信頼」の範囲

山岸によれば「低信頼社会」とされる日本であるが，では，日本人の信頼感は，他国と比べてどれほど低いのであろうか。世界価値観調査（The World Values Survey; www.worldvaluessurvey.org）の項目でみてみよう。世界価値観調査第6波（2010年〜2012年）に含まれている質問項目「一般的に言って，あなたは，ほとんどの人は信頼できると思いますか，それとも用心するにこしたことはないと思いますか（Generally speaking, would you say that most people can be trusted or that you need to be very careful in dealing with people ?）」に対して，「ほとんどの人は信頼できる」と回答した人の割合を図4-1に示す。日本で「ほとんどの人は信頼できる」と答えた人は全回答者（「わからない」と答えた人も含む）の35.9％であり，調査対象の36各国の中で8位となっている。また表4-1に示すとおり，この数値は過去30年にわたって大きな変化はない（Yoshino, 2011も参照）。つまり，この項目に関する限り，日本人の信頼感は決して低くはないということができる（同様の指摘として坂本，2010も参照のこと）。

しかしここで問題となるのは「ほとんどの人（most people）」が何を意味しているのかということである。回答者は抽象的な他者全般」を思い浮かべていたのだろうか，それとも友人や家族など具体的な知り合いを思い浮かべただけ

図 4-1 「ほとんどの人は信頼できる」

出所：世界価値観調査第 6 波（2010－2012）。

表 4-1 「ほとんどの人は信頼できる」1981 年～2010 年世界価値観調査（日本データ）

	1981		1990		1995		2000		2005		2010	
	n	%	n	%	n	%	n	%	n	%	n	%
ほとんどの人は信頼できる	456	37.9	380	37.6	419	39.8	540	39.6	401	36.6	878	35.9
注意しすぎることはない	643	53.4	531	52.5	571	54.2	714	52.4	625	57	1387	56.8
わからない	105	8.7	100	9.9	64	6.1	108	7.9	70	6.4	178	7.3
N	1,204	100	1,011	100	1,054	100	1,362	100	1,096	100	2,443	100

なのだろうか？　もし後者なのであれば，この質問に対する回答が意味するところは，必ずしも一般的信頼の高さではない可能性がある。

　世界価値観調査には，信頼の相手をもう少し具体的に示した形で信頼感を測る項目も含まれている。具体的には，「あなたの家族（your family）」「近所の人（your neighborhood）」「個人的に知っている人（people you know personally）」「初めて会う人（people you meet for the first time）」「異なる宗教の人（people of another religion）」「外国人（people of another nationality）」に対して，それぞれどの程度信頼できるかを 4 段階で尋ねたものである。Delhey ら（Delhey, Newton, and Welzel, 2011）は，これらの 6 項目を「内集団への信頼（in-group trust）」と「外集団への信頼（out-group trust）」の 2 つのカテゴリーに分類した。「内集団への信頼」には，家族への信頼，近所の人への信頼，個人的

に知っている人への信頼が該当する。また「外集団への信頼」には，初めて会う人への信頼，異なる宗教の人への信頼，外国人への信頼が該当する。Delheyらは，世界価値観調査の第5波（2005年～2007年に実施）を用いて，内集団への信頼（3項目）と外集団への信頼（3項目）の差について国際比較を行い，アジアの国々（タイ，中国，韓国など）では信頼する相手の幅が狭い，つまり身近な人々への信頼が高い一方で，見知らぬ人や外国人など心理的に距離のある相手への信頼が低いことを報告している。ただし台湾はアジアの中でも例外的に内集団への信頼と外集団への信頼の差が大きくなく，その他経済的に豊かな国は，両者の差が小さい傾向にあったという。なお，世界価値観調査第5波では，日本での調査に対応する項目が含まれていなかったため，Delheyらの研究では日本について言及されていない。

それでは，日本の場合はどうなのであろうか。世界価値観調査の第6波（2010年～2012年）では，家族・近所の人・個人的に知っている人・初めて会う人・異なる宗教の人・外国人への信頼を尋ねる設問が含まれているので，そ

表4-2　信頼項目の回答分布（文中数字は%）

日本（N=2,443）	家族	近所の人	個人的に知っている人	初めて会う人	他宗教の人	外国人
完全に信頼	72.6	3.8	11.7	0.2	0.3	0.5
ある程度信頼	24.3	52.3	69.3	8.6	9.8	13.1
それほど信頼しない	0.9	29.9	13.4	50.0	29.9	32.6
全く信頼しない	0.1	5.0	1.4	22.7	21.3	13.6
わからない	2.0	9.0	4.2	18.5	38.7	40.2

アメリカ（N=2,232）	家族	近所の人	個人的に知っている人	初めて会う人	他宗教の人	外国人
完全に信頼	71.3	9.4	32.3	0.7	7.0	5.7
ある程度信頼	24.3	65.1	59.6	37.5	64.7	62.2
それほど信頼しない	2.3	19.4	5.5	46.3	21.3	24.5
全く信頼しない	1.1	4.6	1.1	14.2	5.3	5.6
わからない	1.0	1.5	1.4	1.2	1.6	2.0

出所：世界価値観調査第6波（2010-2012）。

図 4-2 「個人的に知っている人」および「初めて会う人」への信頼

■ 個人的に知っている人
■ 初めて会う人

注：「完全に信頼」＋「ある程度信頼」の合計。
出所：世界価値観調査第6波（2010-2012）。

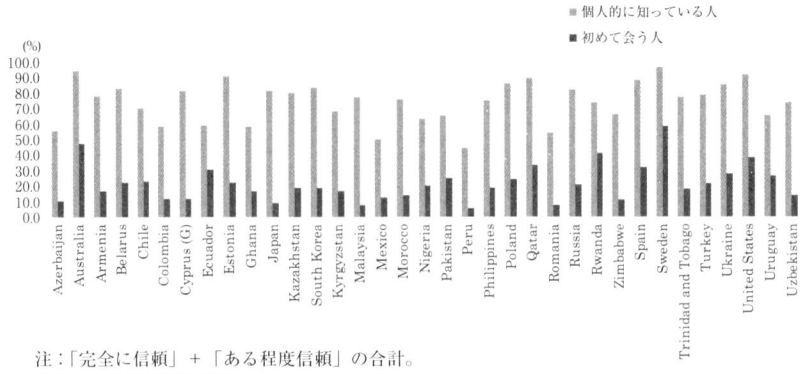

れをみてみよう（表 4-2）。「完全に信頼する」「ある程度信頼する」の合計を「信頼する」とみなすとすれば，日本の回答者では，家族を信頼する人が9割以上，個人的に知っている人を信頼するという人も8割を超えている。これに対して，「初めて会う人」を信頼するという回答は8.9％と1割に満たない。これらの項目間の相関についてみると，「近所の人」への信頼と「個人的に知っている人」への信頼が0.2～0.3の中程度の相関，「初めて会う人」「異なる宗教の人」「外国人」への信頼が0.5～0.7の高い相関を示している（表 4-3）。Delhey et al.（2011）ではこれらを「内集団への信頼」「外集団への信頼」に分類しているが，第1節で紹介した先行研究に従えば，「個人的に知っている人」への信頼は「パーソナルな信頼」，「初めて会う人」への信頼は一般的信頼に対応すると考えられる。「近所の人」への信頼は，具体的な個人を思い浮かべているのなら「パーソナルな信頼」であろうし，「近所の人一般」を思い浮かべているのであれば「カテゴリ的信頼」に近いであろう。「異なる宗教の人」「外国人」への信頼は，一般的信頼とカテゴリ的信頼の両方の側面を持っていると思われる。ただし，「異なる宗教の人」「外国人」については，「わからない」という回答が4割を超えていることに注意する必要があるだろう。これは日本において，顕在化した大きな宗教的コンフリクトがなく，外国人人口も少ないことを反映しているものと考えられる。

日本では「個人的に知っている人」への信頼が高い一方で「初めて会う人」に対する信頼が低いことは表4-2に見るとおりであるが，図4-2に示すように，「初めて会う人」よりも「個人的に知っている人」への信頼感の方が高いのは世界共通といえる。ただし日本では両者の差がとくに大きく，世界価値観調査第6波の2010年～2012年調査対象である35カ国中（質問形式が異なるニュージーランドを除く），両者に最大のギャップがみられたのは日本であった。タイ，中国，韓国などでは信頼する相手の範囲が狭いというDelhey et al. (2011) の知見もふまえると，「知り合いは信頼するが見知らぬ人は信頼しない」という傾向は，アジア諸国にある程度共通したものといえるのかもしれない。2010-2012年の世界価値観調査において，「個人的に知っている人」への信頼と「初めて会う人」への信頼に60ポイント以上のギャップが見られたのは，日本の他，キプロス，マレーシア，エストニア，韓国，モロッコ，ポーランド，ロシア，アルメニア，カザフスタン，ベラルーシの10カ国であった。

第1節で述べたように，社会関係資本の議論では，社会参加・政治参加を促し，民主主義を機能させるものとして，一般的信頼感が重視されてきた。他方，パーソナルな信頼は，結束型の社会関係資本や「安心」と（イコールではないにせよ）近い文脈で論じられてきた。しかしこの両者がそれぞれ社会関係

表4-3　信頼項目の相関

		家族	近所の人	個人的に知っている人	初めて会う人	異なる宗教の人	外国人
家族	スピアマンのロー	1.000	.291**	.257**	.074**	.072**	0.046
	N	2,394	2,213	2,333	1,983	1,491	1,455
近所の人	スピアマンのロー	.291**	1.000	.396**	.395**	.279**	.284**
	N	2,213	2,222	2,193	1,903	1,444	1,419
個人的に知っている人	スピアマンのロー	.257**	.396**	1.000	.351**	.234**	.320**
	N	2,333	2,193	2,341	1,960	1,476	1,444
初めて会う人	スピアマンのロー	.074**	.395**	.351**	1.000	.540**	.554**
	N	1,983	1,903	1,960	1,992	1,414	1,398
異なる宗教の人	スピアマンのロー	.072**	.279**	.234**	.540**	1.000	.712**
	N	1,491	1,444	1,476	1,414	1,498	1,328
外国人	スピアマンのロー	0.046	.284**	.320**	.554**	.712**	1.000
	N	1,455	1,419	1,444	1,398	1,328	1,461

(N = 2,443)

出所：世界価値観調査日本データ (2010年)。

資本にどのような役割を果たしているのかについて比較検討するような試みはほとんどなされてこなかった。

そこで本研究では，パーソナルな信頼と一般的信頼のギャップが大きい日本のデータを用いて，パーソナルな信頼が社会関係資本とどのように関連しているのか，一般的信頼の効果とどのように異なるのかについて検討する。さらに比較のため，アメリカのデータを用いて同様の分析を行う。

4．データ

本研究で用いるのは，世界価値観調査の第6波（EUROPEAN AND WORLD VALUES SURVEYS 6th WAVE, 2010年～2012年）のデータ（DATA FILE 2013-04-08）である。この調査はThe European Values Study Foundation（www.europeanvalues.nl）とWorld Values Survey Association（www.worldvaluessurvey.org）によるものであり，日本調査は「文部科学省平成22年度科学研究費補助金によるWASCグループ研究」（代表：池田謙一東京大学教授）によって，東京大学と電通総研の共同プロジェクトとして実施された。

日本調査は2010年11月に訪問留め置き法で行われた。調査対象者は，日本全国の18～79歳から層化多段無作為抽出（18, 19歳は割り当て法）によって選ばれた。調査の実施は㈱日本リサーチセンターに委託され，有効回答数は2443であった。回答者の平均年齢は50.74歳，回答者の51.8%が女性であった。

なお，本研究では，世界価値観調査のアメリカデータも一部比較のために用いることとする。アメリカ調査の有効回答数は2,232，回答者の年齢は18～93歳（平均年齢48.91歳），回答者の女性比率51.4%であった。

5．社会関係資本と信頼――日米比較

パーソナルな信頼および一般的信頼が社会関係資本に及ぼす影響を検討するため，本研究では，集団参加と民主主義的価値観の2つを取り上げ，その規定

要因を検討した。分析に用いた変数は以下のとおりである。

(1) 従属変数

1) 集団参加

世界価値観調査では次の11種類の組織・集団への参加について尋ねている。①教会・宗教組織，②スポーツ・娯楽，③芸術・教養，④労働組合，⑤政党，⑥環境保護団体，⑦同業者組合，⑧慈善団体，⑨消費者団体，⑩自助・相互援助グループ，⑪その他。以上の11種類の団体について，回答者が「メンバーとして積極的に参加している」と回答した団体の数を単純加算し，集団参加の指標とした。（なお，ここで尋ねているのはあくまでも参加集団の種類なので，厳密にいえば参加集団数ではないことに注意する必要がある。例えばスポーツ団体に複数入っていても1つしかカウントされないからである。）

日本データでは，参加集団に1つも言及がなかった回答者は71.9％，1つだけ言及した回答者が18.0％，2つ言及があった回答者が6.5％，3つ言及があったのが2.3％，4つ以上言及していたのは0.5％のみであった。変数の分布が0の多いカウントデータであるため，分析モデルとしてはポアソン回帰モデルを採用した。

アメリカデータでは，参加集団を1つもあげなかった回答者は34.9％，1つだけ言及した回答者が29.3％，2つ言及した回答者が16.6％，3つ言及が9.5％，4つ以上言及した回答者も9.7％と，全体的に日本より集団への参加率が高くなっている。

2) 民主主義的価値観

世界価値観調査には，民主主義的価値観を10点尺度で尋ねている項目が含まれている。ただしそのいくつかは民主主義というよりは再分配政策に関する意見を尋ねる質問なので（例：金持ちから税金を取って貧しい人に分配すべきだと思うかどうか，など），本研究では次の4つの意見に対する賛否を民主主義的価値観に関する項目として抜き出した。①「人々はそのリーダーを自由な選挙によって選ぶべきである」，②「市民権は人々の自由を抑圧から守るものだ」，③

表 4-4 民主主義的価値観に関する主成分分析

	日本		アメリカ	
	第1主成分	共通性	第1主成分	共通性
人々はそのリーダーを自由な選挙で選ぶことができる (V133)	0.742	0.551	0.836	.699
市民権は人々の自由を抑圧から守るものだ (V136)	0.723	0.522	0.764	.583
女性は男性と同等の権利を持つべきだ (V139)	0.741	0.549	0.777	.604
民主主義の重要性 (V140)	0.654	0.428	0.715	.512
説明率		51.25%		59.95%

「女性は男性と同等の権利を有する」，④「民主主義は重要だ」。本研究ではこれらの4項目の第1主成分得点（表4-4参照）を民主主義的価値観の変数として，OLS重回帰分析を行った。

(2) 独立変数とコントロール変数

1) パーソナルな信頼と一般的信頼

データの欠損を避けるため，また概念的な混乱を避けるために，本研究では，「知っている人を信頼するかどうか」と「会ったことのない人を信頼するかどうか」を，それぞれパーソナルな信頼・一般的信頼の変数として用いた。それぞれ「完全に信頼する」〜「全く信頼しない」の4段階の回答を，「信頼する」ほど得点が高くなるように逆転した。

2) デモグラフィック変数

先行研究では，信頼に関連する社会的属性として，年齢（例として Robinson and Jackson, 2001; Uslaner, 2002; Welch, Sikkink, and Loveland, 2007），学歴（例として Huang, van den Brink and Groot, 2011; Uslaner, 2002）などが指摘されている。本研究では，回答者の社会的属性として次の変数を分析に投入した。①性別（男性＝1，女性＝2），②年齢（60歳以上を参照カテゴリとして29歳以下，30代，40代，50代をそれぞれダミー変数として投入），③教育程度（何らかの高校教育を受けた人を参照カテゴリとして，「義務教育終了 (11.7%)」「大学卒業 (22%)」をダミー変数として投入），④結婚状況（未婚・離死別を0，既婚で同居を1），⑤世帯収入（世帯年収階層を10段階にわけた変数を元に，下位約2割（300万円以下＝

17.6%）と上位約1割（1000万円以上＝8.1%）をそれぞれダミー変数として投入），⑥社会階層の主観的評価（下層～上層まで5段階で評価したもの），⑦就労形態（有職＝1，無職＝0），である。

3）情報接触

①新聞，②テレビニュース，③インターネット，④友人や同僚との会話，について，「毎日接する」～「一度もない」までそれぞれ5段階で評定したものを情報接触の変数として投入した。

4）近隣の危険度

社会関係資本の指標の1つとしてしばしば言及されるものに居住地近辺の犯罪率がある（例として Putnam, 2000）。そこで居住地近辺の安全性に関する主観的な評価（「非常に安全」＝1点～「全く安全ではない」＝4点）を「近隣の危険度」として投入した。

5）回答者の自己評価

信頼に影響を及ぼしうる本人の状態として，健康状態（(cf., Tsunoda, Yoshino and Yokoyama, 2008），経済状況，および人生をコントロールできていると感じる程度のそれぞれに関する自己評価を投入した。健康状態は4段階（よくない＝1，非常によい～4），経済状況への満足度と人生をコントロールできていると感じる程度は10段階で評定されている。

⑶　結　　果

1）集団参加の規定要因

活動に参加している集団の数を従属変数としたポアソン回帰分析の結果を表4-5に示す。

まず日本のデータについてみてみると，①男性の方が多くの集団に参加し，②60代以上は他の年齢に比べて集団に参加し，③学歴が中程度の層および④主観的な社会階層が高いほど，さらに弱い効果ながら⑤主観的な健康状態が良いほど集団に参加する傾向がみられた。年齢の効果は，退職によって時間的余裕の生まれた高齢層で集団参加が多いことを示唆しているのかも知れない。主

表4-5 活動している参加集団数を従属変数とするポアソン回帰分析

	日本				アメリカ			
	coef.	RobustSE	z	p	coef.	RobustSE	z	p
性別（男性＝1，女性＝2）	0.273	0.103	2.65	0.008	-0.050	0.046	-1.09	0.274
年齢（参照カテゴリ：60歳以上）								
18-29歳	-0.788	0.181	-4.34	0.000	-0.182	0.095	-1.92	0.054
30代	-1.007	0.159	-6.32	0.000	-0.084	0.096	-0.87	0.386
40代	-0.821	0.153	-5.36	0.000	-0.072	0.076	-0.96	0.339
50代	-0.453	0.140	-3.24	0.001	-0.066	0.068	-0.97	0.334
教育程度（参照カテゴリ：高校卒・中退）								
中学まで	-0.625	0.201	3.10	0.002	0.285	0.208	1.37	0.170
大学卒	-0.229	0.118	-1.93	0.053	0.312	0.054	5.79	0.000
結婚状況（参照カテゴリ：未婚・離死別）								
既婚	0.132	0.109	1.21	0.225	-0.050	0.054	-0.92	0.360
仕事と所得								
有職（自営・被雇用）	-0.063	0.103	-0.61	0.543	0.045	0.057	0.80	0.422
所得区分：下位1 5	0.028	0.188	0.15	0.880	-0.030	0.180	-0.17	0.867
所得区分：上位1 10	-0.213	0.155	-1.37	0.170	-0.100	0.157	-0.64	0.525
主観的社会階層	0.243	0.079	3.07	0.002	0.097	0.031	3.12	0.002
メディア接触と情報源								
新聞	0.041	0.049	0.84	0.400	0.053	0.017	3.14	0.002
テレビニュース	0.153	0.129	1.18	0.237	0.022	0.024	0.93	0.352
インターネット	0.057	0.031	1.85	0.065	0.050	0.020	2.52	0.012
友人・同僚との会話	0.250	0.047	5.28	0.000	0.116	0.027	4.28	0.000
居住地区の安全								
近所が危険かどうか	0.101	0.098	1.03	0.302	-0.038	0.038	-1.00	0.318
個人の状態								
健康状態（主観評価）	0.111	0.061	1.83	0.068	0.116	0.036	3.18	0.001
自分の人生をコントロールできている程度	0.048	0.036	1.33	0.183	0.025	0.016	1.56	0.118
経済状況への満足度	0.030	0.029	1.05	0.295	0.004	0.012	0.30	0.762
信頼								
個人的に知っている人への信頼	-0.065	0.108	-0.61	0.545	0.062	0.045	1.40	0.162
初めて会う人への信頼	0.360	0.096	3.73	0.000	0.109	0.043	2.54	0.011
定数	-4.155	0.853	-4.87	0.000	-1.906	0.279	-6.84	0.000
N	1,627				2,069			
Wald chi 2 (22)	218.96				310.16			
Log pseudolikelihood	-1,461.803				-3,244.403			
Pseudo R2	0.098				0.066			

観的な社会階層と健康状態の効果も，集団参加を可能にする経済的・体力的余裕を示すものであろう。また⑥インターネット利用（弱い関連）と⑦友人・同僚との会話頻度は集団参加に正の効果を示していた。ただし，友人・同僚との会話頻度については，「社交的な人ほど集団に参加する」「集団に参加することによって会話の機会が増える」の両方の因果関係が存在する可能性がある。

パーソナルな信頼および一般的信頼が集団参加に及ぼす影響については，一般的信頼（初めてあった人への信頼）のみ，集団参加と統計的に優位な関連を示していた。従属変数が「参加集団の多様性」を意味していることをふまえると，この結果は，一般的信頼が関係の拡張の効果を持ち橋渡し型の社会関係資本の構築を促進するという先行研究の知見（例として Bekkers, 2012）と一貫するものである。

一般的信頼が集団参加に正の関連を持つという結果は，アメリカのサンプルを対象にした分析でも再現された。一方，アメリカのデータでは，日本と異なり性別・年齢の効果がみられなかった。また，学歴については，大学卒業者は集団参加が多くなる傾向がみられている。新聞接触も集団参加に正の効果を持っていたほか，社会階層，インターネット，友人との会話，健康状態の効果については日本と同様の結果が得られた。

以上の結果から，アメリカにおいても，また日本においても，橋渡し型の社会関係資本の構築には一般的信頼が効果を持つことが確認された。ただしモデル全体の説明率が低く，他に重要な要因が見落とされている可能性はある。

2）民主主義的価値観

次に，民主主義的価値観に関する主成分分析（表4-4）をもとに，主成分得点を従属変数とするOLS重回帰分析を行った。政治意識が従属変数となるので，独立変数として，表4-5の分析で用いたものに加え，イデオロギー（保守傾向）と政治への関心も加えて投入した。分析結果は表4-6に示すとおりである。

まず日本についてみてみると，①男性のほうが，また②年齢が高い方が，民主主義的価値観に肯定的な評価をしていることが見出された。③学歴の効果を

表 4-6 民主主義的価値観（主成分得点）を従属変数とする OLS 回帰分析

	日本				アメリカ			
	B	SE	Beta	p	B	SE	Beta	p
性別（男性＝1，女性＝2）	.080	.063	.040	.205	-.051	.041	-.026	.209
年齢（参照カテゴリ：60歳以上）								
18-29歳	-.483	.122	-.167	.000	-.325	.072	-.123	.000
30代	-.222	.103	-.084	.032	-.170	.073	-.060	.020
40代	-.128	.096	-.051	.181	-.030	.067	-.011	.650
50代	.154	.090	-.062	.089	-.038	.060	-.016	.525
教育程度（参照カテゴリ：高校卒・中退）								
中学まで	-.471	.120	-.121	.000	-.016	.148	-.002	.915
大学卒	.334	.070	.154	.000	.293	.045	.144	.000
結婚状況（参照カテゴリ：未婚・離死別）								
既婚	.050	.074	.024	.501	-.108	.045	-.051	.016
仕事と所得								
有職（自営・被雇用）	-.160	.070	-.078	.023	.047	.045	.024	.295
所得区分：下位1 5	-.094	.090	-.033	.297	-.205	.108	-.041	.058
所得区分：上位1 10	.092	.103	.028	.367	-.040	.129	-.006	.759
主観的社会階層	-.078	.042	-.068	.063	.048	.026	.045	.061
メディア接触と情報源								
新聞	-.016	.027	-.020	.545	-.032	.015	-.049	.032
テレビニュース	.180	.072	.076	.012	.025	.019	.030	.193
インターネット	.041	.020	.073	.043	.053	.017	.074	.001
友人・同僚との会話	-.007	.028	-.008	.790	.040	.021	.044	.063
居住地区の安全								
近所が危険かどうか	-.140	.056	-.076	.012	-.068	.032	-.048	.033
個人の状態								
健康状態（主観評価）	.104	.038	.089	.006	.004	.030	.003	.889
自分の人生をコントロールできている程度	.002	.016	.005	.881	.047	.013	.083	.000
経済状況への満足度	-.015	.016	-.035	.334	.003	.010	.008	.754
信頼								
個人的に知っている人への信頼	.183	.058	.102	.002	.127	.038	.077	.001
初めて会う人への信頼	-.082	.052	-.051	.117	.084	.032	.059	.009
イデオロギー（保守傾向）	-.036	.016	-.071	.021	-.037	.010	-.077	.000
政治への関心	.167	.045	.118	.000	.228	.024	.217	.000
constant	-1.205	0.465			-1.666	.228		
N of cases	1,052				1,974			
R-sq	0.132				0.224			
Adj.R-sq	0.112				0.215			

あわせて考えると，政治的社会化の過程で民主主義的価値観を獲得するのかも知れない。また，③既婚者，④現在職に就いていない人のほうが民主主義に肯定的である。⑤主観的社会階層はマイナスの効果を持っているという結果は，社会階層とリベラル的な政治的価値観の関連を示す先行研究（例としてKatnik, 2002；Lipset, 1959）をふまえると興味深い。1つの可能性は，所得ではなく資産の多い層で，近代的価値観に否定的な人が一定数いるというものである。メディア接触については，⑥テレビをみるほど，⑦インターネットに接するほど，民主主義に肯定的になっている。また，⑧近隣の危険性を低く認識しているほど，⑨健康状態が良いほど，民主主義的価値観に賛成していた。さらに⑩革新的なイデオロギーを持つほど，また⑪政治関心が高いほど，民主主義に肯定的であった。

興味深いのは，日本においては「個人的に知っている人への信頼」が民主主義的価値観に正の効果を示す一方，一般的信頼を示す「初めて会う人」への信頼の効果は有意ではなく，関連の方向も負であるということである。多変量解析では，「他の変数の効果を統制した上でのその変数単独の効果」をみるので，この結果から直接「一般的信頼が高いほど民主主義的価値観に否定的」ということを意味するものではないが，アメリカでは民主主義的価値観に対して一般的信頼がパーソナルな信頼とともに正の有意な効果をみせていることと対比すれば，非常に興味深い結果であると考えられる。（なお，これら2つの変数のVIFは2以下であり，多重共線性の問題は生じていないと考えられる。）

アメリカについて他の変数の効果をみてみると，①年齢および②学歴の効果が日本と同様に見出された。婚姻状況については，③未婚・離死別者のほうが民主主義に肯定的である。また③社会階層については，日本と逆に，階層が高いほど民主主義的価値観に肯定的であった。さらに④インターネットをみるほど，また⑤友人との会話が多いほど民主主義的価値観に肯定的な一方で，⑥新聞接触は負の効果をみせている。そのほか，⑦近所の危険性を低く見積もるほど，また⑧自分の人生をコントロールできているという感覚を持っているほど，民主主義的価値観を支持するという傾向がみられた。

6. 結　　論

　本研究では，パーソナルな信頼（個人的に知っている人への信頼）と一般的信頼（初めて会う人への信頼）が，集団参加と民主主義的価値観に与える影響について検討するため，世界価値観調査第6波を用いて，日本とアメリカの比較を行った。その結果，集団参加については，日本・アメリカともに，「初めて会う人」を信頼する人ほど，参加集団数が多いという結果が得られた。民主主義的価値観については，日本では「個人的に知っている人」を信頼する人ほど民主主義的価値観を支持する一方，一般的信頼感と考えられる「初めて会う人への信頼」は民主主義的価値観と関連がみられなかった。これに対してアメリカでは，「個人的に知っている人への信頼」と「初めて会う人への信頼」がともに民主主義的価値観と関連していた。

　社会関係資本の議論では，パーソナルな信頼よりも一般的信頼の方が民主主義社会においてより重要なものと考えられてきた。見知らぬ人との協力を促進する要因として考えられるのが一般的信頼だからである。しかし本研究の結果は，文化によっては，パーソナルな信頼もまた民主主義において重要な役割を果たすことを示唆している。今回は先行研究を踏まえ，2国の比較にとどまったが，今後はより多くの国について比較を行う必要があるだろう。

引用文献

Bahry, B. Kosolapov, P. M. Kozyreva & R. K. Wilson, 2005, "Ethnicity and Trust: Evidence from Russia", *American Political Science Review,* 99: 521–532.

Barber, B., 1983, *The Logic and Limits of Trust*, New Brunswick, NJ: Rutgers University Press.

Bekkers, R., 2012, "Trust and Volunteering: Selection or Causation? Evidence From a 4 Year Panel Study", *Political Behavior,* 34: 225–247.

Bollen, K. A., 1998, "Cross National Indicators of Liberal Democracy, 1950 to 1990. Codebook," University of North Carolina, Ch apel Hill, N C.

Delhey, J., K. Newton & C. Welzel, 2011, "How general is trust in "most people"? Solving the radius of trust problem", *American Sociological Review,* 76:

786–807.
Duncan, L. E. & B. E. Peterson, 2010, Gender and motivation for achievement, affiliation-intimacy, and power, (In) J. C. Chrisler & D. R. McCreary (Eds.)., *Handbook of Gender Research in Psychology,* Vol. 2, Chapter 3, 41–62.
Freitag, M. & P. C. Bauer, 2013, "Testing for measurement equivalence in surveys: Dimensions of social trust across cultural contexts", *Public Opinion Quarterly,* 77: 24–44.
Gittell, R. and A. Vidal, 1998, *Community organizing: Building social capital as a development strategy,* Thousand Oaks, CA: Sage.
Granville, J. L. & P. Paxton, 2007, "How do we learn to trust? A confirmatory tetrad analysis of the source of generalized trust", *Social Psychology Quarterly,* 70: 230–242.
Hardin, R., 2002, *Trust and Trustworthiness.* NY: Russell Sage Foundation.
Huang, J., H. M. van den Brink & W. Groot, 2011, "College Education and Social Trust: An Evidence-Based Study on the Causal Mechanisms", *Social Indicators Research,* 104 (2): 287–310.
Ikeda, K. and S. Richey, 2012, *Social networks and Japanese democracy: The beneficial impact of interpersonal communication in East Asia,* NY: Routledge.
Katnik, A., 2002, "Religion, Social class, and political tolerance: A cross-national Analysis", *International Journal of Sociology,* 32: 14–38.
Kramer, R. M., M. B. Brewer & B. A. Hanna, 1996, "Collective trust and collective action: The decision to trust as a social decision", (In) R. M. Kramer & T. R. Tyler (Eds.), (1996). *Trust in organizations: Frontiers of theory and research.,* CA: Sage, 357–389.
Lipset, S. M., 1959, "Democrary and working-class authoritarianism", *American Sociological Review,* 24: 482–501.
Luhman, N., 1973, *Vertrauen: Ein Mechanismus der Reduktion sozialer Komplexitat, 2nd ed.* Stuttgart: Aufl.（＝1990，大庭健・正村俊之訳『信頼―社会的な複雑性の縮減メカニズム』，勁草書房．
Narayan, D., 1999, "Bonds and bridges: social and poverty", *Policy Research Working Paper* 2167, Washington D.C: World Bank.
Paxton, P., 2002, "Social Capital and Democracy: An Interdependent Relationship", *American Sociological Review,* 67: 254–277.
Putnam, R. D., 1993, *Making democracy work: Civic traditions in modern Italy.* Princeton, NJ: Princeton University Press.
Putnam, R. D., 1995, "Bowling alone: America's declining social capital", *Journal of Democracy,* 6: 65–78.
Putnam, R. D., 2000, *"Bowling alone: The collapse and revival of American com-*

munity", NY: Simon and Schuster.

Robinson, Robert V. and Elton Jackson, 2001, "Is trust in others declining in America? An age-period-cohort analysis", *Social Science Research*, 30: 117–45,

Stolle, D., 1998, "Bowling Together, Bowling Alone: The Development of Generalized Trust in Voluntary Associations", *Political Psychology,* 19: Special Issue: Psychological Approaches to Social Capital, 497–525.

Stolle, D., 2002, "Trusting strangers: The concept of generalized trust in perspective", *Österreichische Zeitschrift für Politikwissenschaft,* 31: 397–412.

Sotone, W. & J. Hughes, 2001, "Social capital: Empirical meaning and measurement validity", *Research Paper No. 27,* Australian Institute of Family Studies.

Tsunoda, H., R. Yoshino & K. Yokoyama, 2008, "Components of social capital and socio-psychological factors that worsen the perceived health of Japanese males and females", *The Tohoku Journal of Experimental Medicine,* 216: 173–185.

Uslaner, E. M., 1998, "Social capital, television, and the "mean world": Trust, optimism, and civic participation", *Political Psychology,* 19: 441–467.

Uslaner, E. M., 2002, *The moral foundations of trust.* Cambridge, UK.

Welch, M. R., D. Sikkink & M. T. Loveland, 2007, "The Radius of Trust: Religion, Social Embeddedness and Trust in Strangers", *Social Forces*, 86: 23–46.

Yamagishi, T. & M. Yamagishi, 1994, "Trust and commitment in the United States and Japan", *Motivation and Emotion,* 18: 129–166.

坂本治也, 2010, 「日本のソーシャル・キャピタルの現状と理論的背景」関西大学経済・政治研究所研究叢書 第150冊『ソーシャル・キャピタルと市民参加』第1章所収。

山岸俊男, 1998, 『信頼の構造：心と社会の進化ゲーム』東京大学出版会。

山岸俊男, 1999, 『安心社会から信頼社会へ—日本型システムの行方』中公新書。

山岸俊男・小見山尚, 1995, 「信頼の意味と構造—信頼とコミットメント関係に関する理論的・実証的研究」『INSS Journal』2：1–59。

吉野諒三, 2005, 「富国信頼の時代へ：東アジア価値観国際比較調査における「信頼感」の統計科学的解析（〈特集〉「東アジア価値観国際比較調査」その1）」, 『行動計量学』32：147–160。

［付記］本研究で用いたデータは、ヨーロッパおよび世界価値観調査第6波（EUROPEAN AND WORLD VALUES SURVEYS 6th WAVE, DATA FILE 2013-04-08）に基づくものである。この調査はThe European Values Study Foundation (www.europeanvalues.nl), World Values Survey Association (www.worldvaluessurvey.org)、および「文部科学省平成22年度科学研究費補助金によるWASCグループ研究」（代表：池田謙一）によって実施された。データの利用を許可してくださった皆様に感謝申し上げます。

第 5 章
ロシア人の信頼感
――旧体制の遺物か新体制の産物か――

石 川 晃 弘
ニコライ・ドリャフロフ
ウラヂミール・ダヴィデンコ

1. 前提的考察

　ロシアでは 70 年以上続いた社会主義体制が崩壊し，1990 年頃から資本主義的市場経済と民主主義的政治制度が導入された。この体制転換はロシア人の信頼感にどんな変化をもたらしたか。本稿の狙いはこの点を追究することにある。

　先行する国際調査研究はロシアにおける信頼感の低さを指摘している。

　佐々木は 7 カ国[1]を対象として自ら行った国際比較調査の結果から，ロシアにおける信頼感はチェコ，トルコとともに低位グループをなしていると分析している（Sasaki 2012）。ホスキングは 2006 年のレヴァダ・センター（Levada Centre）の 2006 年世論調査データから，ロシアでは政府を信頼しない者が 61% を占め，過去 5 年の間に一般的社会的信頼が低下したという回答が 74% もあることを紹介している（Hosking 2012）。アニシモフは旧ソ連・東欧の脱社会主義国の学生を対象にした国際調査から，ロシアとウクライナが信頼感の点で最下位にあることを示している（Anisimov 2013）。シモノヴァは合衆国経営アカデミー（US Management Academy）の調査結果を引用して，ロシアにお

ける国際ジョイントビジネスの主要な失敗因は「信頼できるパートナーの欠如」にあると指摘している（Simonova 2012）。

　なぜロシアでは信頼感が低いのか。それは社会主義時代から引き継がれたものなのか，それとも体制転換後の特殊なアノミー状況から生じたものなのか。

　袴田はロシアにおける信頼感の低さの原因を，社会主義体制の中に求めている。彼によれば，社会主義国家は「共同体的な心情や論理を破壊し，公共心や社会性をも希薄にし，疎外され，ばらばらにされた利己的な個人の集合を生みだし」（袴田　1993：365），そして「体制転換後はそれが社会の表面に露出し，個人やグループの利害がむき出しになっている状況」（同：157）が広がっているという。つまりロシアは社会主義時代から根底において信頼を欠いた社会であり，それが社会主義体制崩壊後に一気に表面化し一般化した，というのである。

　これに対して別な見方もある。筆者は2012年秋にモスクワで社会主義時代を経験した世代の社会学者数名に会い[2]，ロシアにおける信頼感の低さについて討議したとき，彼らが共通して指摘した点は，社会主義時代の信頼感の高さと，体制転換後のそれの低下であった。彼らによれば，社会主義時代には貧富の格差が小さく，労働と生活が万人に保障されていて，犯罪も少なく，人々は不安のない生活を送っていた。そして地域には無料で誰もが参加できる文化・スポーツ活動とそのための施設もあり，人々はそれを享受していた。そのような環境下で人々は互いに信頼しあって暮らしていた。ところが体制転換は貧富の格差を際限なく拡大して大量の貧困層を生みだし，就労は不安定となり，地域の文化・スポーツ活動も衰退し，人々は不安を抱きながら原子化し孤立した生活へと追いやられ，社会の中で不信感が漲るようになった，という。

　ロシアにおける信頼感の低さははたして社会主義時代の残存物なのか，それとも体制転換後の特殊状況の産物なのか。本章の課題のひとつはこの点の追究にある。

　しかし本章にはこれと関連したもうひとつの課題がある。それはロシア人の社会的性格の中での信頼感と倫理意識との関係についてである。

ロシア人の社会的性格については次のような特徴づけがなされてきた。

第1に，ロシア人は私的な関係と公的な関係を峻別し，それぞれの関係に対してまったく別な行動規範を採用している（Smith 1971，高田訳 1978：101-106）。ロシアではソ連時代から生活が厳しく，親密な友人関係が生存の防御壁となり，またそれが外部の監視や統制に対して隠れ蓑となりうるため，この関係はアメリカのような豊かで自由な社会よりもずっと強くかつ深いが，その反面，その外側の他人にはかなりの不信感を抱き，素っ気ない態度をとる（Hollander 1973，寺谷・渡辺訳 1977：247-256）。ここで指摘されているのは，ロシア人の社会関係の二重構造と，信頼関係の二面性である。

第2に，ロシア人の社会的性格をホフステードの「個人主義・対・集団主義」尺度で測るならば，明らかに集団主義に偏しているが，その集団主義は「プログラム化」されておらず，したがって個々人の行動はばらばらで組織性を欠き，状況依存的である（Romashkina 2012：石川ほか編 2012：250）。普遍的・客観的な個人主義的ルールが明確に確立されていないため，「人びとは自然的感性に素直に従って他人の私的領域にも平気で入っていき，誰かが困っていると，多くの場合善意から，頼まれなくても手を出し介入するのが普通」（袴田 1993：147）という，他者との合意，あるいは普遍的規範を媒介しないままの相互扶助の心情と行動がみられ，これが無定型なロシア的集団主義を特徴づけるが，それは必ずしも他人に対する信頼感の高さを表すものではないとされる。

第3に，ロシア人は環境の不確実性を当然のものとして受け入れ，その時どきの状況に合わせて選択的に行動をとり，一般的ルールを無視する傾向がある（Romashkina，前掲）。そのため善悪の区別も普遍的基準から導き出すのではなく，所与の条件下で適宜判断していく。それゆえ法もその目的や使命がなんであれ，民衆は「罰せられずにすむなら，彼らはいたるところで法の網をくぐる」（袴田 1993：38）。

以上を要約するならば，ロシア人は私的領域で強い絆と信頼で結ばれた友人関係を築き，そこに身を寄せて不確実な環境下で生活を防衛し，他者に対しては自然的感性から善意ある行動をとることはあっても，一般には警戒と不信の

感情を抱き，そして善悪を普遍的絶対的基準から判断して行動するよりも，所与の状況に合わせて（ときには法を無視して）適宜行動を選択していく，というステレオタイプ像が描けてくる。このようなステレオタイプ像がロシア人の伝統的な社会的性格といえるのか，それとも体制転換後の今日のそれを特徴づけるものなのか。この点も追究することになる。

さらにもうひとつの付帯的課題がある。

ロシアは信頼感の水準が低い社会といわれるが，体制転換後の混乱期を経て経済が成長し生活が改善されてくれば信頼感は高まるか，というテーマである。佐々木（2012）は「世界価値観調査」から，一般的にいって豊かで民主的な国では信頼感が高く，貧しく非民主的な国ではそれが低いと指摘している。つまり信頼感を関数，生活の豊かさと社会の民主度を変数とする関係を提起しているが，ここでは生活の豊かさを生活の満足度という変数に置き替えてロシアにおける生活満足度の時系列調査結果をみるならば，満足層（「全面的に満足」と「だいたい満足」を合わせたもの）は1997年と2000年には16%だったが，2005年には24%，2008年には31%に上がっている（Toshchenko 2008）。これが信頼感の向上に結びつくのかどうか。その検証はロシア社会における信頼感の展望に関わる。

2．データ・分析方法・サンプル構成

本章で用いるデータは，佐々木正道が主幹する7カ国「信頼感の国際比較」調査研究プロジェクトから得られたものである。本章ではその中のロシアのデータを用いる。ロシア調査のサンプル数は1,600である。

ここで分析する信頼感は，(1)他者一般に対する信頼，(2)友人に対する信頼，(3)公共機関とマスメディア（以下「公的機関」と略称）に対する信頼という，3つのレベルで観察する。そしてさらに，(4)善悪観と(5)違法意識を取り上げて，上記の3レベルの信頼感との関連を追究する。

他者一般に対する信頼度の測定は，調査票の中の設問8「あなたは，たいて

いの人は信頼できると思いますか，それとも，用心するにこしたことはないと思いますか」に対して，「信頼できる」を選択した回答者の比率を用いる。

　友人に対する信頼度の測定は，調査票の中の設問12「あなたは，ここにあげる人のうち，だれを信頼していますか，または信頼していましたか」の中の「b．友人」について，「信頼している（いた）」という回答を選択した者の比率を用いる。

　公的機関に対する信頼度の測定は，設問5の回答分布を用いる。この設問では「警察」「新聞」「テレビ」「政府」「地方行政府」「国会」「NPO/NGO」「病院・保健施設」「社会福祉施設」などをあげて，それぞれについて5点法で信頼度を問うている。

　ところで本稿の課題は，先にも述べたように，ロシアにおける信頼度の低さは旧体制から引き継がれたものなのか，それとも体制転換後の特殊状況の中で生みだされたものなのかを，追究することにある。この課題に接近する方法として本稿で採用するのは，世代間分析である。つまり，社会主義体制下で育った旧世代と，新体制下で育った新世代との信頼感の度合いと特徴を検出することによって，上の課題に応えていこうとする。そのために調査サンプルを年齢（調査時点での）によって次の4つの世代に区分する。

　「20-29歳」：この年齢層は旧体制崩壊過程の頃に生まれ，新体制の中で育った世代であり，〈新世代〉と名付ける。

　「30-44歳」：この年齢層が生まれたのは旧体制の時代だが，人格形成期，青春期を過ごしたのは新体制下においてであり，ここでは〈準新世代〉と呼ぶ。

　「45-59歳」：この年齢層が生まれ育ち人格形成を経たのは旧体制下であったが，体制転換の頃にはすでに成人になっており，多くは新体制下で社会に参画するようになった。〈準旧世代〉と呼ぶ。

　「60歳以上」：この年齢層はすでに旧体制下で人格形成期を終えて成人となり，一定期間旧体制の中での社会参画と生活を経験した人たちである。〈旧世代〉と呼ぶ。

表5-1 サンプル数とその構成比

	数	構成比
新世代	384	24.0
準新世代	434	27.1
準旧世代	449	28.1
旧世代	333	20.8
合　計	1,600	100.0

　これら4つの世代グループのサンプル数とその構成比を示すと、表5-1のようになる。

3．分　　析

(1) 他者一般に対する信頼感

　「あなたは、たいていの人は信頼できると思いますか、それとも用心するにこしたことはないと思いますか」という質問に対する回答の世代別分布は、表5-2のようになる。この表から看て取れるように、どの世代でも「用心が必要」のほうが「信頼できる」を上回る回答比率をみせている。あえて世代間の差をみると、社会主義時代をすでに成人として経験した「旧世代」のほうが、より若い世代よりも「信頼できる」の比率が高い。この世代間の違いは、ピアソンの相関係数でみると－.036で統計的な有意差を示すほどのものではないが、「信頼できる」の比率は新世代で29.0％であるのに対して旧世代では33.9％と、5ポイントほどの差をみせている。

　さらに、「子どものとき親から『たいていの人は信頼できる』と教わったか、それとも『用心するにこしたことはない』と教わったか」という質問に対する回答比率をみると、表5-3に表されているように、旧世代では過半数が「『信頼できる』と教わった」といい、準旧世代でもそれに近いのに対して、新世代ではそれがわずか30％にしかならない。社会主義時代に人格形成をした旧世

表 5-2　世代別にみた他者一般に対する信頼感/不信感

	信頼できる	用心が必要	合計
新世代	29.0	71.0	100.0
準新世代	27.6	72.4	100.0
準旧世代	29.1	70.9	100.0
旧世代	33.9	66.2	100.0

注:「その他」と「わからない」という回答を除いて算出。

代や準旧世代の多くが他者への信頼を親から教えられたというのに，新世代の多くは他者に対して用心するようにと教えられている。そして他者への信頼を子に教えた親自身も他者への信頼を抱いていたと推測されるから，社会主義体制下のほうが体制転換後よりも人々の間で信頼感が高かったとみてよいだろう。

表 5-3　他者一般に対する信頼についての親の教え

	信頼できる	用心が必要	教わらなかった	その他	わからない	合計
新世代	29.9	54.4	9.7	0.8	5.5	100.0
準新世代	37.1	46.1	11.5	0.7	4.6	100.0
準旧世代	45.2	37.9	10.9	1.1	4.9	100.0
旧世代	52.3	30.3	11.4	0.6	5.4	100.0

もっとも，親から「信頼できる」と教えられたとしても，新体制下の現実的体験と世間的風評から本人自身はそう思っていないケースも少なくない。表 5-3 にまとめたように，旧世代は親から「たいていの人は信頼できる」と教えられた者が 52.3% を占めるのに，現体制下の調査時点でそう思っているのは 33.9% にとどまる。体制転換後の生活を経験していく過程で，親の教えとは異なる現実を体験して信頼感が変わった者も少なくないとみられ，準旧世代でも同様な変化があったようだ。つまり旧世代と準旧世代では親の教えと自分の今の意見との間に一定の落差がみとめられ，体制転換後に信頼感は薄らいだとみてよいだろう。これに対して準新世代とくに新世代においてはその差は僅少である。ということは，この世代は親から信頼を教えられた者がすでに少な

表 5-4　親の教えと自分の意見（「たいていの人は信頼できる」の%）

	親の教え	自分の今の意見	差
新世代	29.9	29.0	0.9
準新世代	37.1	27.6	9.5
準旧世代	45.2	29.1	16.1
旧世代	52.3	33.9	18.4

くなっていたからである。

　以上のデータをみる限り、次のような暫定的結論を得ることができよう。すなわち、社会主義時代には人々の間の信頼感はそれほど低くなかったが、体制転換後になってそれが低下した、つまり現在のロシアで信頼感が低いとすれば、それはすぐれて体制転換後の現在の特徴だ、ということである。

　この暫定的結論を支持するもうひとつのデータがある。それは他者一般に対する信頼感の推移を示す時系列的調査結果である（表5-5参照）。これによれば、体制転換直前の1989年には「信頼できる」が「用心が必要」を上回って過半数を占めていたが、その後その関係は逆転して「用心が必要」が増加し、1990年代末にはそれが多数を占め、「信頼できる」は20%台で低迷し、2010年近くになってロシア社会の安定化と国民生活の向上を反映してか、「信頼できる」は多少の増加をみせ、「用心が必要」はやや減少気味である。

表 5-5　他者一般に対する信頼感の時系列的変化

	1989	1991	1998	2005	2006	2007	2008	2009	2010
信頼できる	52	34	23	22	26	26	26	27	30
用心が必要	41	42	74	76	72	68	69	66	60

出所：Legada-tsentr: Ezhegodnik＜Obshchestvennoe mnenie＞ 2010, Tabl. 3.5.2, p. 33.（Dankin, D.M., "Doverie kak factor stabil'nosti", in: Uchenye Zapiski IMEI, Tom 2, No. 1, 2012, p. 15 から引用）

　このデータを踏まえるならば、先にみた世代間の差異はたんなる個人の加齢に伴う意見変容の表れというよりも、むしろ、ロシア社会の体制転換との絡みで説明できるものといえよう。

(2) 公的機関に対する信頼感

次に，公的機関に対する信頼感の分析に移る。

調査票の中では，「新聞」「テレビ」というメディアと，「警察」「連邦政府」「地方政府」「国会」「NPO/NGO」「医療保健施設」「社会福祉制度」といった公的・社会的機関をあげて，これら9つの項目のそれぞれについて「あなたはどの程度，信頼できると思いますか」と問い，「非常に信頼できる」「ある程度信頼できる」「あまり信頼できない」「まったく信頼できない」「わからない」という5つの回答選択肢を設けている。ここでは信頼度を量的に測定するため，「非常に信頼できる」に1点，「ある程度信頼できる」に2点，「あまり信頼できない」に3点，「まったく信頼できない」に4点を与えて4点法の尺度を作る（「わからない」はここから除外して）。そして各項目の回答の平均値を算出すると，表5-6が得られる。理論的には数値の中間値は2.50で，それより高い数値は信頼度が低く，それより低い数値は信頼度が高いことを意味する。

表5-6 公共機関等に対する信頼度（範囲：1.00−4.00）

	平均点	（順位）	標準偏差
警　察	2.70	(7)	.9117
新　聞	2.58	(5)	.8160
テレビ	2.25	(1)	.8030
連邦政府	2.43	(4)	.8689
地方政府	2.65	(6)	.8976
国　会	2.73	(8)	.9100
NPO/NGO	2.94	(9)	.8414
医療保健施設	2.37	(3)	.8690
社会福祉制度	2.32	(2)	.8339

この表の数値をみると，2.50より低いのはテレビ，社会福祉制度，医療保健施設であり，これらは不信感を抱くものより信頼感を持つ者のほうが多いことが示されているが，それでも「ある程度信頼できる」の2.00の水準には至っていない。公共機関等への信頼感は概して低いとみられる。とりわけNPO/

NGO，国会，警察の数値は3.00に近く，ほぼ「あまり信頼できない」の水準に位置する。

ところでこれら9つの項目間の相関関係をピアソンの相関係数で調べてみると，すべての項目間に有意確率.000で有意な相関関係があることがわかった。この発見を基に，これら9つの項目を統合して「公的機関に対する信頼度」というひとつの変数にまとめあげることとし，それを測定する尺度を4点法で構成する。この尺度で世代別に求めた公的機関に対する信頼度は，表5-7のようになる。ここでも信頼度の理論的中間値は2.50で，それ以上は信頼度が低く，それ以下は信頼度が高いことを意味する。

表5-7　世代別にみた公的機関に対する信頼度（範囲：1.00－4.00）

	平均点	標準偏差
新世代	2.49	.5148
準新世代	2.60	.5212
準旧世代	2.59	.5346
旧世代	2.56	.5852

さきにみた他人一般に対する信頼度では旧世代のほうが新世代よりも高かったが，この表にみるように，公的機関に対する信頼度は新世代のほうがそれより上の世代よりも高い。新体制下の公的機関に対しては，新体制下で育った若い世代のほうが信頼感を持っているようだ。

(3)　友人に対する信頼感

ロシア人は不確実な環境の中にあって緊密で相互扶助的な友人関係を築いているという見方があるが，われわれの調査結果からは友人に対する信頼感はどのように表れているか。

表5-8をみると，サンプル全体の中で「友人を信頼している（いた）」という者は47.6％で，半数を下回る。表中の比率をみる限り，信頼度が最も高いのは「新世代」であるが，彼らの中ですら友人を信頼する者は50％を若干上回る程度であり，したがって'信頼で結ばれた友人関係の絆'というロシア人

表5-8　友人に対する信頼感

	信頼している	信頼していない	合　計
新世代	55.7	44.3	100.0
準新世代	49.8	50.2	100.0
準旧世代	48.1	51.9	100.0
旧世代	34.8	65.2	100.0
全　体	47.6	52.4	100.0

特性のステレオタイプは現実に妥当しないようにみえる。とくに社会主義体制下で社会化した旧世代の場合がそうである。

「友人を信頼している（いた）」の比率を世代別にみると，新世代で過半数を占め，準新世代と準旧世代では半数弱となっており，世代が上になるにつれて信頼度は下がり，旧世代では全体の約3分の1にとどまる。つまり，新体制下で育った新世代は旧体制を経験した旧世代よりも友人に対する信頼感を抱くものの割合が大きく，これはさきの他者一般に対する信頼感の分析結果と対照的な傾向を示している。つまり，新世代は他者一般に対しては他の世代よりも用心深いが，友人に対しては他の世代よりも信頼感を持っており，旧世代はこれとは逆な傾向を持っている。

しかし，世代という枠を取り払ってサンプル全体について信頼感の3レベルの間の関連をピアソンの相関係数から分析してみると，表5-9から次のような点を読みとることができる。

第1に，友人に対する信頼感と他者一般に対する信頼感は有意な相関関係がみとめられない。この2つの信頼感はそれぞれ別物のようだ。

第2に，友人に対する信頼感と公的機関に対する信頼感とは有意に逆相関している。つまり，友人に対する信頼感の持ち主は，公的機関に対してはむしろ不信感を抱いている。これは冒頭の節でふれたロシア人のステレオタイプ像とそれなりに符合する。

第3に，他者一般に対する信頼感は公的機関に対する信頼感と順相関している。つまり，他者一般を信頼できると思っている者は，公的機関に対しても信

表 5-9 信頼感3レベル間の相関関係

	友人信頼感	他者信頼感	公的機関信頼感
友人に対する信頼感			
相関係数	—		
有意確率			
他者一般に対する信頼感			
相関係数	.029	—	
有意確率	.262		
公的機関に対する信頼感			
相関係数	－.075.	.195	—
有意確率	.022*	.000**	

**有意水準＝1％，*有意水準＝5％．（両側検定）

頼感を持っているとみられる．

　以上の3点は世代という枠を取り払って得た分析結果であるが，これまでの分析結果からあえて世代別の特徴を要約するならば，旧世代とくらべて新世代は他者一般に対する信頼感は低いが，友人に対する信頼感は高く，その一方で公的機関に対する信頼感も高い．そして旧世代はその逆の傾向を示している．ただし，世代ごとにピアソンの相関係数でみると（表示は省略），旧世代は公的機関信頼度と他者一般の信頼度との間に有意な相関がみとめられるが，新世代では相関がみとめられない．

(4) 一般的規範に対する態度

　本章の冒頭部分でふれたように，ロシア人の社会的性格に関して，環境の不確実性を当然視して，状況に応じて適宜行動をとり，法律や善悪基準など一般的規範や規則を無視する傾向があるというステレオタイプが描かれている．このステレオタイプの経験的妥当性について，世代間比較を入れながら検討する．

　調査票の中に「何が善で何が悪かについて次の2つの意見があります．あなたの意見はどちらに近いですか」という設問があり，「どんな場合でもはっき

表5-10　世代別にみた善悪観

	新世代	準新世代	準旧世代	旧世代	全体
善悪峻別論	28.4	26.5	28.1	27.9	27.7
状況次第論	69.0	68.2	66.1	63.1	66.8
その他	0	0.5	0	0	0.1
わからない	2.6	4.8	5.8	9.0	5.4
合計	100.0	100.0	100.0	100.0	100.0

りとした善と悪の区別があり，それはすべてにあてはまる」（善悪峻別論）と「たいていの場合はっきりとした善と悪はなく，その時の状況による」（状況次第論）という意見が掲げられており，ほかに「その他」と「わからない」という選択肢が設けられている。

世代別の回答分布は表5-10のようになる。

この表でみるように，どの世代でも善悪峻別論は3割に満たず，状況次第論が約3分の2を占めている。この傾向がロシア人特有のものなのか，どこの国でもみられる普遍的なものなのかは，他の国々のデータと比較しないと一概にはいえないが，少なくともロシアでは状況次第論がどの世代でも多数を占めているのは事実である。しかしよく観察すると，状況次第論は新世代で多く，世代を遡るほどわずかながら少なくなる。つまり，新体制下で育ち成人となった人々のほうが，どちらかといえばそれ以前の世代，とりわけ旧体制を成人として体験した人々よりも，状況依存的に行動を選択する傾向があるとみられる。

次に法意識をみてみよう。調査票の中の設問では，「法律はどんなときにも守るべきである」（遵法原則論），「目的が本当に正しいものだと確信がもてるときには，法律をやぶることもやむをえない」（事例次第論），「その他」，「わからない」という4つの選択肢があげられており，「あなたの考えはどちらにちかいですか」と問うている。その回答分布を世代別に示すと，表5-11のようになる。

この表をみると，サンプル全体のうち遵法原則論を採るものが6割を上回っている。ここでみる限り，少なくともロシア人自身の多くは「いたるところで

表 5-11 世代別にみた遵法観

	新世代	準新世代	準旧世代	旧世代	全体
遵法原則論	57.0	58.1	64.1	73.0	62.6
事例次第論	35.4	34.3	28.5	19.5	29.9
その他	8.0	2.5	1.6	0.6	1.4
わからない	6.8	5.1	5.8	6.9	6.1
合　計	100.0	100.0	100.0	100.0	100.0

法の網をくぐる」（袴田　前掲書：38）のをよしとは思っていないようだ。

しかし世代間には差がある。遵法原則論を支持する者は旧世代に多くて73.0％を占め、それに続いて準旧世代で64.1％、準新世代で58.1％と世代を追って少なくなり、新世代では57.0％で最も少ない。逆に事例次第論は新世代で最も多く（35.4％）、旧世代で最も少ない（19.5％）。

以上の発見を要約するならば、善悪峻別論も遵法原則論も、新体制下で育った新世代よりも社会主義時代を経た旧世代のほうが多く支持している。他方、状況次第や事例次第で行動を選択する者はサンプル全体でみると少ないが、世代別にみるとそれは若年層において相対的に多い。一般に民主的市民社会では万人が普遍的価値規範とそれの遵守を前提として行動することで信頼が成り立つという見解があるが、ここでのロシアのデータからすれば、普遍的価値規範とそれの遵守を支持する層はむしろ社会主義体制下の生活を経験した世代に多く、民主的市民社会を目指した体制転換後の時代に成人になった世代では、そのような層は相対的に少ないとみられる。

次に信頼感の3レベルと遵法観・善悪観の関連を探ってみる。その関連をピアソンの相関係数からみると、表5-12のようになる。

この表をみると、遵法観は他者信頼感とは無相関であるが、公的機関信頼感とは有意に順相関しており、友人信頼感とは有意に逆相関している。つまり、遵法精神が強いものは公的機関に信頼感を持っているのに対して、友人に信頼感を持つ者は法の普遍原則を尊重する度合いが低く、個別事例にそくして選択的に行動する傾向がある。

表 5-12 信頼感の 3 レベルと遵法観・善悪観の相関関係

	遵法観	善悪観
友人に対する信頼感		
相関係数	−.088	−.049
有意確率	.001**	.056
他者一般に対する信頼感		
相関係数	.063	.118
有意確率	.019	.000**
公共機関等に対する信頼感		
相関係数	.134	.053
有意確率	.000**	.112

**有意水準＝1％，*有意水準＝5％。(両側検定)

　法という客観化された外在的規範を絶対的に遵守するかどうかということと，善悪の基準を明確に内面化させてそれに照らして行動するかどうかということとは，心理的に異なる次元に属するのかもしれない。さきの表でみると，善悪観は遵法観と違って公的機関信頼感とも友人信頼感とも無相関である。しかしそれは他者信頼感とは有意に相関しており，他者信頼感を持つ者は善悪基準を絶対化している者に多いという傾向がある。そして他人信頼感も善悪峻別論も，社会主義体験世代の旧世代に多い。

⑸　生活の豊かさとの関係

　最後に 3 レベルの信頼感と生活の豊かさとの関連を探る。ここではデータの制約上，生活の豊かさを「生活満足度」に置き換えて測定する。そのための尺度は，「非常に満足」と「だいたい満足」を合わせて〈満足〉として 1 点を与え，「わからない」を 2 点とし，「どちらかといえば不満」と「不満」を〈不満〉として 3 点を与えて，3 点法で作る。そして信頼感の各レベルとの相関関係をピアソンの相関係数で捉えると，表 5-13 のような数値が得られる。

　この表からみる限り，生活満足度は他者への信頼感や公的機関への信頼感と無相関である。つまり生活満足度が高いからといって，他者一般や公的機関に

表 5-13 信頼感の3レベルと生活満足度の相関関係

	生活満足度
友人に対する信頼感	
相関係数	.089
有意確率	.000**
他者一般に対する信頼感	
相関係数	.049
有意確率	.058
公的機関に対する信頼感	
相関係数	.060
有意確率	.067
世　代	
相関係数	.055
有意確率	.028*

**有意水準＝1％，*有意水準＝5％。（両側検定）

対する信頼が高くなるわけでも低くなるわけでもない。しかしそれは友人信頼感と有意な相関をみせている。生活満足度が高いものほど，友人に対する信頼度は高いのである。要するに，生活満足度が高くなれば友人信頼度は高まるかもしれないが，他者一般や公的機関に対する信頼度が高まるとはいえないようだ。

なお，生活満足度と世代との関係を問うと，有意水準5％で有意な相関がみとめられる。すなわち，新世代は他の世代に比べて生活満足度が高く，旧世代になるほどそれは低くなる。新世代はさきにみたように他の世代，とりわけ旧世代と比べて友人信頼度が高いから，新世代においては生活満足度の高さと友人信頼度の高さが相関しているとみられる。

4. 総　　括

　総括に当たって最初にふれておきたいが，本稿の分析で用いたデータはアンケート方式による意見調査から得られたものである。したがって，ここで対象としている信頼感も，調査サンプルが自国の文化の中で内面化した評価基準で判断し回答している。それゆえ，例えば外国人の評価基準からすればとうてい容認できないことでも，ロシア人にとっては日常の当然な事柄として受け入れている場合もありうる。つまり，ここで扱ったロシア人の信頼感は，ロシア人固有の生活世界の中から表現されたものであって，他国の基準，あるいは一般的抽象的基準に基づいて表現されたものではない。本稿で分析したのは，ロシア人の生活世界の表現としての信頼感であり，そこから得られた結論もその限りでの妥当性しか持ちえない。

　まず分析結果の要約をするならば，社会主義時代には人々の間の信頼感はそれほど低くなかったが，体制転換後になってそれが低下した，つまり現在のロシアで信頼感が低いとすれば，それはすぐれて体制転換後の現在の特徴だということを指摘できる。これは他者一般に対する信頼感の世代間分析や時系列調査データからいえることである。しかし，公的機関に対する信頼感は，むしろ体制転換後に育った若い世代のほうが高い。そしてこの若い世代は年配の世代よりも友人に対する信頼感も高く，一般的倫理規範に囚われずに状況依存的な行動をとる傾向がある。

　ところで本稿の冒頭の部分で紹介したが，ロシア人は狭い友人関係を準拠集団とし，それは強い信頼関係で結ばれているが，その外側の他者や機関・制度に対しては無関心あるいは猜疑心を抱き，脱法的行為をいわば当然視しているという見方がある。本稿の分析結果によれば，友人に対する信頼度は遵法意識の高さとは逆比例の関係にあり，友人関係という私的領域と，法律のいう公的領域とが反対方向のベクトルをなしているという意味で，その見方を支持している。若い世代はそれより上の世代に比べて友人信頼度が高いが，それは法律

遵守よりも状況判断を，そして善悪を峻別する価値基準よりも所与の事例に即した判断を優先させる価値態度と，有意に相関している。この世代は生活満足度が他世代より高いが，だからといってそれが他人一般への信頼の高まりをもたらしているとはみえない。生活満足度の高さは，3つの信頼感レベルのうち，友人に対する信頼感の度合いとのみ相関している。

私的領域と公的領域との離反性は，かりにロシア人一般に多かれ少なかれみられるとしても，それがより明示的に看取されるのはむしろ新体制下で育った新世代においてであり，社会主義体制を経験した旧世代はそれとはやや異なる信頼感パターンを示している。この世代は他の世代，とくに新世代と比べて他者一般に対する信頼度が相対的に高く，法律の遵守と善悪の峻別という点でも水準が高い。この世代は私的領域を超える外部の領域にまで信頼の対象範囲を伸ばしていたとみてよい。実際，さきに表5-5で示した信頼感の時系列変化にみられるように，他者一般に対する信頼感の低さは体制転換後に顕著になった現象であり，それ以前にはかならずしもそうではなかったといえる。また，旧世代の親の世代も，旧世代の人々に他者一般に対する信頼を教えていた。

以上の総括部分で信頼感パターンの世代間差異を描いてみたが，その差異はミロノフが指摘するような世代間葛藤（Mironov 2012）に導くほどのものではなく，やっと統計的に見出せる程度の相対的なものである。転換後社会の諸過程がさらに進み，導入された諸制度がさらに定着して良好に機能し，人々の生活がそれに適応していくにつれて，信頼感に関する世代間の差異も変容していくかもしれない。しかし，いずれにせよ，本章の冒頭でみたロシア社会観，すなわちロシアにおける信頼感の低さは社会主義体制の所産だという見方は，本稿での分析結果からみる限り，そのままでは受け入れがたい。

1) 日本，ロシア，アメリカ，ドイツ，チェコ，台湾，トルコ。
2) 『社会人文学』誌編集長ミロノフ教授，ロシア科学アカデミー社会経済人口研究所ロコソフ教授，モスクワ国立経営大学フィリッポフ教授，モスクワ国立大学アジアアフリカ研究所シーリン教授ら。

参 考 文 献

Anisimov, R., 2013, "Interpersonal Trust: Comparative Analysis", in: O. Kozlova and K. Izadebska (eds.), *Cultures of Trust*, Minerwa, Uniwersytet Szczeciński.

Dankin, D. M., 2012, "Doverie kak factor stabil'nosti", in: *Uchenye Zapiski IMEI*, Vol. 2, No. 1.

Hosking, G., 2012, "Structures of Trust: Britain and Russia Compared", in: M. Sasaki and R. Marsh (eds.), *Trust: Comparative Perspectives,* BRILL.

Hollander, P., *Soviet and American Society: A Comparison,* Oxford University Press（寺谷・渡辺訳『アメリカ人とソビエト人：社会学的研究』紀伊国屋書店，1977 年）.

Mironov, A., 2012, "Eshche raz o tom, chto proishkodit s dukhovnoi kul'turou v Rossii", in: *Sotsial'no-gumanitarnye znania,* No. 4.

Romashkina, G., 2012, "Russian Peculiarity of Corporate Culture: A Comparative Analysis by Hofstede's Parameters", in：石川・佐々木・白石・ドリャフロフ編『グローバル化のなかの企業文化：国際比較調査から』中央大学出版部，2012 年。

Sasaki, M., 2012, "Cross-National Studies of Trust among Seven Nationalities", in: M. Sasaki and R. Marsh (eds.), *Trust: Comparative Perspectives,* BRILL.

Simonova, L., 2012, "Trust and Ethic Problems of Doing Business Internationally: The Russian Pecularities", in：石川・佐々木・白石・ドリャフロフ編『グローバル化のなかの企業文化：国際比較調査から』中央大学出版部，2012 年。

Smith, H., 1971, *The Russians,* The New York Times Books（髙田訳『ロシア人』上・下，時事通信社，1978 年）.

Toshchenko, Zh., 2008, "Paradoxes of Economic Consciousness and Behavior" (Paper presented to *the International Conference on Corporate Culture,* Chuo University).

袴田茂樹，1993，『ロシアのジレンマ：深層の社会力学』筑摩書房。

［後記］本章はまず石川が英文で第 1 次草稿を作り，それにドリャフロフとダヴィデンコがコメントを加え，それを踏まえて石川が日本語の最終稿をまとめたものである。

第 6 章
チェコにおける社会的信頼感とその関連要因

石 川 晃 弘

1. 文脈——前提的考察

 ヨーロッパの真ん中に，チェコという国がある。人口は約1,000万人で日本の約8％，面積は80,000平方キロ足らずで日本の20％という，小さな国である。世界には，例えば国連に加盟している国だけで200カ国近くもあるが，そのなかからあえてこの国を取り上げ，そこに住む人びとの社会的信頼感の状況を問おうとするのはなぜか。その場合，どんな文脈でアプローチすれば意義あるといえるか。

 少なくとも2つの文脈をあげねばなるまい。第1に，チェコ社会は過去に社会主義を経験し，1989年に体制転換を遂げ，いまは脱社会主義の社会であるということ，第2に，この社会は過去においても現在においても，宗教離れが顕著な，すぐれて世俗主義的な社会であること，である。

(1) 社会主義—脱社会主義

 チェコをその一部とするチェコスロヴァキアは，第2次世界大戦後の1948年から1989年までの40年余りの間，社会主義体制を布いていた。このことはこの国の社会と人々にどんな信頼関係と信頼感の特徴を刻印したか。そしてそれは，体制転換後の現在において，どんな特徴を表しているか。チェコを取り上げるとすれば，これがひとつのテーマとなろう。

社会主義体制を支えていた共産主義イデオロギーによれば，働く者は搾取と抑圧から解放され，人間としての自由と平等をかちとり，豊かで友愛と信頼に支えられた社会が実現されると説かれていた。しかし同時に，このような社会を実現する前提として，残存する資本主義勢力に対するたえざる警戒とあくなき闘争の必要が強調された。これが人々の間の信頼関係に影を落とした。「階級の敵」とラベリングされることへの怖れ，「監視」されているという不安から，人びとは他者に心を開くのをためらうようになった。こうしたなかで「みんなが自分のことしか考えなくなり，家で子供と話すとき以外は誰とも親しくしないようになった。路上で立ち話をすることさえまわりを気にしなければならなくなった」（石川 2010：67）という状況が地域社会を覆い，人々の間の信頼関係を阻害した。

　また，この体制は人々を失業の恐怖や絶対的貧困から解放したものの，硬直的な官僚制下の計画経済の下で消費物資の供給や行政サービスの提供が日常的に滞り，約束された豊かさは人々にとって到底実感できるものではなかった。さらに，人事や昇進や生活機会のうえで「思想性」と「政治性」が優先され，政府機関は共産党の支配下に置かれ，それとのつながりの有無と強弱が人々の生活機会を大きく制約した。そして社会生活の問題解決においても共産党が介在し，市民間の自主的・自律的行動は制限され統制されて，公的サービスは非効率な行政措置に委ねられていた。人々はこの公的統治システムに不信を抱いた。

　それゆえこの体制は，二重の意味で社会的信頼規範を壊したといわれる。それは第1に，公的統治機構に対する信頼規範の喪失，第2に，人々の間の一般的な私的信頼規範の崩壊である（Matěju and Vitásková 2006：497）。

　公的統治機構への信頼規範と人々の間の普遍的信頼規範の弛緩と崩壊は，社会主義体制崩壊後の今日の社会にどれほど影響を残しているだろうか。表6-1は体制転換後10年近く経った1990年代末に欧米諸地域で行われた市民意識調査の結果から得たものであるが，これによると脱社会主義地域における信頼状況は西欧地域に比べると低位にあり，とくにチェコを含む中欧の順位は低い。

表6-1 欧米諸地域の信頼状況

	1位	2位	3位	4位	5位
対政府	西欧	南東欧（正教系）	バルト海沿岸地域	東欧	中欧
対個人	西欧	東欧	南東欧（正教系）	中欧	バルト海沿岸地域

出所：Brokl and Mansfeldová（2002：226）より作成。

　この中欧諸国の中で，チェコの特殊性をも考慮する必要がある。チェコは社会主義以前の段階において，少なくとも次の2点において他の中欧・東欧諸国とは異なる独自の歴史的経験を経ていた。第1に，先進的な民主主義と市民社会を実現していた点，第2に，一定の経済発展と工業化を達成していた点である。つまり戦前のチェコスロヴァキアは，複数政党による民主的議会政治が行われ，言論・思想・結社の自由が保障され，女性の参政権と社会参加が実現した，ヨーロッパでもトップクラスの民主主義国であった。ところが社会主義体制が布かれてから，権力は共産党とその政府に集中され[1]，議会制度は名目的なものとなり，言論と思想は統制され，結社は許可制となった。このことは他の中・東欧諸国でも同様であったが，チェコスロヴァキア，とくにチェコの場合には戦前に民主主義の制度化と市民社会の発達を経験していただけに，共産党支配下の権力集中と市民的自由の抑圧は，社会主義体制の正当性をいちじるしく損なうこととなった。

　また，社会主義体制の下での中央指令的計画経済は，この国の経済発展を阻害しだした。チェコ，とくにその西部のボヘミア地方は早くから工業化が進み，19世紀第4四半期には中・東欧に広大な範域を占めていたオーストリア・ハンガリー帝国の中で，その工業力全体の4分の3を担っていた。そして1920年代末の国民経済指標によると，チェコスロヴァキアの経済水準は高めにみて世界で10位に位置し，厳密に計算しても当時の先進諸国の中でノルウェー，フィンランド，オーストリアと並んで中間的な位置を占めていた（Machonin 2000：108-109）。ところがそのようなチェコに，後進国ロシアで作られた粗放的工業化戦略が共産党権力によって持ち込まれた結果，経済発展は損な

われ，国民の生活水準は停滞し，1960年代にはマイナスの経済成長率をもたらすに至った。豊かさを約束した社会主義体制の正当性はここでも損なわれることになった。

こうしたチェコ的状況下で，この国の民衆の現存社会主義に対する批判と反感，さらには脱社会主義志向が，他の中欧・東欧諸国と比べて強かったといえる。これは社会主義体制崩壊後に，社会主義体制に替わる新しい政治システムと経済をどう評価するか，つまり，社会主義時代の方がよかったか脱社会主義化した現在の方がよいかという問いに対して，他の脱社会主義諸国に比べて，チェコでは多くの人々が現在の方を肯定している点からも窺える。新体制に入って3年経った時点で行われた世論調査の結果（表6-2）が，これをよく示している。

表6-2 体制転換後の政治と経済に対する肯定的評価者の比率（％）（1993年調査）

	政治システム	経済
チェコ	70	55
ブルガリア	55	25
ハンガリー	43	29
リトアニア	56	39
ルーマニア	68	32
スロヴァキア	57	34
スロヴェニア	71	36
ベラルーシ	35	15
ウクライナ	25	4
クロアチア	42	2

出所：MAGYAR HIRLAP　紙，1993年7月7日。

また，別な調査結果によれば，チェコ人の間で社会主義時代以前に確立されていた第1共和制時代を肯定的に評価する者が約7割を占めるのに対して，社会主義時代に関しては約7割が否定的評価を下している（表6-3）。

要するにチェコでは，脱社会主義が他の中欧・東欧諸国よりも多くの人々によって正当性を与えられたとみることができる。

表 6-3　チェコ人の時代評価（2009 年調査）

	肯定的評価	否定的評価
第 1 共和政時代（大戦間）	69.7	15.8
1948 年～50 年代	13.5	73.7
プラハの春（1968 年）	54.8	34.7
1968 年 8 月～80 年代	21.0	70.6
1989 年末～現在	59.9	38.9

出所：Šubrt（2010）

　しかしこれが，社会主義体制崩壊後において信頼状況の回復ないし醸成をもたらしたかどうかは，別問題である。1998 年の国際比較調査によれば，チェコは政府に対する信頼の水準が西欧はおろか中欧の平均水準と比べても低く，また，他人に対する信頼は，中欧の平均水準よりもやや高いとはいえ，西欧に比べるとかなり低い水準にある（Brokl and Mansfeldová 2002：239）。ここで問題となるのは，信頼水準のこの低さが，社会主義体制下で生きた世代がその価値態度を脱社会主義の社会においても持ち続けていることによるのか，また，若い脱社会主義世代もその価値態度を継承していることによるものなのか，という点である。そうだとすれば，チェコにおける「信頼」を問題として取り上げようとするうえで，「世代」を変数とした分析が要請されてくる。

　さらに，体制転換は人々の就労条件と生活条件をも大きく変え，新しい「成功者」と「敗北者」とを生みだし，人々の間で経済的・社会的格差を拡大し，市場経済に対応した社会的階層構造を作り出した。政治システムや行政機構に対する，そして他人に対する信頼の低さは，階層分化した人々の中のどの層によってもたらされているのか。この点を分析の視野に入れるとすれば，「職業」と「収入」を変数として取り上げる必要があろう。

(2)　宗教性―世俗性

　以上で「社会主義―脱社会主義」という文脈の意義に触れてきたが，もうひとつ，チェコにおける信頼状況を観察するさい，チェコ特有の宗教事情を考慮に入れ，「宗教性―世俗性」という軸からのアプローチが意義を持つと思われ

る。

　ポーランド，ハンガリー，スロヴァキアという近隣の国々では，カトリック信者が国民の多数を占めており，とくにそれはポーランドにおいて顕著である。ところがチェコでは無信仰人口が国民の過半数どころか，6割以上を占めている。ISSP 2005 年調査によれば，ヨーロッパ諸国における無信仰者の比率はキプロス 0％，アイルランド 3％，ポーランド 7％，ノルウェー 10％，スペイン 11％，デンマーク 12％，フィンランド 14％，スイス 15％，スロヴェニア 18％，ハンガリー 23％，ベルギー 24％，スウェーデン 28％，リトアニア 34％，ドイツ 34％，英国 42％，フランス 42％であるが，チェコは 61％で，調査対象となったヨーロッパ諸国の中で群を抜いている（Nespor 2010：207）。この調査にはスロヴァキアが入っていないが，ちなみにスロヴァキアにおける無信仰者の比率は，2004 年現在で 9.7％である。

　チェコで宗教無信仰者が多い理由は，しばしばチェコ民族の歴史的経緯から説明される。

　チェコではマルチン・ルーターの宗教改革に先駆けること 100 年も前の 15 世紀の初めごろに，ヤン・フスがカトリック教会の腐敗を批判しキリスト教の真髄に帰ることを説いて，多くの信者を惹きつけた。そしてフスの火刑による死の後，信者は教団を結成して中欧各地に布教活動を展開しただけでなく，チェコおよびスロヴァキアの地域に万人平等のコミューンを打ち立てて新しい社会の建設に取り掛かった。これに対して旧体制の維持に利益づけられたオーストリアの権力とチェコ国内の保守勢力はカトリック教会を支持して弾圧をもって臨み，ついにフス主義者の運動は壊滅した。チェコではフスは民衆の指導者として，いまでも国民的英雄とみなされており，1992 年の調査によればその人気度はトーマス・G. マサリク（チェコスロヴァキア共和国初代大統領），カレル 4 世（中世ボヘミア王国の栄光を築いた国王であり，同時に神聖ローマ帝国皇帝），エドワルド・ベネシュ（チェコスロバキア共和国 2 代目大統領）に次いで，4 位にランクされている（Holy 2001：121）。

　また，チェコ史上，最も重要な時期はいつだったかという質問に対し

て，1946 年の世論調査ではフスの時代（1419-1437）という回答がいちばん多く（2 番目はカレル 4 世の時代，3 番目は現在（1945-46））であり，1968 年の世論調査でいちばん多かった回答は第 1 共和政時代（1918-1938），そして 2 番目に多かったのはフスの時代で，3 番目はカレル 4 世時代である（Šubrt et al. 2010）。フスとその時代はチェコ人にとって，チェコ民族の歴史の中できわめて大きな位置を占めているといえる。

しかしフス運動が壊滅させられた後，チェコの民衆の中に広がったのは宗教的アパシーであった。そのアパシーにイデオロギー的根拠を与えたのが 19 世紀の「チェコ民族再生への覚醒」運動であり，その先駆的イデオローグはフスとその後継者たちによるチェコの宗教改革をチェコ史の頂点とみなし，そこにチェコ精神の世界史的な意義を見出した（石川達夫 2010：367）。そしてその民族再生の精神過程において，「ローマ離れ」とカトリック教会拒否が促された（Nešpor 2010：207-210）。これに物質的基盤を提供したのが，19 世紀後半からの工業化と近代化であり，それに促されての世俗的価値に基づく生活態度であった。

第 2 次大戦後に布かれた社会主義体制を宗教離れと世俗化の主因とみることは，必ずしも妥当ではない。たしかに共産主義イデオロギーでは「宗教は麻薬」とされ，それの排斥が思想的にも政策的にも追求されたが，カトリック教の牙城をなしていたポーランドだけでなく，ハンガリーやスロヴァキアなど，チェコに隣接する中欧諸国では，宗教抑圧が行われたにもかかわらず人々の宗教離れはそれほど広がっていない。チェコにおける宗教離れと世俗化は，もっと深く歴史に根ざしているといえる。

このようなチェコ特有の宗教離れと世俗的生活態度の広がりは，人々の信頼関係にどのような特徴を与えているか。チェコにおける信頼の状況を探るさい，この「宗教性—世俗性」という文脈からの理解も，意味を持つと思われる。

2. 分　　析

⑴　方　　法

　以上の前提的考察をふまえて，本章では，「世代」「職業」「収入」「宗教」を戦略的変数として取り上げ，付帯的変数として「性別」と「学歴」を加え，信頼感を関数として分析してみる。分析の素材は，2010年に実施された「グローバル化時代における『信頼感』に関する実証的国際比較研究」（研究代表者：佐々木正道教授）の中のチェコ調査データである。サンプル数はチェコ国民の成人981人である。

　このサンプルを上の諸変数ごとにカテゴリー分けして，その構成を示しておく。

　世代については，調査時点でのサンプルの年齢によって次の4つのカテゴリーに分ける。

　1．20－29歳：この年齢層はほぼ1980年代に生まれ，10歳代で社会主義体制の崩壊を体験し，脱社会主義下で青春時代を過ごしてきた。これを「脱社会主義世代」とよぶ。

　2．30－44歳：この層は社会主義時代に青春時代を過ごし，働き盛りの時期を社会主義崩壊後の新時代で送っている。「過渡期世代」とよぶ。

　3．45－59歳：この層はすでに社会主義時代に働き盛りの一定の時期を過ごし，体制転換後，年齢的に社会の中堅層をなしてきた。彼らが過ごした社会主義時代とは，「プラハの春」（1968年）のあとの「正常化」の時期と重なる。「社会主義後期世代」とよぶ。

　4．60歳以上：この層の主な部分は人生の主要な部分を社会主義時代に過ごし，現在は年金生活に入っている。社会主義体制を身をもって体験してきた世代である。「社会主義前期世代」とよぶ。

　サンプル中の各カテゴリーの比率は，「脱社会主義世代（20－29歳）」

20.3％，「過渡期世代（30－44歳）」27.9％，「社会主義後期世代（45－59歳）」27.6％，「社会主義前期世代（60歳以上）」24.2％，となっている。

職業は次の7つのカテゴリーに分ける。

1．「自営業主・家族従業者」層は社会主義時代にはほとんど存在せず，体制転換による市場経済導入の下で急増した。ここには農業従事者や商工業従事者のほかに，専門的自由業者も含まれる。

2．「管理職，専門・技術職」は企業や公共機関の中で上級に位置する雇用者層である。現体制の中核を担っている層といえる。

3．「事務職」は企業や公共機関の組織の中で中間層をなす。

4．「労務職」はかつて「労働者階級」の中核部隊として「社会主義社会の主人公」と謳われていたが，社会主義体制崩壊後はその威信と経済的地位は揺らぎ低下した。

5．「無業者」は専業主婦，学生，失業者など，異質なグループからなる。

6．「年金生活者」はさきにあげた「社会主義前期世代」と重なる。社会主義体制崩壊後，年金生活は不安定になった。

7．「その他」は分析対象からはずす。

これらのカテゴリーのサンプル構成は，「自営業主・家族従業者」10.6％，「管理職，専門・技術職」10.9％，「事務職」12.4％，「労務職」27.5％，「無業者」12.0％，「年金生活者」25.3％，「その他・無回答」1.3％となっている。

収入は家族の年収の相対的な高さから次の4つのカテゴリーに区分する。

1．「低所得層」（130,000 コルナ以下）

2．「準低所得層」（130,001－230,000 コルナ）

3．「中所得層」（230,001－350,000 コルナ）

4．「高所得層」（350,001 コルナ以上）

サンプル中に占める各カテゴリーの比率は，「低所得層」12.8％，「準低所得層」19.3％，「中所得層」19.9％，「高所得層」17.7％で，残りの％は回答拒否または無回答である。

宗教に関しては，宗教信仰者と無信仰者とに大別する。サンプル中，無信仰

者が74.8%を占め，信仰者25.2%を大きく上回っている（ちなみに宗教信仰者の中の83.4%はカトリック信者で，プロテスタントは7.7%である）。信仰者と無信仰者の客観的個人属性の異同を把握するとともに，両者間で社会的信頼感にどんな差があるかを探ることが，後の分析の課題になる。

なお付帯的変数として取り上げるもののうち，**性別**の構成比は男性48.8%，女性51.2%であり，**学歴**は4つのカテゴリーに区分し，それぞれの比率は「低学歴：中学校未了または修了」17.5%，「準中学歴：高等学校未了」40.0%，「中学歴：高等学校修了」28.0%，「高学歴：高専・大学・大学院修了」14.1%である（「その他」と無回答はあわせて0.4%）。

以上の変数に対して関数として取り上げるのは，政府に対する制度的信頼感と，他人に対する人格的信頼感の2つである。

政府に対する信頼感は，調査票の設問5「次にあげる事柄について，あなたはどの程度，信頼できると思いますか」の中の「d. 政府」に関する回答分布から測定する。回答選択肢は「非常に信頼できる」「ある程度信頼できる」「あまり信頼できない」「まったく信頼できない」「わからない」の5つからなり，その回答分布は表6-4のようになっていて，信頼感は概して低いといっていい。

表6-4 政府に対する信頼感

	回答比率（%）
非常に信頼できる	2.2
ある程度信頼できる	27.3
あまり信頼できない	37.9
まったく信頼できない	29.7
わからない	2.9
合　計	100.0

統計処理においては「わからない」と無回答を除く。測定においては「非常に信頼できる」を+2点，「ある程度信頼できる」を+1点，「あまり信頼できない」を-1点，「まったく信頼できない」を-2点として加重平均を求め，そ

の結果を2で除した。したがって範囲は+1から-1までとなる。
　他人に対する信頼感は3つの設問に対する回答の総合点で測定する。
　ひとつは設問6「たいていの人は，他人の役にたとうとしていると思いますか，それとも自分のことだけを考えていると思いますか」で，回答のうち「他人の役にたとうとしている」を+1点，「自分のことだけを考えている」を-1点，「その他」と「わからない」と無回答を非該当として除く。
　もうひとつは設問7「他人は，機会があれば，あなたを利用しようとしていると思いますか，それともそんなことはないと思いますか」で，回答のうち「他人は機会があれば自分を利用しようとしていると思う」を-1点，「そんなことはないと思う」を+1点とし，「その他」と「わからない」と無回答は分析非該当として除く。
　残りのひとつは設問8「あなたは，たいていの人は信頼できると思いますか，それとも，用心するにこしたことはないと思いますか」で，回答のうち「信頼できる」を+1点，「用心するにこしたことはない」を-1点とし，「その他」「わからない」無回答を非該当として分析から外す。
　ちなみにこれら3つの設問における回答のうち，「そう思う」とする者の比率をみると表6-5のようになっており，どの設問においても信頼感が低く出ているといえる。

表6-5　他人に対する信頼感

	「そう思う」の%
たいていの人は他人の役にたとうとしている。	19.3
他人は機会があれば自分を利用しようとしている。	51.9
たいていの人は信頼できる。	22.3

　ところで，これら3つの設問への回答分布の間の関係をピアソンの相関係数から探ってみると，有意確率（両側検定）が.000で，明らかに有意に相関していることがわかった。したがってこの3つを統合して「他人に対する人格的信頼感」の尺度を構成する。手順としては，3つの設問それぞれの得点（+1か-1か）を合計して（理論的には+3から-3までの間に分布する），それを最高+1

点，最低−1点に計算しなおす。これによって各サンプルの得点は+1点から−1点までの範囲内に分布することになる。つまり，理論的には信頼感の最高水準が+1.000，最低水準が−1.000となる。

以下の分析では，まずは先にあげた6つの変数とこれら2つの関数から社会主義体験との関連を探ること，次いで宗教信仰との関連を追究することが，課題となる。

(2) 世代と信頼感

社会主義時代と脱社会主義時代とに着目して4つの世代を設定し，世代の違いによって信頼感の水準に差があるかどうかをみてみる。

世代別に政府に対する信頼感と他人に対する信頼感の水準を，−1.000（最低）～+1.000（最高）の範囲で示すと，表6-6のようになる。

表6-6 世代別にみた信頼感の水準（範囲：−1.000～+1.000）

	対政府	対他人
20−29歳（脱社会主義世代）	−.347	−.484
30−44歳（過渡期世代）	−.298	−.445
45−59歳（社会主義後期世代）	−.345	−.487
60歳以上（社会主義前期世代）	−.363	−.431

これをみると，どの世代でも政府に対する信頼感と他人に対する信頼感はともに低く（.000を下回っている），とくに他人に対する人格的信頼感が低い。人々は政府に対して不信感を持っているが，それ以上に他人に対する不信感が顕著である。

世代別にみると，60歳以上（社会主義前期世代）では政府に対する不信感は最も高いが，他人に対する不信感は最も低い。これに対して10歳代から25歳代前半の多感な時期に体制転換を経験した過渡期世代では，政府に対する不信感は他の世代層よりも低い一方，他人に対する不信感も相対的に低い。しかしそれよりも若い脱社会主義世代になると，政府に対する不信感も他人に対する不信感も，また高くなる。

表6-7　個人属性と信頼感との相関関係（有意確率）

	対政府		対他人	
	相関分析	回帰分析	相関分析	回帰分析
年齢・世代	.531	.452	.678	.329

世代間ではこのような差がみられるものの，その差はかならずしも顕著に大きいとはいえない。ピアソン相関分析と回帰分析によって世代の違いと対政府および対他人信頼感の水準との間の相関関係を統計的に検定してみると，有意差はみとめられない（表6-7参照）。

(3) 世代以外の個人属性との関連

次に世代以外の個人属性からみてみよう。表6-8から次の点がみてとれる。

表6-8　世代以外の個人属性別にみた信頼感の水準（範囲：-1.000～+1.000）

	対政府	対他人
男　性	-.353	-.516
女　性	-.321	-.411
低学歴	-.428	-.549
準低学歴	-.383	-.539
中学歴	-.326	-.392
高学歴	-.119	-.251
低所得層	-.416	-.527
準低所得層	-.336	-.489
中所得層	-.331	-.486
高所得層	-.243	-.373
自営業主・家族従業者	-.337	-.570
管理職，専門・技術職	-.121	-.366
事務職	-.269	-.340
労務職	-.435	-.553
無業者	-.263	-.341
年金生活者	-.391	-.463

1．性別にみると，女性よりも男性の方が不信感を持っている。

2．学歴別にみると，両者に対する不信感の程度は学歴水準にみごとに沿っており，低学歴層ほど高く，高学歴層では低い。
3．収入別にみると，これも所得水準の高さに沿っており，不信感は低所得層ほど高く，高所得層ではそれほどでもない。
4．職業別では，政府に対する不信感がとくに高いのは労務職，次いで年金生活者であり，他人に対する不信感が高いのは自営業主・家族従業者と労務職である。市場経済化した新しい経済社会の中で単独で激しい競争場裏にある自営業者の対人不信感は，とくに高いようだ。反対に政府に対しても他人に対しても相対的に不信感が低いのは，組織体の中で上級ないし中間の地位を占める管理職，専門・技術職，事務職である。無業者もそれが低いが，これは主婦，学生，失業者など雑多な部分からなるので，特徴づけがむずかしい。

念のため，ピアソン相関分析と回帰分析によってこれらの個人属性と対政府および対他人信頼感の水準との間の相関関係を統計的に検定してみると（回帰分析の変数には世代も入れてある），表6-9にみるように，結局，有意な相関がみられるのは学歴ということになる。

表6-9 個人属性と信頼感との相関関係（有意確率）

	対政府		対他人	
	相関分析	回帰分析	相関分析	回帰分析
性別	.432	.481	.046	.234
年齢・世代	.531	.452	.678	.329
学歴	.000	.000	.000	.000
収入	.023	.236	.111	.664

ところでピアソン相関分析によって個人属性間の相関を探ると，ここでは表を示さないが，学歴は年齢・世代，職業，収入と.001の確率で相関している。したがって，年齢・世代，職業，収入における信頼感水準の違いは，学歴差に還元されるとみていい。つまり若い層ほど，上層職業従事者ほど，高所得者ほど学歴が高い。そして学歴が信頼感の高さと最も直接的に結びついているとい

える。

「社会主義—脱社会主義」という軸で世代を区分し，世代間で信頼感の水準に差があるかもしれないという予想は，先の表6-6の数値から多少当たっているようにみえたが，より決定的な差は学歴の違いにあることがここで確認された。また，脱社会主義の現在においてどんな職業に属し，どの程度の収入を得ているかということでも信頼感の差がみとめられるが，この場合でもより決定的なのは学歴である。

(4) 宗教的信仰の有無と信頼感

次に「宗教信仰—無信仰」という軸での分析をしてみる。

先に触れたように，チェコは宗教的信仰を持たない人の比率が高い点で，ヨーロッパでトップクラスの国である。この国で宗教的信仰を持つ者と持たない者との間で，信頼感の高さにどんな差があるか。

回答者に関して，信頼感の水準を−1.000（最低）から+1.000（最高）の範囲で示すと，表6-10のようになる。信仰者も無信仰者もその数値が0.00を下回っていて，両者ともに政府に対しても他人に対しても不信感を抱く者が多いことがわかるが，その不信感の度合いは無信仰者のほうが大きい。チェコ社会では宗教離れが顕著であるが，とりわけ宗教離れしている者の間で不信感が広がっており，とくに他人に対する不信感が大きい。

表6-10 宗教的信仰の有無別にみた信頼感の水準（範囲：−1.000〜+1.000）

	対政府	対他人
宗教信仰者	−.297	−.417
無信仰者	−.350	−.474

しかしこの信頼感の水準における信仰者と無信仰者との間の差は，ピアソンの相関係数でみると有意ではない。表6-11にみるように，それは有意確率からは確認できない。無信仰者のほうが不信感は高いといっても，それは統計的検定では表れないほどの差だとみられる。

表6-11 ピアソン相関係数における有意確率（両側検定）

	対政府	対他人
宗教信仰の有無	.246	.345

ちなみに表6-12から無信仰者の比率をみると，性別では男性，年齢別では若年層，学歴別でみると中・高学歴層，収入では高所得層，それにもかかわらず職業でみると労務職で高い。反対に信仰者の比率が高いのは，女性，高齢層，低学歴層，低所得層，年金生活者であるが，それでもこれらの層の信仰者比率は50%に満たない。

これらの個人属性と宗教的信仰の有無との相関関係を3つの統計的手法で

表6-12 個人属性別にみた宗教信仰者と無信仰者の比率（%）

	宗教信仰者	無信仰者	計
男　性	19.8	80.2	100.0
女　性	30.3	69.7	100.0
20−29歳	15.1	84.9	100.0
30−44歳	20.1	79.9	100.0
45−59歳	25.6	74.4	100.0
60歳以上	39.1	60.9	100.0
低学歴	30.2	69.8	100.0
準低学歴	24.0	76.0	100.0
中学歴	23.4	76.6	100.0
高学歴	24.5	75.5	100.0
低所得層	34.1	65.9	100.0
準低所得層	29.3	70.7	100.0
中所得層	26.5	73.5	100.0
高所得層	15.0	85.0	100.0
自営業主・家族従業者	20.4	79.6	100.0
管理職，専門・技術職	22.4	77.6	100.0
事務職	20.5	79.5	100.0
労務職	17.4	82.6	100.0
無業者	20.3	79.7	100.0
年金生活者	41.9	58.1	100.0

探ってみると，表6-13が得られる。これによれば，宗教信仰の有無と有意に相関しているのは性別，年齢・世代，収入で（職業は順序尺度といえないのでここでの分析から外した），学歴は有意な相関を示していない。学歴差は他の属性ほど宗教信仰の有無とは関係していないとみられる。

表6-13 個人属性と宗教信仰者・無信仰者との相関

	カイ二乗検定漸近有意確率	ピアソン相関係数近似有意確率	重回帰分析有意確率
性　別	.000	.000	.001
年齢・世代	.000	.000	.000
学　歴	.376	.244	.593
収　入	.001	.000	.018

先の分析結果では，信頼度の水準に最も強く関係しているのは学歴であった。しかし上でみたように学歴は統計的にいって宗教的信仰の有無とあまり関係していない。また，信仰者と無信仰者の間には信頼感水準に多少の差がみとめられるとしても，それは統計的には有意な差ではない。したがって，信頼感の水準と宗教信仰の有無とは，一応別次元のものであるとみられる。そうだとすれば，チェコ社会の宗教離れと世俗主義は，かならずしも政府に対する制度的信頼感や他人に対する人格的信頼感を，とくに低めても高めてもいないといってよいだろう。

3. 総　括

本章ではチェコにおける社会的信頼感の特徴を，「社会主義―脱社会主義」と「宗教信仰―無信仰」という2つの文脈で捉えようとした。

まず，「社会主義―脱社会主義」の文脈では，先行研究によれば，本稿の没頭部分で触れたように，社会主義体制は人々の政治行政システムに対する信頼規範と対人的な信頼規範を崩壊させたこと，実際，社会主義体制を経験した中欧・東欧地域では現在でも社会的信頼の水準が西欧に比べて低いことが示され

ている。われわれの調査（佐々木正道主幹）では中欧・東欧地域からチェコをとりあげているが，その調査結果によれば，さきにみたように，政府に対しても他人に対しても，信頼感を持つ者よりも不信感を持つ者のほうが顕著に多い。

　これは社会主義体制の負の遺産といえるか。われわれは当初，人生の大半において社会主義体験を持つ世代とその後の世代とでは，信頼感の水準において差異があるかもしれないという仮説を用意した。そしてサンプルを社会主義前期世代，社会主義後期社会，過渡期世代，脱社会主義世代に区分して，信頼感の水準を測定してみた。ところが統計的に観察してみると，世代の違いと信頼感の水準との間には有意差が見出せなかった。したがって，社会主義を体験した世代が不信感を大きく引きずっていて，それが現在のチェコにおける不信感の高さを支えているとはいいがたい。ちなみに職業別にみると，むしろ体制転換後に出現した自営業主・家族従業者層において，とくに他人に対する不信感が顕著に表れている。

　職業別にみて不信感の水準が相対的に低いのは，企業や公共機関の組織内にあって管理職や専門・技術職や事務職に就いている人たち（逆にそれが高いのは労務職）であり，また，収入の高さからみると高所得層ほど不信感の水準は低い。脱社会主義の新体制下においてそれに比較的成功裏に適応し，良好な安定した就業と生活を確保している層において，不信感が高くないとみられる。そうだとすれば，不信感の水準は，世代の違いよりもむしろ，現在の社会経済的地位の如何に関係しているといえよう。

　だがその社会経済的地位の如何は，学歴の高さによって媒介されているといえる。たしかに職業や収入の違いで信頼感の水準に差がみられるが，それがもっと顕著に表れているのは学歴の違いにおいてである。しかも信頼感の水準の高さを関数としてそれに有意に相関する変数を探ると，浮かび上がるのはまず学歴である。つまり，脱社会主義の現在においてどんな職業に属し，どの程度の収入を得ているかということでも信頼感の差がみとめられるとはいえ，より決定的なのは学歴の高さだといえる。

次に「宗教信仰―無信仰」の文脈で信頼感の水準を検討してみると，信仰者と無信仰者との間で信頼感の水準に多少の差が認められるものの，統計的に検定してみると，両者の間には有意な相関は見出せない。つまり，宗教信仰の有無と信頼感の高さとはあまり関連がないとみてよい。先にみたように，信頼度の水準に最も強く関係しているのは学歴であるが，統計的な検定によれば学歴と宗教的信仰の有無とはあまり相関していない。したがって，信頼感の水準と宗教信仰の有無とは，一応別次元のものだとみなしてよいだろう。そうだとすれば，チェコの人々の信頼感の低さは，チェコ社会に特徴的な宗教離れと世俗主義的生活態度から派生しているものとはみとめがたいといえる。いいかえると，チェコの人々の政府に対する制度的信頼感も他人に対する人格的信頼感も，宗教的信仰の有無とは別な要因によってかなり規定されているとみてよい。その主なものは，われわれの分析結果からすると，学歴水準である。不信感はとくに低学歴層において顕著であり，また，これと関連して，職業別にみると労務職において多くみられる。

1) 形式的には他の政党も存在を許されたが，その条件として「共産党の指導的役割」を認めなければならなかった。

参 考 文 献

Brokl, Lubomír and Zdenka Mansfeldová, 2002, "Místo České republiky v demokratické Evropě", in: Z. Mansfeldová a M. Tuček (eds.), *Současná česká společnost: Sociologické studie,* Prague: Sociologický ústav AV ČR.

Holy, Ladislav, 2001, *Malý český člověk a velký český národ: Národní identita a postkomunistická transformace společnosti,* Prague: Sociologické nakladatelství.

Machonin, Pavel, 2000, "Modernization Theory and the Czech Experience", in: L. Mlcoch. P. Machonin, and M. Spojka (eds.), *Economic and Social Changes in Czech Society after 1989,* Prague: The Karolium Press.

Mateju, Peter and Anna Vitásková, 2006, "Interpersonal Trust and Mutually Beneficial Exchanges: Measuring Social Capital for Comparative Analyses", *Sociologický časopis / Czech Sociological Review,* Vol. 42, No. 3.

Nešpor, Zdeněk R., 2010, "Jsou Češi skutečně nevěřící? 'Ateistický' národ v sekularizované Evropě a v náboženském světě", H. Maříková, T. Kostelecký,

T. Lebeda a M. Škodová (eds.), *Jaká je naše společnost?* Prague: Sociologické nakladatelství.

Šubrt, Jiří, 2010, "Public Opinion Research on Social Change in the Czech Republic since November 1989", Power point materials for the 3rd Annual Sociology Week on Central East Europe at Soochow University, Taipei, June 2.

Šubrt, Jiří, Jiří Vinopal, and Martin Vávra, (2010), "The Czechs and Their History: A Contribution to the Study of Historical Consciousness", prepared as part of work on the project 'A Sociological Study of the Historical Consciousness of the Population of the Czech republic' GAČR 403/09/0862.

石川晃弘（2010）「住民生活の変容と地域社会の再編成」石川晃弘，リュボミール・ファルチャン，川崎嘉元編著『体制転換と地域社会の変容―スロヴァキア地方小都市定点追跡調査―』中央大学出版部。

石川達夫（2010）『チェコ民族再生運動』岩波書店。

第 7 章

Trust of Nations on Cultural Manifold Analysis (CULMAN): Sense of Trust in Our Longitudinal and Cross-National Surveys of National Character

Ryozo Yoshino

1. Introduction

The objective of this paper is to study the variability of peoples' basic social values as reflected in data from our past surveys on national character over the past six decades. Among other issues, I focus on trust systems in order to explore what aspects of sense of trust are stable and what aspects are variable longitudinally in accordance with economic or political conditions. The background and the significance of this study are as follows.

The last two decades have witnessed a rapid global change that has led us to the destruction of the traditional world order and the chaos before the construction of a new order. Japan has struggled with recession in a period called the "lost decade," which eventually lasted much longer because of the crisis emerging from various domestic and international problems including the housing loan problem in the U.S.A. On the other hand, several military or political conflicts have been occurring in certain areas.

Each nation and race has its own culture, social values and ways of thinking, which underlie its system of economy, politics, social life, etc. I believe that mutual understanding of these aspects with respect to each nation is the key to the peaceful development and economic prosperity of the world (Yoshino, 2005a, 2005b, 2012). We ought to encourage people to adopt the kinds of social values that are tolerant of their manifold variety and differences at the global level.

The Institute of Statistical Mathematics (ISM) has been conducting a longitudinal nationwide social survey on the Japanese national character every five years since 1953, using mostly the same questionnaire items (Hayashi, 1993; Mizuno et al., 1992, Sakamoto, et al., 2000). By the term "national character," we intend to mean characteristics reflected in people's response patterns in questionnaire surveys (cf. Inkeles, 1997). This survey is a type of general social survey, so the questionnaire covers various aspects of people's opinions about their culture, daily life, economy, education, environment, interpersonal relationships, politics, religion, security, etc. (See http://www.ism.ac.jp/kokuminsei/ks_e/index_e.html)

This survey research was started to establish a scientific system of public opinion poll based on a statistical sampling theory introduced from the USA immediately after the World War II, and in order to clarify the Japanese national character. Although the sampling theory itself had been already invented by the Japanese statistician, Toyojiro Kameda, as early as in 1924, it was not linked to the development of public opinion poll in the post-WWII democracy in Japan. Instead, Japanese researchers used some textbooks from the USA to invent a practical sampling method adapted to Japan. The system of public opinion poll must have been important at the postwar time when Japan was expected to change from a military regime to a democratic country (Yoshino, 1994, 2005a).

It is said that, stimulated by this survey, some now well-known surveys such as European Values Survey, Eurobarometer , and the General Social Survey (GSS) of USA have started. Currently, many countries have been carrying out similar time series surveys, such as Allbus in Germany, Credoc in France, World Values Survey (Abramson & Inglehart, 1995), and so forth.

Since 1971, the Japanese national character survey has been expanded to cross-national surveys for a more advanced understanding of the Japanese national character in the context of comparative study (Hayashi, 1973). Selecting items of those nationwide surveys, we designed our questionnaires to compare peoples' social values, their ways of thinking and their feelings, and more explicitly: their cultural identities; interpersonal relationships; religious attitudes; and social values with respect to science and technology, politics, the economy, social security, freedom of speech, leadership, etc. These aspects may yield psychological distances between nations or cultures which are evidenced in certain response patterns. Based on statistical survey data on these aspects, our research team has been attempting to clarify peoples' attitudes and values as well as the characteristics of their civilizations quantitatively. Our final goal is to develop a behaviormetric study of civilizations through social survey data as a branch of social science so that it will give us fundamental information for the peaceful development of the world (Hayashi, 1993, 2001a; Hayashi et al., 1998; Yoshino, 2000, 2001a, 2005a, 2005b, 2007a, 2007b).

In order to be considered a scientific study, the cross-national survey must overcome multi-faceted methodological problems. First of all, it is a difficult task to scientifically compare responses collected under different conditions. Since different countries use different languages and may utilize different statistical sampling methods, there is no a priori knowledge as to how these varying conditions influence peoples' responses even in cases where there is no substantive difference between the peoples.

Thus, an important problem for our study is to investigate those conditions under which meaningful **cross-national comparability** of social survey data is guaranteed. This problem involves many analytical and methodological sub-problems. Among others, they are concerned with 1) translation (i.e., the same questionnaire items must be written in different languages), 2) comparison of data sets collected by different sampling procedures used in different countries, 3) characterization of the nations (i.e., in which aspects and to what degree certain nations are similar or dissimilar to others), and 4) the description of nations in terms of common logic, rather than logic particular to a certain nation. These sub-problems are complementary in the sense that solutions of these problems are related to each other. Some findings have been reported in our past publications (C. Hayashi, 2001b; F. Hayashi & Yamaoka, 2002; Yoshino, 2001c, 2007a, 2007b; Yoshino, Hayashi, & Yamaoka, 2010).

We have taken a step forward, however small it might be, toward a scientific foundation of cross-national comparison with our established methodology for the mutual understanding of peoples all over the world; for prediction of mass behavior of a certain nation in response to a particular event; prediction of the political determination of a particular nation in international relations; scientific understanding of the rise and fall of civilizations; and investigation of an ideal condition in Japan and the world for the development and maintenance of world peace.

The composition of the remainder of this paper is as follows. In Section 2, an explanation of our paradigm called the "cultural manifold analysis" is presented. Section 3 reviews the past studies on trust. In Section 4, I summarize some aspects of fundamental social values of the Japanese and their sense of trust as identified in our longitudinal survey of the Japanese national character. In Section 5, I present a cross-national comparative analysis of trust and some social values as explored through our past surveys. This considers also the Japanese immigrants in Brazil, Hawaii, and the U.S. West Coast. Finally, Section 8 presents some comments for our future research.

2. From Cultural Linkage Analysis (CLA) to Cultural Manifold Analysis (CULMAN)

The early years of our survey research has invented a paradigm called "cultural linkage analysis (CLA)" (Yoshino & Hayashi, 2002). The idea is roughly as follows.

In our search for conditions which can guarantee meaningful cross-national comparability of social survey data, we decided that beginning our study by a comparison of two nations (or social groups) which have some similarity and some dissimilarity would have more meaning than attempting to begin from a comparison of two totally different nations (or social groups). Then, our task is to investigate in what aspects and to what degree the peoples of the nations (or social groups) involved are similar or dissimilar to each other.

Our cross-national survey was started with the comparison of the Japanese in Japan with Americans of Japanese ancestry in Hawaii (Honolulu residents) in 1971.

See Table 7–1 for a partial list of our past cross-national surveys. Some of those nations or areas share certain common features such as race or language. Therefore, they provide meaningful links for comparison. Extending the chain of links may eventually make a chain of global cross-

Table 7-1 List of Past Main Surveys on National Character by ISM

1953 – present Japanese National Character Survey (every five years)

1971   Americans with Japanese ancestry in Hawaii
1978   Honolulu Residents, Americans in the Mainland
1983   Honolulu Residents
1988   Honolulu Residents

1987–1993 **Seven Country Survey**
1987   Britain, Germany & France
1988   Americans in the mainland of U.S.A, the Japanese in Japan
1992   Italy
1993   The Netherlands

Recent Overseas Japanese Survey
1991   Japanese Brazilians in Brazil
1998   Americans with Japanese ancestry in the U.S. West Coast.
1999   Honolulu Residents in Hawaii

2002–2005 **East Asia Values Survey (EAVS)**
Japan, China [Beijing, Shanghai], Hong Kong, Taiwan, South Korea, & Singapore

2004–2009 **Pacific-Rim Values Survey (PRVS)**
Japan, China [Beijing, Shanghai], Hong Kong, Taiwan, South Korea, USA, Singapore, Australia & India

2010–2014 (ongoing) **Asia-Pacific Values Survey (APVS)**

Japan, China [Beijing, Shanghai], Hong Kong, Taiwan, South Korea, USA, Singapore, Australia, India & Vietnam

Note 1. All of these are face-to-face surveys based on nationwide statistical random sampling data, except for Hawaii, Brazil, Mainland China, [Beijing and Shanghai urban areas only], Australia [Queensland, New South Wales, & Victoria], and India [10 major cities].
Note 2. Although the Japanese title of the survey project 2004–2009 literally means the Pacific-Rim Values Survey, the title "The Asia-Pacific Values Survey" was occasionally used for the project in the past English publication, because it covered not only Pacific-Rim Area but India. From now on, we designate the Pacific-Rim Values Survey (effectively 1st round of the Asia-Pacific Values Survey) for the 2004–2009 project and the Asia-Pacific Values Survey for the 2010–2014 project (effectively 2nd round the Asia-Pacific Values Survey).
Note 3. See the following ISM Website. http:///www.ism.ac.jp/ism_info_e/kokuminsei_e.html

Figure 7-1a An Example of Temporal Linkage

Each temporal chart covers each time, and all charts make a longitudinal linkage of time series comparison. Each chart may correspond to a certain set of items to study.

A Longitudinal Survey on "Japanese National Character"

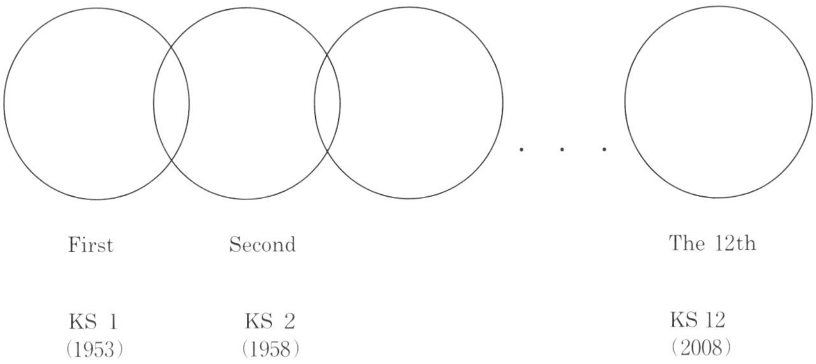

First / Second / ... / The 12th

KS 1 (1953)   KS 2 (1958)   KS 12 (2008)

national comparison.

Developing the idea of spatial comparison for temporal and thematic comparison, CLA eventually includes the following three subjects: a **spatial** link as described above (Figure 7–1b(a)), a **temporal** link inherent in longitudinal analysis (Figure 7–1a), and an **item-structure** link inherent in the commonalities and the differences in item response patterns within and across different cultures (Figure 7–1b(b)) (Yoshino, 2005a). This is the basic idea of cultural linkage analysis invented by Chikio Hayashi around 1978.

Succeeding Hayashi's works, Yoshino (2005a) and his colleagues are developing a paradigm called "**cultural manifold analysis (CULMAN)**", which introduces *hierarchical structures* into the three types of links of CLA (Figure 7–2).

The concept of "manifold" is originally from geometry: a map of the globe (the earth) consists of a set of local charts, where each local chart

Figure 7-1b An Example of Spatial Linkage

Extension of local paired-comparisons will leads to a global comparison.

Hawaii Residents

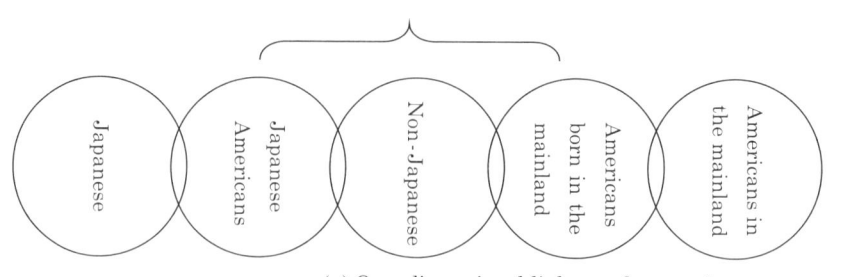

（Japanese）（Japanese Americans）（Non-Japanese）（Americans born in the mainland）（Americans in the mainland）

(a) One-dimensional linkage of comparison

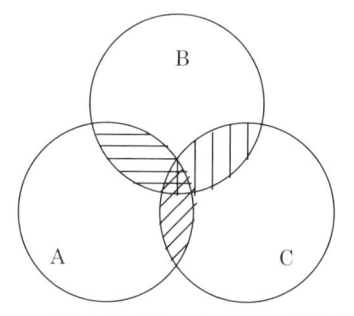

Relationships of Similarities (commonalities) and dissimilarities are multidimensional. Each chart of countries or regions under comparison may correspond to a set of questionnaire items to ask.

(b) Multidimensional linkage of comparison.

covers a certain area or region in a simple fashion (such as a Euclidean plane), some of them may partially overlap each other, and the whole set of charts covers the globe (a non-Euclidean space). The set of charts may construct a sort of hierarchical structure, where each level of charts may correspond to an extent of coverage (e.g. Japan and China, Asia, Eurasia, or the world): the larger chart corresponds to the higher level. The larger

第 7 章 Trust of Nations on Cultural Manifold Analysis (CULMAN)   151

Figure 7-2 Illustration of Hierarchy of Charts (Links) of a CULTURAL MANIFOLD

Some charts may overlap each other in a hierarchy, and the structure may show dynamic changes over many decades.

(a) A Hierarchy of Temporal Charts

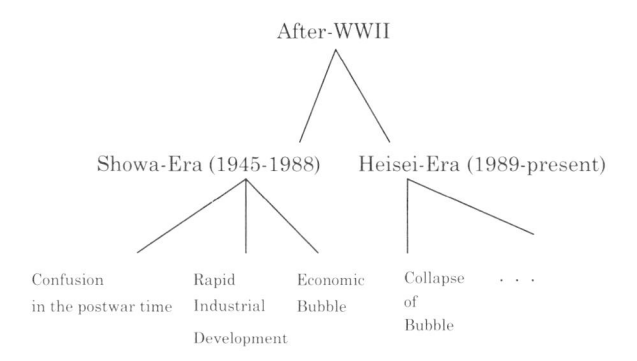

```
                       After-WWII
                       /        \
         Showa-Era (1945-1988)   Heisei-Era (1989-present)
          /      |      \              |       \
    Confusion  Rapid   Economic    Collapse   ...
    in the     Industrial Bubble    of
    postwar    Development          Bubble
    time
```

(b) A Hierarchy of Spatial Charts

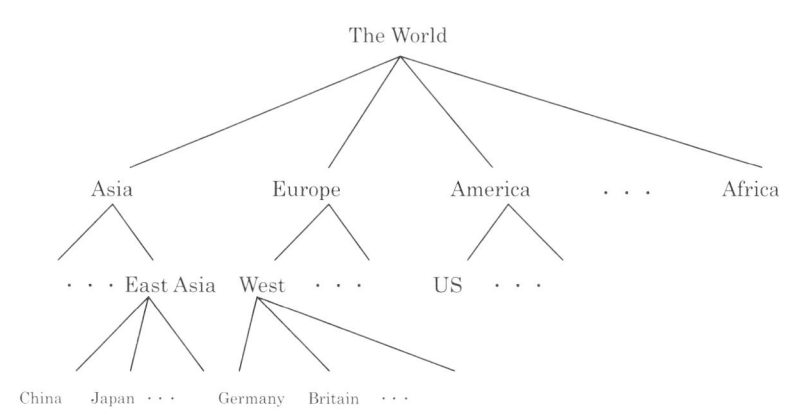

```
                        The World
                /       |       |        \
             Asia    Europe  America  ...  Africa
             / \      / \      / \
         ... East Asia West ...  US  ...
              / \      / \
         China Japan ... Germany Britain ...
```

(c) A Hierarchy of Item Charts.

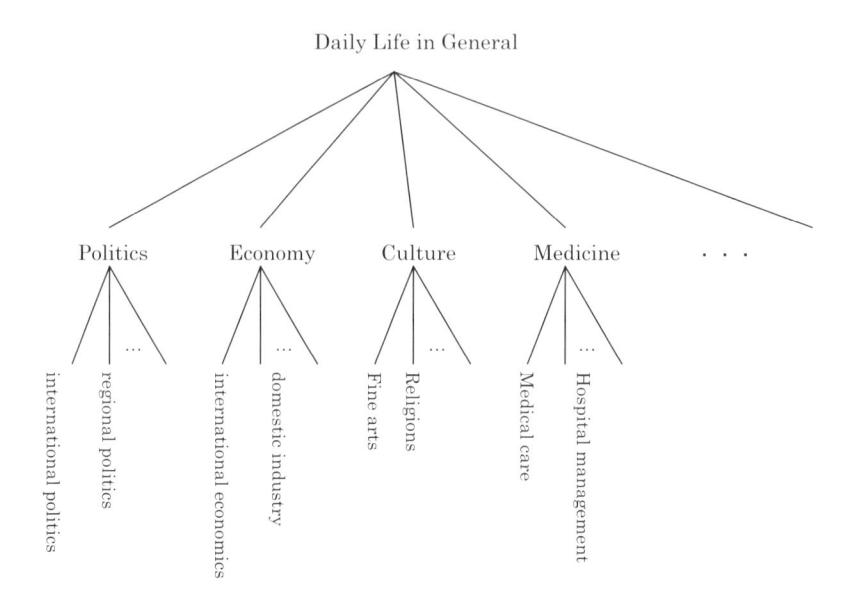

```
                        Daily Life in General
           ┌──────────┬──────────┬──────────┬──────── ...
        Politics   Economy    Culture   Medicine
         /..\      /..\       /..\      /..\
```
- international politics
- regional politics
- international economics
- domestic industry
- Fine arts
- Religions
- Medical care
- Hospital management

chart may correspond to the less restricted scaling. In our case, the concept of spatial chart can be extended for the temporal link and item-structure link as well. (The idea is closely linked to Klein's Erlanger Program of modern geometry.)

See Fujita & Yoshino (2009) and Matsumoto (2006) for examples on a sort of trade-off that exists between the extent of countries and the level of analysis on peoples' sense of trust in social systems or institutions.

We are developing our survey research on "data science" (Hayashi, 2001 b; Hayashi et al., 1998; Yoshino, 2001 c; Yoshino, 2007a, 2007b; Yoshino, Hayashi & Yamaoka, 2010) under **the Principles of Complementarity** toward a certain practical problem. Here the meaning of "complementarity" is multi-fold, and it covers the following aspects:

1) Complementarity in the methodology: data collection vs. theory.

2) Complementarity in the range of aspects to investigate: analysis of a single aspect vs. synthetic study of various aspects.
3) Complementarity in the areas or nations to compare: local region vs. more global area.
4) Complementarity in statistical scaling: uni-dimensional scaling vs. multi-dimensional pattern analysis.

See Yoshino & C. Hayashi (2002), Yoshino (2005a), Yoshino, F. Hayashi & Yamaoka (2010) and Yoshino, Nikaido & Fujita (2009) for more explanation on our paradigm and for history of our cross-national surveys.

3. Reconstruction of Trust in the Transitional Period

The transition after the end of the Cold War brought domestic and international confusion in various areas worldwide as well as in various domains of daily life. On the other hand, there has been a rapid transition from the established social system based on traditional industry to a system founded on highly advanced information technology in the last two decades or so. The global rise of the new kinds of social and political movements has also brought confusion into our daily life. As a result, we are facing the collapse of our sense of trust in traditional systems of education, ethics, family, law, marriage, work environment, and so on. This does not necessarily mean, however, that each individual has totally lost his or her interpersonal trust. Nowadays, many people are engaged in activities of non-profit organizations (NGO) or non-governmental organizations (NPO) more extensively and more intensively than previously seen (Hayashi & Iriyama, 1997; Yoshino, 2003). It may be that people's sense of trust and energy are being directed toward the development of a new interpersonal system. Thus it is important to investigate how people's attitudes toward the traditional trust system will be changed in the near future.

Under these conditions, "trust" has been extensively studied during the past two decades. It is now necessary to consider how we can develop international trust in order to prevent conflicts between different countries, races or religious groups.

In his comparative economic theory, Fukuyama (1995) treated "trust" as a social capital and contrasted Japan, USA and Germany as highly trustful countries with China and Italy as less trustful countries. (See Yoshino [2006] for the study on trust in China.) Although he focused on aspects of trust as a property of national character, there are various possible definitions of "trust," all of which may be roughly classified into "trust in transactions" and "trust in normative philosophy," as summarized in Hosmer (1995). The study of trust in normative philosophy has a long history, at least since Aristotle in the West, and Buddha and Confucius in the East, but it is rare these days. Uslaner (2002, 2010) 's studies present an exception. On the other hand, the study of trust in transactions has been the focus of many papers published during the recent years of globalization.

Zucker (1986) pointed out three ways for production of trust: 1) process-based trust tied to past exchanges; 2) characteristic-based trust tied to personal characteristics, such as family background and ethnicity; and 3) institution-based trust tied to formal societal structures. Shapiro (1987) criticized the third category because he believes that trust cannot be institutionalized. Further, Zucker claimed that trust was not directly measurable. This may have influenced Fukuyama's methodology as he used various datasets concerning "distrust" such as the crime rate, divorce rate, and unemployment rate, rather than a direct measure of trust in public opinion surveys. My focus in this paper is mainly on the second of

Zucker's three categories of trust, i.e., that based on personal characteristics, although the three categories are mutually interrelated.

Banfield (1958) regarded "distrust" as the culture of the poor. This motivated Yoshino (2002) to investigate the relationships between people's sense of trust and their economic conditions. His data show some cross-national differences in the degree of correlation between people's sense of trust and their household income or subjective social class (more details are given in Sec. 5.4).

Miyamoto, Fugita and Kashima (2002) developed a theory of interpersonal relations derived from G. H. Mead's approach. In the theory, they presented a psychological framework balancing direct behavior and deep cognition to enable an understanding of the differences in character between Japanese and Americans. For example, they indicated that the Japanese prefer to delay action and pay more attention to the perception of others, perception of themselves, and perception of the situation, whereas the Americans favor direct action and pay more attention to their own views. Their theory also can be used to study the Americans with Japanese ancestry (or Japanese immigrants in general) and their transition of generations from Issei and Nisei to Sansei, etc. Or this theory may lead to an understanding of the interaction between racial origins and social environments. It may be interesting to see Table 1 of Yoshino, 2009, for differences of generations or countries/areas with respect to general response tendencies in face-to-face surveys. (See also Fugita, Kashima, & Miyamoto, 2002; Fugita, Miyamoto, & Kashima, 2002.)

As for measurements of national character, Inkeles (1997) claimed that aspects directly related to economic or political conditions should not be regarded as part of "national character." It is reasonable, however, to assume that people of different countries may respond differently to certain economic or political items on a questionnaire (i.e., "Are you satisfied with your living conditions?") even under the same economic and political conditions and that such differences in response patterns may be closely related to "national character." For example, in the late 1980s, Brazilians showed a high degree of life satisfaction and happiness even when their country was experiencing severe conditions regarding international debt. On the other hand, the Japanese did not show a high degree of life satisfaction and happiness even when their economy was close to being the best-performing in the world. To understand phenomena like these, we need to identify general tendencies in different peoples' manners of responding; both objective and subjective means of measurement must be employed.

Among various efforts to relate trust with social issues in the last two decades, public health may be one of the most productive fields in the study of social capital (voluntary activity or interpersonal trust) and social groups, as exemplified by Kawachi and his colleagues (1997). For example, they reported that a greater degree of social capital is closely linked to better health as measured by medical research experiments and social surveys at the individual and state levels in the USA. These results have been confirmed in some countries, but not in others. In Japan, no clear relationship had been confirmed until recently, probably because one difficulty is to identify what spatial unit (prefecture, city, village, etc.) should be adopted in attempts to relate health with social capital (sense of trust). Ichida and his colleagues (2005), however, performed intensive studies on this matter and finally showed a positive relationship between health and social capital in their survey at villages of Aichi prefecture in Japan.

On the other hand, Yoshino and Tsunoda (2010) show that, as for the ranking of interpersonal trust scaled by the GSS trust items (see Sec. 4.2), the Japanese are in the middle and the Italians and the French are in the lower echelons respectively, but that they all rank higher in life expectancy than the countries that rank higher on interpersonal trust such as the USA and Britain. This suggests that the positive response rates of interpersonal trust and peoples' health (life expectancy) are not simply, but intertwiningly related to each other. Thus, we may have to question the universal validity of the GSS items as a scale of trust in the cross-national comparative context. Or we may need to apply multidimensional analysis to the response data. At least we need to think about the general response tendency of each ethnic group, nation or race, such as the Japanese preference for the middle categories and the French preference to express critical attitudes. (See Yoshino, 2009, Sec. 2, or Yoshino & Osaki, 2013, for the cross-national comparison of the degrees of preference for middle responses, or preference for avoidance of polar responses in questionnaire.)

Logistic regression analysis by Tsunoda, Yoshino and Yokoyama (2008) revealed certain relationships between two dependent variables on self-rated health and health dissatisfaction, and some independent variables such as religion, social capital, spirituality, superstitions, etc., as part of a national character study. For example, in males with negative attitudes on generalized trust, the number of self-reported symptoms was greater; in females, negative attitudes on norms of reciprocity were associated with a greater number of self-reported symptoms. Moreover, health dissatisfaction in females was aggravated by low perceptions of support. In both genders, self-reported symptoms and health dissatisfaction were greater in the presence of anxiety. A larger number of self-reported symptoms were associated with adherence to religion and spirituality in males. In females, the degree of health dissatisfaction was greater in those with low income and concern about superstitions. Thus, from the viewpoint of social capital, perceived health is susceptible to personal relationships in females and to distrust in males. Among other factors, anxiety was found to be a key factor affecting perceived health. In addition, females were influenced by economic status and superstitions, whereas males were more concerned about religion or the mind in relation to health. The authors of that study suggested that these findings be used in developing public health policies in Japan.

4. Interpersonal Trust and Some Social Values

In this section, I consider certain aspects of "trust" reflected in responses to our nationwide surveys. I pay attention also to the survey data on variability of people's trust systems in order to explore which aspects of people's sense of trust are stable over many decades and which vary with changes in economic and political conditions. As mentioned previously, some researchers say that "trust" is not directly measurable. But I believe that people's responses in questionnaire surveys can reveal certain aspects of their sense of trust if time series patterns or cross-national patterns of those responses are adequately analyzed and general response tendencies of nations and personality types are adequately considered. (I never mean to imply that any scale on the sense of trust always works in the same way cross-nationally and longitudinally.)

Our longitudinal nationwide social survey, called "Nihonjin no Kokuminsei Chosa (Japanese National Character Survey)", has been using mostly the same questionnaire items over six decades (Mizuno et al., 1992; http://www.ism.ac.jp/kokuminsei/ks_e/index_e.html). Although the definition of "national character" may be very problematic in a political or sociological sense, here it simply refers to characteristics of people's response patterns to questionnaire surveys (Hayashi, et al., 1998). This is similar to the idea of Inkeles (1997) that each nation or social group is characterized by statistical modes of response distributions in surveys, although our approach was developed independently of his work. Since 1971, the survey conducted by ISM has been expanded to a cross-national comparative study for a more advanced understanding of the Japanese national character (http://www.ism.ac.jp/~yoshino/index.htm).

Our longitudinal survey of Japanese national character shows some stable aspects of attitudes and social values of the Japanese (Hayashi & Kuroda, 1997; Yoshino, 1994). In the following, I briefly explain certain fundamental dimensions of the Japanese social values, and some results of the analysis of the sense of trust among Japanese along several dimensions.

(1) Fundamental Dimensions of the Japanese Social Values

Hayashi (1993) has identified two important dimensions that underlie the Japanese national character: 1) the dimension of interpersonal relationships ("Giri-Ninjyo" attitude, or a sort of conflict between obligation to social duties on one hand and the need to express "warm-heartedness" on the other, which is particular to Japanese interpersonal relationships), and 2) the dimension of contrast between the modern and traditional in their way of thinking.

On one hand, Japanese interpersonal attitudes have been stable, at least over the last half century, and probably much longer. (Most likely, the basic aspects of interpersonal attitudes may be stable in any country over the years. However, certain aspects sensitive to changes in economic or political conditions may vary in the short term in most countries.)

On the other hand, Japan has strived since the Meiji Restoration in

1868 to overtake Western science and technology and develop it into a Japanese adaptation. Probably this enduring effort underlies the dimension of the traditional versus modern orientation in the Japanese way of thinking.

However, the Japanese way of thinking has been gradually changing. Our survey of 1978 identified a generation gap between people aged 20–24 years old and those older than 25 years.[1] Since signs of generational changes appeared as early as in 1978, the Japanese way of thinking had become more complicated than ever. Furthermore, the Japanese have been living in a transitional period from the established social system to a system of a highly advanced information age in the last two decades or so. This has brought disruption not only to the fields of science and technology but also to the fields of economics and politics. In this period of confusion, the majority of Japanese people have come to distrust traditional systems such as banking and bureaucracy as well as legislature, police, etc. (Yoshino, 2002), in spite of the stereotype of Japan being a highly trustful nation (Fukuyama, 1995). This must be closely relating to the recent changes of governmental parties. Liberal Democratic Party (LDP) governed Japan some four decades alone (1955–1993) and then in a coalition with other parties since 1993 until 2009. This might symbolize the Japanese political attitude that dislikes rapid changes. Under the name of globalization, however, Japan came under pressure to restructure its social systems including business, education and law in the last two decades. This necessitated the change even in the most fundamental human relationships not only in business but in daily life, eventually sapping at the source of national power. An aspect of confusion appeared as switching of governmental party from LDP to Democratic Party in 2009 and then back to LDP in 2012. The current Prime Minister Shinzo Abe, once forced to resign in 2007 but revived politically in December 2012, is struggling for the revival of the Japanese national power.

In people's attitudes, values, or ways of thinking, there are some aspects that may change according to economic and political changes on one hand, but some other aspects must be stable to maintain the social order of efficacy.

(2) Sense of Interpersonal Trust of the Japanese

Psychological studies of measures of interpersonal trust have been developed in the past decades (Rosenberg, 1956; Rotter, 1971). Many of these studies may have some methodological limitations because they are based on samples too small, or not on random samples. The significance of such studies, however, may have been justified by the statement of Rotter (1971) in the time of the Cold War. He noted: "It seems clear that disarmament will not proceed without an increase in trust on one or both sides of the iron curtain" (Rotter, 1971, p. 443). The iron curtain was torn down more than two decades ago, but new local conflicts have been occurring incessantly all over the world. This necessitates the continued study of interpersonal and international trust. And the study of production of trust necessitates the measurement of trust.

Zucker (1986) questioned the direct measurement of trust. Fukuyama (1995), probably influenced by Zucker's idea, used several objective measures related to distrust such as the crime rate, divorce rate, or unemployment rate for the study of cross-national comparison of trust levels. Although it is questionable whether trust can be directly measured, it is certain that people's responses to questionnaire surveys may provide us with some important information on their sense of trust, provided that items are appropriately chosen and response data are adequately analyzed.

A set of three items has been used to measure people's sense of trust by the General Social Survey (GSS). (See Yoshino & Osaki, 2013, for some history of those items in research.) Although **the** GSS started as a sort of American version of our Japanese National Character Survey, beginning in 1978, we adopted the three items. They are stated as follows (For the Japanese questionnaire, see the ISM Research Report No. 83, 1999; http://www.ism.ac.jp/kokuminsei/index.html). [2]

#2.12a) Would you say that most of the time, people try to be helpful, or that they are mostly just looking out for themselves?
   1. Try to be helpful,   2. Look out for themselves,
   3. Other (PLEASE SPECIFY),   4. Don't know.

#2.12b) Do you think that most people would try to take advantage of you if they got the chance, or would they try to be fair?
   1. Take advantage,   2. Try to be fair,
   3. Other (PLEASE SPECIFY),   4. Don't know.

#2.12c) Generally speaking, would you say that most people can be trusted or that you can't be too careful in dealing with people?
   1. Can be trusted,   2. Can't be too careful,
   3. Other (PLEASE SPECIFY),   4. Don't know.

Here I should discuss the dimensionality and wording of these items.

First, originally Almond & Verba (1963) used factor analysis to select several items among hundreds of items on trust in a survey of students, and the above-quoted three items survived to be included in the GSS or other related surveys. Thus, the three items were supposed to measure different dimensions of trust: #2.12a was related to a sort of trust of neighbors (or norm of reciprocity), #2.12c was related to generalized interpersonal trust, and #2.12b may have addressed something in between these two items. Our data, however, have repeatedly demonstrated that #2.12b and #2.12c are highly correlated for the Japanese, whereas #2.12a and #2.12b are highly correlated for Americans. Thus, two of the three items (a & c or b & c) may capture independent aspects but all three do not necessarily. Therefore, I sometimes use the independent items #2.12a and #2.12c when we have to reduce the number of items in a questionnaire. (Each country of our Asia-Pacific Surveys corresponds to either the pattern of Japan or the U.S.A., therefore, the independence of dimensionality of these two items always held, with only exception being India [2008 survey] which showed higher correlation between #2.12a and #2.12c [Yoshino & Osaki, 2013].)

Secondly, as for #2.12c, some people may suspect that the second response category "can't be too careful" is not likely to mean distrust but to mean another positive social value related to self-discipline. This may explain the higher rates of selection of this category than the first category "can be trusted" in many countries (Yoshino, 2002).

NORC-ROPER (1986) reported comparative survey data with respect to the effect of the second category. In the survey two cases were compared: in Case 1 the same wording as #2.12c was used and in Case 2 the phrase "can't be trusted" was used. The second category was less frequently chosen in Case 2 than in Case 1, i.e., that is, more people answered "can be trusted." The same pattern of response change was found in Japanese surveys (Compare Sakamoto, et al., 2000 with Osaka-syogyou University & Tokyo University, 1999). In summary, the wording of #2.12c may be considered a sort of advanced technique to induce people's true opinion ("honne" in Japanese), reducing a degree of social desirability in responses ("tatemae" in Japanese).

The response distribution of the Japanese to the three items over the past three decades is shown in the home pages of our Japanese National Character Survey (http://www.ism.ac.jp/kokuminsei/data/html/index/index.htm). Figure 7-3 shows the percentage of those who chose optimistic categories for all three items ("1" of #2.12a, "2" of #2.12b, & "1" of #2.12c). In this paper, I use the percentage of those who selected positive responses to all three items, as the trust scale. There may be, however, other definitions of the trust scale based on these three items.

Based on this scale, the Japanese people's sense of trust has been fairly stable during the last three decades. Figure 2 of Yoshino (2005b, p.151) shows greater changes in trust in Americans than in Japanese during the past three decades. Closer analysis shows that younger generations generally have more positive attitudes on interpersonal trust (#2.12c) than older generations. In the 1998 survey, those aged 60-64 years showed a remarkably low degree of trust, although they had not shown such a low degree of sense of trust when younger. They were children during WWII and experienced a drastic social change from the military regime to the

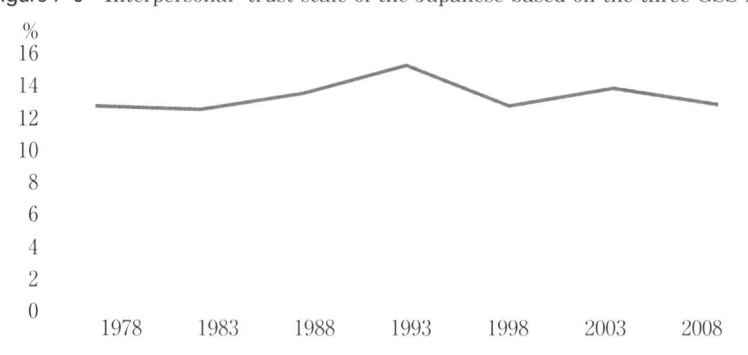

Figure 7-3 Interpersonal trust scale of the Japanese based on the three GSS items

postwar democracy. In addition, they had a hard time surviving in the time of famine during and immediately after the war. Furthermore, it is their generation who reconstructed the ruins of Japan into a highly advanced industrialized country. In 1998, most people of this generation had been retired from the lifelong employment system in Japan. Under the economic depression of the 1990s, the "lost decade," they could not get as high a pension as they had expected and many of those people had a hard time finding new jobs. The above-mentioned data may reflect their distrust towards the social systems that did not compensate them sufficiently for their lifelong hard work. It is remarkable that people of this generation form a cohort in the sense that their opinions and values are different from the other generations in many cases. (See Mizuno, et al., 1992)

In analyzing more recent survey taken in 2010, I found the following. Roughly, cross-tabulation of each of 2.12 (a), (b), (c) with respect to gender, age, or education does not seem to show any remarkable differences of response patterns. Looking at the response distributions of the cross-tabulations more precisely, however, reveals some differences. As for gender, women are more optimistic than men on 2.12(b), but both men and women show the same response patterns on 2.12(a) and (c). As for the education level by gender on 2.12(b), generally women are more positive than men, disregarding their education levels; besides, men with higher education show a higher rate of distrust than men with lower education on 2.12(b). No such a trend was observed for women. On 2.12(c), the higher the level of education, the higher the rate of trust for both genders. In the cross-tabulation of gender by age, more women aged below 35 years tended to choose "can't be too careful" in 2.12(c) than the other age groups.

The Japanese sense of trust has been more stable with respect to economic changes than that of Americans. The economic structural reformation of the last two decades, however, seemed to have damaged the Japanese sense of trust to some extent. In the early 1990s, the educational system was changed significantly from a system that imposes hard work on pupils to a system that gives them more free time, called "yutori-kyoiku (relaxed education)," in spite of the fact that other countries were trying to imitate the hard-work education in order to catch up to the then high economic level of Japan. The new system was expected to produce creative youth with diverse attitudes and social values, but it simply produced many self-centered persons lacking basic skills in various fields. In the early 1990s, economic conditions were still fairly good. Then, these young people enjoyed moving easily from one workplace to another, not within the system of traditional life-long employment, trying to find the best place for him/her, as if looking for a "blue bird." On the other hand, the system of employment has changed from life-long employment to the system where workers can easily be fired including those in public sector jobs. This has produced distrust between employers and employees: workers are afraid of losing their jobs, whereas employers are afraid of losing workers soon after they invest heavily in their training.

Meanwhile the government has lost people's trust in the welfare system of national pension. Although senior people have to rely on younger persons for future financial support, the population of younger generations has been decreasing, and they are less motivated to pay pension costs, considering the balance between their total payment and their return in the future. These situations necessarily lead to loss of trust between the young and senior people.

Thus the difference in trust found in Japanese and American samples may largely come from the difference between the employment systems:

workers' salary may be reduced but workers may not be fired so easily in the life-long employment system of Japan, at least until recently. This reminds us of the Chinese proverb of Mengzi: "No stable mind without a stable job." All of those social reforms have been done under the guise of globalization. Without consideration of the culture of each country, it simply leads to confusion.

Inaba (2002, p. 72, Figure 1–12) showed the relationship between the crime rate and the sense of interpersonal trust (#2.12c) during 1983–2003. It was suggested that there was a certain causal relationship between the economy and trust in Japan: the economic change from prosperity to recession gradually led to an increase in crime and eventually to an increase in people's sense of distrust with a time lag of some five years.

Yoshino (2002) discussed several other aspects of trust such as trust in politics, science and technology as well as the work ethic of the Japanese. He concluded that some aspects of trust might be variable according to economic and political conditions whereas other aspects may be more stable over time. Generally, the Japanese show stability in interpersonal trust, whereas their attitudes toward work and the work ethic seem to have been influenced by economic and political conditions, although the Japanese used to have the stereotype of being diligent workers (called the "economic animal" in the 1980s). As for the interpersonal trust measured by the three items of the GSS, the sense of trust of Americans was more variable than that of the Japanese, probably because of economic and political changes (Yoshino, 2005b, Figure 2).

This may remind us of Banfield's (1958) statement that distrust is a culture particular to the poor. This can be contrasted with Fukuyama's (1995) observation that certain peoples such as Japanese and Americans are more trustful than other peoples such as Chinese and Italians because the latter have had a long history of very strong political centralization and did not develop a trustful community beyond their families.

5. Cross-National Comparison of Interpersonal Trust & Institutional Trust

In this section, I present an overview of people's sense of trust as shown in our past cross-national surveys. These surveys included the three items on interpersonal trust from the GSS mentioned in the previous section.

(1) Sense of Interpersonal Trust

Table 7-2 shows the response distributions of the GSS trust scale for all countries/areas that we have surveyed over the past three decades.

Miyake presented an analysis of this topic (Hayashi et al., 1998, ch. 7 of Part II) as a member of our Seven Country Survey. This survey included Japan, USA, Britain, West Germany, and France during 1987-1988 and Italy and the Netherlands during 1992-1993. He concluded that the trust scale has low correlations with gender and religion, but stronger correlations with family income, educational level, and social class (higher scores for these attributes were associated with higher scores on the trust scale).

On this scale, West Germany, Britain, and USA were higher than Japan and the Netherlands, but the difference was small. The French and Italians were clearly lower than those in other nations. In addition, Miyake found that those who had a religious faith gave more positive responses to item #2.12a) "most of the time, people are trying to be helpful for others," irrespective of their religious affiliation.

Interestingly, Miyake found a gender difference in responses to item # 2.12b) "most people would try to take advantage of you if they got the

第 7 章 Trust of Nations on Cultural Manifold Analysis (CULMAN) 169

Table 7·2 The percentages of positive responses of GSS 3items on trust
Q 36 "People are always trying to be helpful to others." Q 37 "People are trying to be fair." Q 38 "People can be trusted"

Asia-Pacific Values Survey (APVS)

survey year	2011	2011	2011	2011	2012	2012	2013	2012	2010	2010
APVS	Beijing	Shang-hai	Hong Kong	Taiwan	South Korea	Singa-pore	India	Austra-lia	USA	Japan
Q 36	72	66	43	46	52	50	–	59	51	41
Q 37	57	58	40	53	53	49	–	63	53	57
Q 38	42	36	21	21	32	34	–	45	31	44

Pacific-Rim Values Survey (PRVS)

survey year	2005	2005	2005	2006	2006	2007	2008	2006	2004
APVS	Beijing	Shang-hai	Hong Kong	Taiwan	South Korea	Singa-pore	India	USA	Japan
Q 36	67	65	41	46	57	50	61	56	36
Q 37	51	53	42	61	45	51	29	56	55
Q 38	37	34	19	19	30	26	52	41	41

East Asia Values Survey (EAVS)

survey year	2002	2003	2002	2003	2003	2004
APVS	Beijing	Kun-ming	Hang-zhou	Shang-hai	Hong Kong	Taiwan	South Korea	Singa-pore
Q 36	62	48	61	59	36	38	58	51
Q 37	53	41	55	65	46	58	45	52
Q 38	36	32	39	33	19	14	28	33

Japan Surveys

survey year	1988	1993	1998	2002	2003	2004	2004	2008
APVS	JPN-A	JPN-KS 9	JPN-KS 10	JPN-KS 11	JPN-KS 11	Japan A	Japan B	JPN-KS 12
Q 36	31	29	30	36	34	35	37	–
Q 37	53	65	61	55	62	59	–	–
Q 38	39	38	33	41	33	37	39	–

7 Country Survey

1988	1987	1987	1992	1993	1988	1988
USA	FRA	UK	FRG	ITA	HOL	JPN-A	JPN-B
54	19	53	43	21	32	31	29
56	36	58	55	30	48	53	56
42	23	36	38	14	28	39	34

Singapore Races

2002	2004	2007	2012
Japan-A	Chinese	Malay	Indian	Chinese	Malay	Indian	Chinese	Malay	Indian
35	50	54	55	50	57	43	48	58	53
59	53	50	53	50	53	50	48	55	48
37	33	37	28	25	25	28	33	33	45

Japanese Immigrants Surveys

1988	1988	1999	1999	1998	1991
Hawaii JA	Hawaii Non-J	Hawaii JA	Hawaii Non-J	JAWCS	BRZ JB
58	66	68	65	66	41
68	66	–	–	–	–
60	46	56	59	61	6

JA: Japanese Americans

JAWCS: JA on the West Coast
BRZ JB: Japanese Brazialian in Brazil

chance." Specifically, women gave more optimistic answers than men, i.e., "they would try to be fair." As for item #2.12c "most people can be trusted," there was a clear difference between the social classes in all seven countries: the higher the social class, the more trustful. The difference between classes was remarkably large in France and the USA. Miyake observed also that a higher level of education was associated with greater trust, and he suspected that the association was due to the correlation between education and social class. (Although there was a relatively strong correlation between education and social class or between education and income in the USA, this is not necessarily the case for all other countries.)

Figure 7-4 Cross-National Comparisons of the Our Past Surveys: Rates of Positive Respondents to the both of the GSS 2 items (#2.12a & #2.12c)

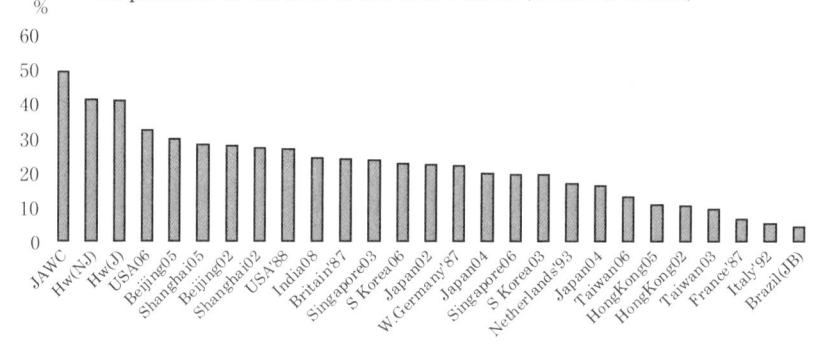

Figure 7-4 shows the percentage in each country of those who gave positive answers to both #2.12a and #2.12c in the three items of trust. (I used those two items because #2.12b was missing in some of our past surveys, and as mentioned already, I have confirmed that the general pattern on that figure was almost the same as on the figure that was made using all three items for the countries or areas where all three items were asked, probably except India.)

Stability of response patterns may be confirmed by comparisons of two or three surveys in the same countries (areas) over years. Examples are the surveys in Japan in 1988, 2002, 2004, and 2010, or those in Beijing and Shanghai in 2002, 2005, and 2011.

The percentages of positive responses in the USA and Britain were high, whereas those in Italy and France were low. In a sense, this result may be consistent with Fukuyama's claim about trust and national character. However, a close look at this figure show more complicated reality because the percentages of positive responses in surveys from Mainland China (Beijing & Shanghai) were higher than might have been expected. As for the data of China, there may be several possible explanations. First, the data really do indicate that the Chinese might have a higher sense of interpersonal trust. Secondly, the Chinese might have tried to show a higher sense of interpersonal trust because they have been sensitive to their international reputation such as that observed by Fukuyama. Thirdly, the questionnaire items are constructed as a trust scale for Americans, so they may be unsuitable for the measurement of trust in other nations. Fourthly, we must be careful about the semantics of the trust scale. For example, Dogan (2000, p. 258) states "... Erosion of confidence is first of all a sign of political maturity. It is not so much that democracy has deteriorated, but rather the critical spirit of most citizens has improved. ..." This suggests that we must always be sensitive to the distinction between the face value of a scale and its semantics. In this context, trust and distrust may not be opposite in a uni-dimensional scale but, rather, they may be closely related in one's mind.

(2) Trust of social institutions and systems

The questionnaire of the EAVS: 2002–2005, PRVS 2004–2008 and APVS

2010–2014 included the same set of items on organizational trust as used in the World Values Survey [WVS], with an additional item of trust in science and technology. The items are as follows.

Q.50 How much confidence do you have in the following? Are you very confident, somewhat confident, not confident or not confident at all?
[SHOW CARD 31]

	Very Confident	Somewhat Confident	Not Confident	Not Confident At All
(a) Religious organizations	1	2	3	4
(b) The law and the legal system	1	2	3	4
(c) The press and television	1	2	3	4
(d) The police	1	2	3	4
(e) National federal bureaucracy	1	2	3	4
(f) National Assembly (Federal Parliament)	1	2	3	4
(g) NPO/NGO (Non-Profit and Non-Governmental Organization)	1	2	3	4
(h) Social welfare facilities	1	2	3	4
(i) The United Nations	1	2	3	4
(j) Science and technology	1	2	3	4

Table 7-3 shows the sum of percentages of positive responses, i.e., "1. Very confident" and "2. Somewhat confident" for each of the above-mentioned items. Yoshino's (2005b) analysis of the same items in the EAVS was consistent with the analyses of the PRVS and APVS for countries (areas) repeatedly studied in these three surveys.

Yoshino (2005b) transformed those response data into standardized scores country by country to minimize the effects of general response tendencies particular to individual countries. But Yoshino (2009) used a much easier way to reduce the general response tendencies in countries,

第 7 章 Trust of Nations on Cultural Manifold Analysis (CULMAN) 173

Table 7-3 Insitutional Trust of WVS Items

The figures show percentages of sum of positive categories "1.very much confident" and "2" confident somewhat".

APVS

	survey year	2011	2011	2011	2011	2010	2012	2012	2012	2013	2010
	Item	Beijing	Shang-hai	Hong Kong	Taiwan	USA	South Korea	Singa-pore	Australia	India	Japan
Q52a	Religious organization	27	36	58	75	58	41	82	44	–	13
Q52b	The law and the legal system	85	82	86	53	56	51	83	78	–	72
Q52c	The press and television	68	64	56	44	21	63	78	33	–	70
Q52d	The police	75	72	69	59	65	46	92	89	–	70
Q52e	National government bureaucracy	83	77	50	46	26	34	89	47	–	38
Q52f	Congress / diet	83	75	53	38	22	17	88	46	–	25
Q52g	NPO / NGO	41	45	64	56	51	42	80	74	–	49
Q52h	Social welfare facilities	78	70	81	69	48	59	83	79	–	71
Q52i	The United Nations	59	54	70	61	40	68	82	63	–	59
Q52j	Science and technology	95	89	85	86	76	75	91	92	–	83

RPVS

	survey year	2005	2005	2005	2006	2006	2006	2007	2007	2008	2004
	Item	Beijing	Shang-hai	Hong Kong	Taiwan	USA	South Korea	Singa-pore	Aus-tralia	India	Japan
Q50a	Religious organization	24	32	60	66	69	46	84	48	90	15
Q50b	The law and the legal system	84	86	87	63	79	57	96	72	90	79
Q50c	The press and television	61	66	46	32	44	59	81	32	82	74
Q50d	The police	72	77	78	57	80	50	95	83	64	69
Q50e	National government bureaucracy	81	85	63	42	45	29	92	46	58	41
Q50f	Congress / diet	82	86	61	25	51	11	90	51	64	32
Q50g	NPO / NGO	40	46	64	40	65	31	70	74	69	45
Q50h	Social welfare facilities	73	74	81	56	62	59	78	74	83	70
Q50i	The United Nations	59	59	65	46	55	58	74	59	75	56
Q50j	Science and technology	96	94	88	73	87	75	93	88	93	76

EAVS

	2002	2002	2002	2003	2002	2002	2003	2003	2004
	Japan	Beijing	Shang-hai	Kun-ming	Hang-zhou	Hong Kong	Taiwan	South Korea	Singa-pore
	12	20	29	24	24	59	64	49	82
	74	82	92	78	80	86	65	59	93
	74	57	71	55	60	41	37	60	82
	64	71	74	64	73	75	50	49	93
	41	84	88	71	81	56	42	30	89
	34	85	87	72	82	55	30	14	86
	55	36	53	39	48	59	38	41	76
	68	70	80	61	69	77	52	62	84
	62	59	62	45	56	63	50	50	71
	73	97	97	95	90	84	76	78	87

as follows. First, the original response categories are re-categorized to sum up the percentage of responses to positive categories ("1" & "2"). Secondly, the percentages of positive responses are compared in each country item by item. This yields a rank order of items in each country. Thirdly, the rank orders of all countries (areas) involved are compared. This procedure results in loss of some information from the original data, but provide more cross-national comparability. This is a trade-off that we have to make in order to secure cross-national comparability beyond a simple comparison of face values of the original data.

Table 7-3 includes data from the EAVS (2002–2005), PRVS (2005–2008), and APVS (2010–2014). Generally consistent patterns have been found in the countries (areas) participating in all three surveys, although the response distributions may not be totally unchanged over years. For example, the item-by-item differences in percentages between the Japan surveys in 2002 (EAVS), 2004 (PRVS), and 201 0(APVS) were within the margin of sampling error. The maximum difference was some 10%, for example, on NPO/NGO. So roughly, the stability of data was confirmed. (The percentage changed from 55% in 2002 down to 45% in 2004, then up to 49% in 2010. It might be a result of the fact that activities of NPO/NGO had been increasing whereas some people disguised their groups as NPO/NGO to manage illegal businesses in the early years of 2000s, which was one of the reasons that the Japanese laws on registered organizations were substantially revised in 2008.)

Except for India, Hong Kong, Taiwan, USA and Singapore, in all of the countries (areas) there was a low degree of confidence in religious organizations. Even in these five countries (areas), the relative degrees of confidence were not very high when compared with all of the other items for each country, except for India. Japan and Mainland China indicated remarkably negative attitudes towards religious organizations. (The percentage of positive responses among Japanese was lower than among Chinese.) Of the 10 items on Q50, the percentage of positive responses has been the lowest for religious organization among Chinese. It is known that most Japanese respect religions or the "religious heart/mind" even when they do not have a religious faith (Hayashi & Nikaido, 2009), but they may be cautious about "religious organizations" because some religious groups such as the Aum Shinri-Kyo (Aum religious cult) caused serious problems in the 1990s. In China, the government has been very sensitive toward religious groups because in the long history of China frequently religious groups have overthrown governments. In some countries, some religious groups might be considered closely linked to terrorism.

The percentages of responses that show confidence in authority such as the "police," "government" and "congress" may represent various patterns of attitudes; probably those are concerned with democracy. In this sense, a negative attitude does not necessarily mean negation of such authority and it may express a mature democracy as Dogan (2000) suggested. The percentage of positive responses, however, may not be proportional to the degree of political maturity.

Singapore respondents indicated very high confidence in most of the items, but lower confidence in the UN. This response pattern might be related to a negative attitude towards global politics mainly led by Western nations.

As for the item on trust in science and technology, all the countries (areas) showed a high degree of confidence. Hayashi (1993) and Zheng & Yoshino (2003) have already presented cross-national analyses of data on science and technology from our seven-country survey. Hayashi (1993) concluded that the Japanese generally had positive attitudes toward science. However, they were negative regarding scientific approaches towards the understanding of the human heart and mind ("kokoro" in Japanese), solving social and economic problems, and the possibility of living in space stations in the near future (at the time of the survey in the 1980s). The response pattern of West Germans in 1987 was similar to that of Japanese in the sense that they were also more negative about science and technology than those in other Western countries. However, they were not as negative toward the contributions of science and technology to social problems as well as psychological problems of individuals as were the Japanese. These responses might remind us that the theories of Hegel and Marx and the scientific psychological theories of Freud originated in Germany and Austria.

As for data from the APVS, all of the countries (areas) were highly positive toward science and technology, with rates of positivity for that item being the highest among all items. In particular, the rates for Mainland China were remarkably close to 100% in all of the APVS, PRVS and EAVS. There may be several possible explanations for this. On one hand, the high rates may represent the fact that in the past decade China has been emphasizing the scientific reformation of governmental sections, military systems, and social systems as a priority in their social planning. On the other hand, until recently they have not paid much attention to the negative impact of science and technology that advanced industrial countries have experienced in the past. This is probably because they placed priority on economic development in the past two decades or so. This may explain the overly positive attitudes. After the Beijing Olympics in 2008 or even slightly before it, the Chinese government started paying attention to the negative side of rapid economic and industrial development and began planning to improve environmental conditions, including air and water pollution. Also they are giving attention to political issues such as the social gaps between urban and rural areas. They are struggling to deal with these domestic problems, but the complete solutions seem very far away to many observers' eyes, in spite of their rising powers in international relationships.

As a final comment in this section, it should be noted that Sasaki and Suzuki (2000, Ch.11) concluded in their study on trust in science and technology that "a single scale is not adequate to measure people's sense of trust in science and technology because people's attitudes differ from one issue to another within the fields of science and technology." Probably this is also the case with our study on people's sense of trust in general.

(3) Basic Social Values

In this section, I show some data concerning people's basic social values: attitudes towards Confucian teachings, evaluations of degree of importance of various areas of daily life, and choices of Oriental versus Western values.

First, Table 7–4 shows the response distributions with regard to Confucian teachings of the APVS. The question asked is as follows.

Q.9 "How do you feel about each of the following traditional values?" The response categories are "strongly agree," "agree to some extent," "disagree to some extent," and "disagree strongly."

　a. We should respect our ancestors.

　b. The eldest son should look after his aging parents.

　c. A wife should obey (follow) her husband.

　d. Not to marry someone whom your parents object to.

　e. We should obey (follow) older people.

Table7-4 Confucian Teachings of the Asia-Pacific Values Survey (2010-14), the
The figures show percentages of sum of positive categories "1.strongly agree" &
(Note: In USA 2006 & Singapore 2007 surveys, the word "follow" was used in Q9c

APVS Survey Year	2011	2011
Item	Beijing	Shanghai
Q9a We should respect our ancestors	99	97
Q9b The eldest son should look after his aging parents	77	74
Q9c A wife should obey her husband	33	27
Q9d Not to marry someone whom your parents object to	11	16
Q9e We should obey older people	61	58
Q9f It is important to have a son to keep the family line going	31	27
Q9g Men should work outside and woman should tend to housekeeping	30	28

PRVS Survey Year	2005	2005
Item	Beijing	Shanghai
Q9a We should respect our ancestors	96	97
Q9b The eldest son should look after his aging parents	70	61
Q9c A wife should obey(follow) her husband	21	20
Q9d Not to marry someone whom your parents object to	7	12
Q9e We should obey (follow) older people	43	50
Q9f It is important to have a son to keep the family line going	21	25
Q9g Men should work outside and woman should tend to housekeeping	21	20

PRVS Survey Year	2002	2002
Item	Beijing	Shanghai
Q9a We should respect our ancestors	96	97
Q9b The eldest son should look after his aging parents	50	51
Q9c A wife should obey her husband	12	11
Q9d Not to marry someone whom your parents object to	3	6
Q9e We should obey older people	37	40
Q9f It is important to have a son to keep the family line going	15	11
Q9g Men should work outside and woman should tend to housekeeping	12	14

Survey Year	Taiwan	2006
Item	Native Taiwanese	Chinese mainlander
Q9a We should respect our ancestors	98	96
Q9b The eldest son should look after his aging parents	65	70
Q9c A wife should obey (follow) her husband	44	50
Q9d Not to marry someone whom your parents object to	12	9
Q9e We should obey (follow) older people	67	48
Q9f It is important to have a son to keep the family line going	40	35
Q9g Men should work outside and woman should tend to housekeeping	40	37

第7章 Trust of Nations on Cultural Manifold Analysis (CULMAN) 179

Pacific-Rim Values Survey (2004-08) & the East Asia Values Survey (2002-05)
"2.agree to some extent".
and Q9e by mistranslation.)

2011	2011	2012	2012	2010	2012	2012	2013
Hong Kong	Taiwan	South Korea	Singapore	Japan	Australia	USA	India
95	99	82	96	92	95	97	–
79	68	27	55	37	39	54	–
44	43	49	66	34	26	41	–
10	14	49	40	27	19	34	–
61	61	60	82	56	54	62	–
31	38	36	47	33	29	51	–
30	31	32	29	24	13	22	–

2005	2006	2006	2007	2004	2007	2006	2008
Hong Kong	Taiwan	South Korea	Singapore	Japan	Australia	USA	India
99	98	84	96	91	96	96	100
76	66	45	55	32	44	45	77
41	45	60	60	36	29	52	82
7	11	44	28	27	18	37	76
54	66	72	51	54	44	56	96
34	39	34	43	30	35	45	74
29	40	26	28	26	15	17	56

2003	2002	2002	2003	2003	2004	2002
Kunming	Hangzhou	Hong Kong	Taiwan	South Korea	Singapore	Japan
93	94	97	100	88	96	92
51	59	64	67	45	41	31
15	14	40	55	64	65	32
5	6	7	18	32	25	22
30	32	49	68	62	46	43
15	17	30	53	41	42	28
16	12	25	46	35	29	23

Singapore	2004			2007				2012			
Chinese	Malay	Indian	Others	Chinese	Malay	Indian	Others	Chinese	Malay	Indian	Others
96	94	98	96	96	94	96	94	96	96	94	100
38	54	51	44	51	66	80	63	43	65	59	64
61	83	72	63	56	81	68	66	61	84	74	88
18	44	49	37	24	40	40	28	35	55	50	55
40	65	70	70	45	69	69	63	79	88	92	94
39	55	46	48	41	51	41	47	47	48	50	49
27	39	24	33	27	31	26	28	28	37	32	33

f. It is important to have a son to keep the family line going.

g. Men should work outside the home and woman should tend to housekeeping.

The patterns of response distributions have been consistent for the countries (areas) surveyed in EAVS (Yoshino, 2005b), PRVS (Yoshino, 2009) and APVS, although the percentages may show some changes or fluctuation over years. One may notice that the percentages of positive choices in the U.S.A. are larger than those of the Asian countries for some items. It could not be that Americans are more influenced by Confucian teachings than people in Asian countries, so we may confirm that the Asian countries have already departed from the literal teachings of Confucian philosophy. [3]

More detailed analyses, however, show that there are national differences between, for example, China, Korea and Japan, as well as gender and age differences (see Zheng, 2005, for the analysis of the EAVS). The Confucian philosophy originated in China around the fifth or sixth century B.C., but it has had a greater influence in Korea than in China since the end of 14th century A.D. It had a limited influence on the dominant class in Japan only in the Edo era ("samurai era" of 17-19 centuries). These historical differences may have led to national differences in response distributions of those items. On the other hand, under the present conditions people cannot follow the Confucian teaching literally. For example, one of the national problems is on the decreasing number of children in almost all countries in East Asia. This will be a serious problem in the near future for the maintenance of national productivity or social systems concerning health care and financial support. This naturally makes it difficult for elderly parents to be completely taken care of by their children, not to mention "by the eldest son" (Q.9 b).

In addition, it may be worthwhile to note that the unexpected combination of Confucian teachings and advanced medical technology caused an ethics crisis in South Korea and Taiwan several years ago. As seen in the sentences of "b" and "f" of Q.9, there has been strong social pressure on women to bear a son under Confucian teaching, so wives had a hard time when they did not bear a son. In some cases, they adopted a boy from their relatives. Modern medicine has made it possible to bear a child by a "surrogate mother." As a result, in several cases rich Korean parents did not honor their responsibility to take care of the baby when they found that surrogate mothers (occasionally poor Chinese women) were to give birth to female babies. Another problem may be an unbalanced ratio of males and females in South Korea. This may be another piece of evidence against the "utility" of modern medicine without new ethics that are suitable to the time of modern science.

(Incidentally, adoption of children is different between Japan, China and Korea: the Japanese may adopt a child even if there is no blood relationship between the child and the parents, whereas the Chinese and Koreans adopt a child from among their relatives as possible as they can.)

Next I show the response distributions of importance of various areas in daily life. Table 7-5 shows for each item and each country (area) the sum of percentages of positive categories 5, 6, and 7.

In all the countries (areas) we have surveyed, the degree of importance of "immediate family" was the highest among various aspects of daily life. The degree of importance of "relatives" was the second highest, but it may show variations compared to those of "immediate family": the percentages of positive categories for relatives were closer to those of "immediate family" for Asian people as well as Japanese immigrants than for Western

Table 7-5 The Degrees of Importance
The figures show the sum of percentages of positive categories 5, 6 &7.

APVS survey year	2010	2011	2011			2011	2011
	Japan	Beijing	Shanghai			Hong Kong	Taiwan
Q18a Family	97	98	96			96	98
Q18b Career	89	90	92			90	93
Q18c Free time	92	81	86			92	95
Q18d Friends	96	91	93			94	95
Q18e Relatives	96	97	96			95	98
Q18f Religion	42	26	42			50	64
Q18g Politics	78	60	57			52	38

RPVS survey year	2004	2005	2005			2005	2006
	Japan A	Beijing	Shanghai			Hong Kong	Taiwan
Q18a Family	93	93	92			92	97
Q18b Career	72	77	85			80	89
Q18c Free time	70	59	69			73	85
Q18d Friends	81	67	80			74	80
Q18e Relatives	89	89	89			90	95
Q18f Religion	21	14	28			31	38
Q18g Politics	49	43	51			23	19

EAVS survey year	2002	2002	2002	2003	2002	2002	2003
	Japan	Beijing	Shanghai	Kunming	Hangzhou	Hong Kong	Taiwan
Q 18 a Family	94	95	98	93	95	94	97
Q 18 b Career	78	87	91	84	90	81	88
Q 18 c Free time	77	68	74	70	78	74	84
Q 18 d Friends	85	76	82	77	84	76	76
Q 18 e Relatives	92	91	94	91	94	92	94
Q 18 f Religion	24	11	18	17	24	28	43
Q 18 g Politics	48	41	44	46	45	20	22

7 country Survey	1988	1988	1987	1987	1987	1992	1993
	Japan-A	Japan-B	FRA	UK	FRG	ITA	HOL
Q 18 a Family	95	94	93	96	87	98	94
Q 18 b Career	85	83	85	57	51	75	62
Q 18 c Free time	76	78	73	66	83	70	83
Q 18 d Friends	87	85	73	76	84	80	88
Q 18 e Relatives	91	91	83	83	81	93	86
Q 18 f Religion	38	37	35	36	38	64	33
Q 18 g Politics	54	53	23	26	40	28	32

第7章 Trust of Nations on Cultural Manifold Analysis (CULMAN)　*183*

of Aspects in Daily Life

2012	2012	2013	2012	2010
South Korea	Singapore	India	Australia	USA
99	95	–	97	94
95	93	–	83	86
98	98	–	93	90
99	95	–	94	95
98	99	–	95	95
65	80	–	48	77
69	43	–	41	51

2006	2007	2008	2007	2006
South Korea	Singapore	India	Australia	USA
97	96	96	92	91
96	86	93	66	77
94	87	68	80	82
91	86	82	83	88
96	97	93	89	93
47	69	81	36	68
43	39	37	29	35

Hawaii Residents

1988	
Japanese Americans	Non-Japanese
95	94
73	80
78	75
87	80
94	85
61	58
39	39

2003	2004
South Korea	Singapore
97	95
95	81
93	88
93	88
97	97
49	72
45	37

1999	Hawaii
Japanese Americans	Non-Japanese
99	94
66	77
80	80
91	83
97	88
58	55
34	31

JA on the W.Coast　Japanese Brazilians

1998	1991
JAWCS	BRZ JB
93	94
74	95
83	63
92	87
96	96
47	74
26	49

1988
USA
98
65
74
83
90
76
46

people (except Italians). These findings may be closely linked to national character. Thus we confirmed that all people think that the family and relatives are important among other aspects of daily life, disregarding differences between the East and the West.

As to the third highest choice, the percentages selecting "career," "friends" and "free time" varied among countries. This seems related to economic conditions more than national character, so the percentages may vary more over time.

The Seven Country Survey, EAVS, PRVS and APVS included the following item which asks respondents to choose two response categories from the four presented: two Oriental principles and two Western principles.

Q.33 [SHOW CARD 22] If you were asked to choose the two most important items listed on the card, which two would you choose? (Select two)

	Selected	Not Selected
a. Filial piety/ Love and respect for parents	1	2
b. Repaying people who have helped you in the past	1	2
c. Respect for the rights of the individual	1	2
d. Respect for the freedom of the individual	1	2

Six possible pairs can be selected among the four items. Table 7-6 shows the percentages of the selection of each of the possible pairs in the surveys[4] Some countries, such as Japan and the USA, were studied in the three surveys. The patterns selected in Japan are fairly consistent while those of the USA differ slightly. (The 1988 Japan survey and the 2004 Japan survey used the same sampling methods and field work contractor. The fieldwork company of the 1988 USA survey was GALLUP, and that of the 2006 USA survey and the 2010 USA survey was Kane, Parsons & Associates. GALLUP then used random-walk sampling, and

Kane, Parsons & Associates used quota sampling with respect to age, gender and race in 2006 and random route sampling with the quota table on age, gender and race in 2010.)

In all countries (areas) in Asia, the first choice was pair "a. Filial piety/ Love and respect for parents" and "b. Repaying people who have helped you in the past." On the other hand, even in Western countries, the choice of pair "c. the rights of individuals" and "d. the right of freedom" was not a majority choice. Only in France and West Germany (in 1988, i.e., before the unification) was the rate of selection of that pair higher than in the other countries, but at most it was 30% or so.

For all countries, "a. Filial piety/ Love and respect for parents" was the single first choice (i.e., the rate of selection for each of the possible 4 choices when it is tallied individually, even though Q. 33 asked the respondents to choose two, not just one, items); this is consistent with the previous observation from data in Table 7–4. That is, the degrees of importance of immediate family and relatives were the highest and the second highest, respectively, in all countries (areas). Although the Japanese generally tend to show preference of middle answer categories, as mentioned in Section 2 of Yoshino (2009), they also choose the highest degree as far as the importance of family is concerned.

Throughout human history, "family and relatives" has formed the core for survival, whereas political human rights, such as rights of individuals or the right of freedom appeared only recently, although no one would deny the importance of human rights. Probably family and relatives are universally valued in both the East and the West, whereas rights of individuals and the right of freedom originated in the "modern west," thus they may be differently viewed in the current political system of each country. This may mean that each country has its own way to develop de-

Table 7-6 The rates (%) of Two Choices from the Four Choices:
A (filial piety), B(pay back to a benefactor), C(the right of individuals), & D (the right of freedom)

APVS

survey year	2010	2010	2011	2011	2011	2012	2012	2013	2012
	USA	Japan	Beijing	Shanghai	Hong Kong	Taiwan	South Korea	Singapore	India	Australia
A&B	21	55	67	57	44	54	43	48	–	18
A&C	22	10	15	18	15	17	14	27	–	26
A&D	14	13	12	12	22	13	17	10	–	12
B&C	15	6	2	3	5	6	7	6	–	11
B&D	6	11	2	3	6	5	8	3	–	5
C&D	19	5	2	3	7	5	10	7	–	27

PRVS

survey year	2005	2004	2005	2005	2005	2006	2006	2007	2008	2007
	USA	Japan	Beijing	Shanghai	Hong Kong	Taiwan	South Korea	Singapore	India	Australia
A&B	26	48	55	58	44	53	51	45	34	16
A&C	23	12	19	18	14	17	18	30	23	31
A&D	11	15	13	12	26	12	15	12	11	12
B&C	12	8	5	4	3	5	7	6	2	8
B&D	7	12	4	3	7	7	6	3	2	4
C&D	22	8	5	4	7	6	4	4	1	25

7 Country Survey

survey year	1988	1988	1992	1987	1987	1993	1987
	USA	Japan	Italy	France	W.Germany	Holland	UK
A&B	20	47	24	20	9	12	32
A&C	40	14	30	14	28	30	20
A&D	13	20	26	20	19	26	13
B&C	6	5	4	8	4	3	11
B&D	3	7	3	11	3	1	8
C&D	20	8	14	27	37	28	16

mocracy as well as economic prosperity; therefore, no country should impose its particular version on other countries but respect the others' ways.

(4) Sense of Trust among Japanese Immigrants, and Ethnic Differences within a Single Country

In this section, I show more details of the survey data on Japanese immigrants in Hawaii (Yoshino, 2001b), Brazil (Yamamoto et al., 1993), and the U.S. West Coast (Yoshino, 2000, 2001a), to observe differences in regions or generations. Also I briefly study ethnic differences (the Chinese, Malays and Indians) in Singapore, as well as comparison of Taiwanese and Chinese mainlanders in Taiwan.

Some analyses of our past surveys have already clarified similarities and dissimilarities between Japanese living in Japan and the Japanese immigrants abroad. First, the Japanese tendency to avoid polar response categories and to prefer intermediate response categories in a questionnaire survey (Hayashi & Kuroda, 1997) is not necessarily inherited by Japanese immigrants in the same way (Hayashi et al., 1998, p. 388). There are some variations in this tendency due to the social context of the host country. For example, immigrants need to make clear their intentions in order to communicate successfully in their host countries such as the USA (mainland). Otherwise they would be unable to get along with others as well as to protect their rights.

Secondly, we found that the Japanese style of interpersonal attitudes (Giri-Ninjyo attitudes) or religious attitudes was preserved among the immigrant Issei and Nisei (first & second generations) in the USA. The third and younger generations seem to have become more adapted to the country where they were born and now live. These observations have been explained by Hayashi (1993), Yamaoka (2000, Fig. 4 & Table 3), and

Yoshino (2000, p. 197; 2001b, p. 52; 2002).

Here I reexamine those observations on the sense of trust among Japanese immigrants in Brazil, Hawaii, and the U.S. West Coast with results from our recent survey and analyses.

Generally, Brazilian Japanese showed a much lower degree of sense of trust for each of the three items (#2.12 a, #2.12b, #2.12c) than most responders in the seven countries mentioned in Section 5.1 (see also Yamamoto et al., 1993, p. 435). Furthermore, an even lower degree of trust was found in the third or younger generation than in the first and second generations.[5] As a whole, the pattern of sense of trust in Brazil appeared close to that of France (1987 survey) and Italy (1992 survey). As for the immigrants in Hawaii and the West Coast, they showed higher degrees of a sense of trust than most responders in the seven countries, including Japan and the USA. (Unfortunately, the survey of the U.S. West Coast Japanese immigrants did not include #2.12b.) For an understanding of the generations of Japanese immigrants in the USA, there is a frame of comparison, as Kitano (1993, ch.13) showed. Namely, the first generation (Issei) were called "Japs" and were discriminated against as immigrants from Japan. The second generation (Nisei) represents Japanese Americans who have been constantly in search of their own identity between the USA and Japan (many of them voluntarily fought in WWII as American soldiers while their parents were placed in concentration camps by the American government). The third generation or younger are simply Americans of Japanese descent.

Figure 8 of Yoshino (2002) showed that there was no significant difference between the Japanese Americans and the non-Japanese Americans among Honolulu residents with regard to trust (#2.12 a, b, c). (In Hawaii, no ethnic group is the majority and Japanese Americans comprise the largest group among the minorities, except Caucasians.) Furthermore, Figure 9 of Yoshino (2002) provided details of the cross-ethnic comparison among Hawaii residents (several racial groups with a small sample size, e.g., less than 20, were omitted from the analysis). We should be careful in our conclusion because the sample sizes for each are too small.

Time series data sets are available for the Hawaii Resident Survey. Figure 10 of Yoshino (2002) shows longitudinal changes among Japanese residents of Hawaii in terms of trust for each generation. There was no large difference between generations in over two decades, except for some differences between Nisei and Sansei in 1988. This may be explained by the many mixtures of ethnicities in Hawaii. Also, there was little change in the sense of interpersonal trust in each generation over these two decades. (It may be worthwhile noting that those with higher education have been increasing [Yoshino, 2002, p. 67]. In most countries or regions that we surveyed, age and education level turned out to be negatively correlated, with younger residents having higher education levels.)

As for Japanese Americans on the West Coast, the survey questionnaire included only two items on trust (#2.12a & #2.12c). Data for the West Coast (Figure 1 of Yoshino, 2002) showed a large difference between generations: the older generation seemed the more trustful. This was not seen in the Hawaii data. We should be very careful when interpreting the data, because there may be several compounding factors (such as age, generation, physical conditions, economic conditions, and residential area). However, there is a difference between Japanese Americans in Hawaii and Japanese Americans on the West Coast with regard to generational differences (compare Figure 10 with Figure 11 in Yoshino, 2002). This may be related to differences in their concepts of ethnicity. That is, Japanese Americans in the mainland would have no problem classifying themselves as Americans of Japanese descent. On the other hand, many Hawaiian residents are of highly mixed ethnicity in this multi-ethnic society, so that people's perception of ethnicity is dependent upon how they identify themselves in the ethnic classification - this ought to be no different for the Japanese Hawaiians. In addition, the different conditions of Japanese Americans in Hawaii and on the West Coast during WWII may have had an effect on their attitudes and social values. [6]

Next, the ethnic differences (the Chinese, Malays and Indians) in Singapore in interpersonal trust are shown in Table 7-2. General patterns seem stable over years, although there may be some changes of response distributions on the items. Among others, an increase in the positive response on Q. 38 among the Indians (generalized interpersonal trust) may be remarkable: 25% in both 2004 and 2007, and 45% in 2012. This increase might be related to India's rapid development in the international economy and politics in the last decade. We might need to be careful about, however, the possibility of statistical fluctuation due to the smaller sample size that accompanies an analysis involving breaking down the sample by ethnicity. This is also the case with the ethnic differences in Singapore in Table 7-4.

As for comparison of native Taiwanese and Chinese mainlanders in Taiwan, Table 7-4 shows almost the same pattern, probably except on Q 9 e (obedience to seniority): more positive responses were seen among the native Taiwanese than the Chinese mainlanders. However, we need to be careful about the distinction of the categories of "native Taiwanese and Chinese mainlanders." Although the categories are important in analyses, they occasionally relate to some sensitive political matters. The distinction between the two groups is on self-report, and the sample of valid returned questionnaires in our survey was biased to fewer mainlanders than would be expected by census data. There are at least two possibilities: our sample might have been truly biased; or the mainlanders might have hidden their identities for certain political reasons. Therefore, this analysis is tentative.

To conclude this section, let me summarize Yoshino's (2002) analysis of the relationships between trust and economic conditions. There are different perspectives on people's sense of trust, such as the historical perspective of Fukuyama (1995), or the economic perspective of Banfield (1958). Yoshino (2002) studied some relationships between people's sense of trust and their social class or income (both self-reported variables).

As for the relationship between trust and self-reported social class in the longitudinal survey of Japanese National Character, the result was consistent with Banfield's (1958) claim. More detailed analyses on the comparative data of the seven countries showed some differences between countries. For example, West Germany was remarkably different from the others: the middle category (not necessarily "middle class") of social class was less trustful than the high and low categories. The pattern in the USA was opposite that of West Germany.

There were some differences among countries in the relationship between trust and self-reported income. For Britain and the USA, trust was almost linearly related to income categories: the higher the income, the more trustful. West Germany and Japan did not follow that pattern. Italy and France showed a much lower level of relationship of trust with social class and with income. Throughout all social classes, Italians consistently indicated the lowest degree of trust whereas in France social class was linearly related to trust. As for income, there was a significant linear relationship with the degree of trust in both Italy and France, but the relationship was less pronounced than in the cases of Britain and the USA.

For reference, the correlation coefficients (Kendall's tau) between social classes and income (both 3-point ordered categories) were 0.47 in the Netherlands, 0.36 in USA, 0.34 in Britain, 0.30 in West Germany, 0.29 in Italy, 0.28 in France, and 0.24 in Japan. These patterns of correlation may represent some differences in social structure (or national character) between countries. For example, "income" or "education" may be more directly related to "social class" in the USA than in Japan, at least before the too rapid social reform of Japan in "the lost decade." Thus we need to consider social background and institutions for a better understanding of this matter.

6. Conclusions

In this paper I have presented people's sense of trust from our survey data under our research paradigm called CULMAN. As a whole, this paper has shown some differences between countries, races, and generations regarding senses of interpersonal and institutional trust as well as some universal features of some social values across all the peoples. We need to be cautious, however, when we interpret the results because survey data on "trust" are often a compound of many variables including economic and political factors as well as people's general response tendencies. In addition, we should consider the utility and limitation of items that are used for measuring trust. Scales may be used to measure some important dimensions related to trust, but there may be other important dimensions of trust. That is, "sense of trust" can be considered in various contexts, such as intra-personal or interpersonal relationships, inter-social groups, transactions, or moral philosophy. Nevertheless I believe that our survey data has clarified certain aspects of the differences among several countries or social groups in terms of trust and has also clarified certain aspects of the generational differences among Japanese immigrants abroad. I will provide some comments for our future research as follows.

First, in order to facilitate a mutual understanding between East and West, we need to pay much attention to differences in social values. The study on the scale of trust (Yoshino, 2005b, 2006) may caution us on the applicability of a certain "single" scale invented in Western cultures to Eastern cultures, or vice versa. For example, it is not always the case in Asia that "distrust is a culture of poverty", as Banfield (1958) mentioned. A Chinese proverb says that "Fine manners need a full stomach" (or "The belly has no ears"), but another says, "Be contented with honest poverty." Gallup (1977, p. 461) reported that in their global survey they could not find very poor but still happy people. I think that they missed well-known observations. For example, Brazilians were very optimistic even when Brazil was the worst debtor nation in the 1980s (Inkeles, 1997). Inglehart reported a correlation of .57 between economic development and life satisfaction for some 20 countries surveyed in 1980 s (Inkeles, 1997, p. 366–371). But life satisfaction in Japan in the 1980's was lower than around 2000, although Japan was prosperous in the 1980s but struggled with the recession around 2000. Thus, we need to measure various aspects of social values in order to understand different cultures in the age of globalization.

Secondly, it is important to note that people's negative responses do not necessarily mean that they lack a sense of trust. As Dogan (2000, p. 258) mentioned, there are several positive interpretations of people's sense of distrust. For example, people may express distrust or complaint toward the government or political leaders, not because they lack intra-personal or interpersonal trust, but because they know that it is a way to improve their own country and eventually our world in a democratic way.

Thirdly, a comment is provided for the development of the framework of CULMAN (cultural manifold analysis). The last century was the time of expansion of western civilization, and this century is said to be the time of Asian revival. In this time of globalization, I think that world leaders should be knowledgeable about world geography and history and sensitive to the conditions of all countries and nations, if they wish to take seriously their responsibility to develop and maintain world peace. Differences between cultures or civilizations occasionally prevent us from deeply understanding each other. In studying world history as well as regional histories of different cultures and civilizations, however, we should remember that there are various ways of successful social development. Thus we should not impose our own social values on any other country or nation.

Some institutional systems or customs are changing, converging towards more universal ones under the influences of transnational exchange or trade. Other systems are, however, becoming more sensitive to cultural differences, as a reaction to globalization. The last two decades have shown that, at least for the foreseeable future, globalization does not lead us to a single unified global culture or a single "superculture" on the earth (cf. Yoshino, 1992). [7] Our survey team has been developing a methodology called "Cultural Manifold Analysis (CULMAN)" for cross-national comparisons. I think it is possible to use CULMAN to develop a framework of policy making to bring about a gradual development of, so-to-speak, a Global Cultural Manifold (GCM) (Yoshino, 2008; Yoshino, Nikaido & Fujita, 2009, p.107, Figure 6).

The GCM is a set of hierarchical overlapping local charts, and each chart covers a certain area (region, country, national groups, civilization, etc.). In each chart, we may assume that people share a certain culture or social values: A larger chart corresponds to a less restrictive but to a more universal culture or social values. Thus, according to the size of the chart (area, region or social group), people may be able to consider the degree of rigidity in decision-making, or the extent of regulations concerning various types of exchanges (e.g., contracts in transnational business or international trade within the members in the region). The charts of GCM must be dynamic. Therefore, each chart may be enlarged, shrunken, or disappear over time. Two overlapping charts may be assimilated to make a larger chart. Also, a new chart may appear. The EU may exemplify the concept of GCM. Currently, East Asia and the Asia-Pacific area are presenting other examples, although many people used to doubt such unification because of their too complicated diversity of races, languages, religions as well as political systems.

Weber (1904–05) argued in his theory on religion and capitalism that Asian countries would not be able to develop capitalism. Now we know of so many counter-examples (such as Japan, Korea, NIES, and China) that go against his argument. Some people argued that the Japanese adaptation of Confucian philosophy functioned as a substitute for the Protestant ethic and led Japan to successfully develop capitalism (Morishima, 1984). But the past decades have seen many examples to show that economic success is not necessarily linked to a particular ethic, ideology, or religion. Now we have more data to consider the relationships between economic development, social systems and social values. For example, in this paper, I have shown that Asian countries have already departed from the literal teaching of Confucian philosophy. In this time of globalization, I would like to emphasize the fact that there are various ways for successful social development. Therefore, we should not impose one's own social value on any other country if we intend to develop a peaceful world.

The Japanese mind is the world of an ambiguous self, multiple realities, and multi-valued attitudes (Hayashi & Kuroda, 1997). Occasionally, Japan is considered as a homogeneous society with respect to individual opinions, but this is not the case in reality. Simply because the Japanese tend to refrain from making definitive commitments in order to avoid possible conflicts, they often appear to be ambiguous and homogeneous.

A new style of society demands a new type of social system. Bringing this about would first necessitate destruction of a traditional system. A leader in Japan would have to think about the balance between conservation of fundamental human relational systems and quick destruction of obsolete social systems in the transitional age, as would the leaders all over the world. The last two decades, however, have seen that such destruction has gone too far even in the areas that we have to conserve, for example, in the realm of maintaining trustful human relationships, under the misguided globalization. A positive side of ambiguity may lead us to generosity to accept different social values whereas a negative side may lead us to confusion or irresponsibility.

On March 11 in 2011, the mega-earth-quake of East Japan, with the huge tsunami and the Fukushima nuclear plant accident caused by the earthquake, brought about Japan seemingly insurmountable difficulties, and Japan has still been struggling to recover from the damages. The world media, however, reported about the calm attitudes of the Japanese even in the tragedy: the devastated yet surviving Japanese kept order in front of grocery stores to buy food, which may look remarkable to people of other countries' where even a natural disaster can frequently lead to a riot. On the other hand, many Japanese had a chance to reconsider the values of their own life and work, and to think of various ways of contributing to the people and area damaged by the quake. Many news stories and surveys have repeatedly reported about the human bond and the importance of family, relatives and friends, not only on a domestic, but worldwide scale. We have confirmed that the differences on ideology or religions are minor, as compared with the universal importance of human bond or trust between peoples.

It is my sincere hope that mutual understanding among the various cultures and civilizations will prevent unnecessary conflicts between nations and cultures and will lead us to a peaceful and prosperous world in the 21 st century.

Acknowledgment

This paper is a revised and combined version of two previous papers (Yoshino, 2009; Yoshino, Nikaido & Fujita, 2009), including updated and augmented survey data sets.

This study is supported by the Ministry of Education, Culture, Sports, Science & Technology, Grant in Scientific Research A (2), No.14252013 (2002-2005 fiscal years), A (2) No.18252001 (2006–2009 fiscal years) and S No.22223006 (2010–2014 fiscal years). The author is very grateful to Prof. Frank Shotaro Miyamoto, Prof. Tetsuden Kashima (University of Washington), Prof. Stephan S. Fugita (Santa Clara University), Emeritus Prof. Yasumasa Kuroda (University of Hawaii), Prof. Chikio Hayashi and my colleagues. We could not have carried out our immigrants surveys without them in the U.S.A. Also, he is grateful to Prof. Nicolaos Synodinos (University of Hawaii) for his valuable comments on an early draft of this paper.

1) Note that the younger generation was born more than 10 years after the end of World War II. In 1956, the Economic White paper declared, "Japan is no longer in the post-war condition," and this symbolized the start of the high-speed development of industry and economy. On the other hand, Japan had to face pollution problems as a result of the high-speed industrialization around 1970.

2) All through this paper, figures, such as #2.12, correspond to the common item code of the questionnaire of our surveys. Except in some cases, I leave the exact wording of items and the precise data on response rates to the ISM Research Report No. 85 [Sakamoto et al., 2000]. As for our past surveys, our

home pages are: http://www.ism.ac.jp/~yoshino/; and http://www.ism.ac.jp/ism_info_j/kokuminsei.html.
3) A mistranslation was introduced by the survey agent in the USA: "obey" should have been used in "c "and "e" where "follow" was used. But this mistake itself may show a lack of understanding concerning Confucian teachings in the USA. The mistranslation was left in the USA 2006 survey and Singapore 2007, but was corrected in the surveys of Australia 2007, India 2008 and after ward.
4) The patterns for EAVS and APVS are almost the same for the countries (areas) surveyed in those surveys. See Yoshino [2005 b] for further information.
5) We should keep in mind that the economic condition of Brazil was bad in the year of survey.
6) In Hawaii, there was no concentration camp, and Japanese American Nisei soldiers did not have as much emotional conflict with their Japanese parents. For more details, see Dowds, 1986; Kashima, 2003; Fugita & Fernandez, 2004; Miyamoto, 1984.
7) For a detailed review of the literature on "globalization" and cultures, see Guillen, 2001, pp. 252–254.

References

Abramson, P. R. & R. F. Inglehart, 1995, *Value change in global perspective*, University of Michigan Press.

Almond, G. A. & S. Verba, 1963, Civic culture, Boston: Little Brown.

Banfield, E. C., 1958, *The moral basis of a backward society*, NY: The Free Press.

Dogan, M., 2000, "Deficit of confidence within European democracies", in M. Haller (ed.), *The making of the European union* (pp.243–261), Paris: Springer-Verlag.

Dowds, M., 1986, *Buriea no kaihou-sya-tati* [Liberation army of Briar], Bunsyunn-bunko, Tokyo: Bungeisyunjyu.

Fujita, T. & R. Yoshino, 2009, "Social values on international relationships in the Asia-Pacific region", *Behaviormetrika*, 36, 2, 149–166.

Fugita, S. S. & M. Fernandez, 2004, *Altered lives, enduring community: Japanese Americans remember their World War II incarceration* (The Scott & Laurie Oki Series in Asian American Studies). Seattle: University of Washington Press.

Fugita, S. S., T. Kashima, & F. S. Miyamoto, 2002, Methodology of comparative studies of national character, *Behaviormetrika*, 29, 2, 143–148.

Fugita, S. S., F. S. Miyamoto & T. Kashima, 2002, "Interpersonal style and

Japanese American organizational involvement", *Behaviormetrika*, 29, 2, 143–148.

Fukuyama, F., 1995, *Trust*, NY: Free Press.

Gallup, G. H., 1977, "Human needs and satisfactions: a global survey", *Public Opinion Quarterly*, winter, 459–467.

Guillen, M. F., 2001, "Globalization civilizing, destructive or feeble? A critique of five key debates in the social science literature", *Annual Review of Sociology*, 27, 235–260.

Hayashi, C. (Ed.), 1973, "A study of Japanese-Americans in Honolulu, Hawaii" (in Japanese). *ISM Research Report General Series*, No.33. Tokyo: ISM.

Hayashi, C., 1992, *Suuryou-ka* [Hayashi's quantification method], Asakura-syoten.

Hayashi, C., 1993, *Nihon-jin no kokuminnsei* [Japanese national character], Phase' 93, 64–96.

Hayashi, C., 2001a, *Nihon-jin no kokuminsei kenkyu* [a study on the Japanese national character], Tokyo: Nansou-sya.

Hayashi, C., 2001b, *De-ta no kagaku* [The Science of Data], Asakura-syoten: Tokyo.

Hayashi, C. & A. Iriyama, 1997, *Koueki hojin no jitsuzo* [The Reality of NPO], Tokyo: Daiamond-sha.

Hayashi, C. & Y. Kuroda, 1997, *Japanese culture in comparative perspective*, C T: Praeger.

Hayashi, C., R. Yoshino, T. Suzuki, F. Hayashi, S. Kamano, I. Miyake, M. Murakami & M. Sasaki, 1998, *Kokuminsei nanaka-koku hikaku* [cross-national comparison of seven nations], Tokyo: Idemitsu-syoten.

Hayashi, F. & K. Nikaido, 2009, "Religious faith and religious feelings in japan: analyses of cross-cultural and longitudinal surveys", *Behaviormetrika*, 36, 2, 167–180.

Hayashi, F. & K. Yamaoka, 2002, *Practice in survey* (in Japanese). Asakura-syoten.

Hosmer, L. T., 1995, "Trust: the connecting link between organizational theory and philosophical theory", *Academy of Management Review*, 20, 2, 379–403.

Ichida, N., G. Yoshikawa, S. Kobayashi, H. Hirai & K. Kondo, 2005, "Social capital and health – A survey of the 32,000 senior people in the Chita peninsula (Aichi prefecture) – ". http://www.nihonfukushi-u.jp/coe/report/pdf/20051027_2.pdf

Inaba, Y., 2002, *Japan and economy of trust* (in Japanese), Tokyo: Toyo-keizai-sinpou-sya.

Inkeles, A., 1997, *National character*, New Brunswick: Transaction Publishers.

Kashima, T., 2003, *Judgment without trial: Japanese American imprisonment during World War II (The Scott and Laurie Oki Series in Asian American Studies)*, Seattle: University of Washington Press.

Kawachi, I., B. P. Kennedy, K. Lochner & D. Prothrow-Smith, 1997, "Social capital, income inequality, and mortality", *American Journal of Public Health*, 87, 9, 1491–1498.

Kitano, H. H. L., 1993, *Generations and identity: The Japanese American*, MA: Ginn Press.

Kuroda, Y., 2002, "The rainbow model of American ethic groups", *Behaviormetrika*, 30, 1, 39-62.

Kuroda, Y. & T. Suzuki, 1991a, "Arab student and English: The role of implicit cultures", *Behviormetrika*, 29, 33–44.

Kuroda, Y. & T. Suzuki, 1991b, "A comparative analysis of the Arab culture: Arabic, English and Japanese languages and values", *Behviormetrika*, 30, 35–53.

Matsumoto, W., 2006, "Sense of trust on organizations in East Asia – analysis for a cross-national comparative study –", *The Japanese Journal of Behaviormetrika*, 33, 1, pp.25–40.

Miyamoto, F. S., 1984, *Social solidarity among the Japanese in Seattle*, Seattle: University of Washington Press.

Miyamoto, F., 1986, "Problems of interpersonal style among the Nisei", *Amerasia*, 13, 2, pp.59–45.

Miyamoto, F. S., S. S. Fugita & T. Kashima, 2002, "A theory of interpersonal relations for cross cultural studies", *Behaviormetrika*, 29, 2, 149–184.

Mizuno, K., T. Suzuki, Y. Sakamoto, M. Murakami, T. Nakamura, R. Yoshino, C. Hayashi, Y. Nishihira & F. Hayashi, 1992, *Dai 5 Nihon-jin no Kokuminsei* [the fifth Japanese national character survey], Idemitsu-syoten: Tokyo.

Morishima, M., 1984, *Naze nihon ha seikou sitaka* [Why did Japan succeed]? Tokyo: TBS Britannica.

NORC-ROPER, 1986, *General social surveys, 1972-1986: cumulative codebook*, The Roper Center for public opinion research, University of Conneticut.

Osaka Shogyo University & Tokyo University, 1999, *The Japanese version of general social survey (JGSS)*, The second preliminary survey, simple tabulation & codebook.

Putnam, R. D., 1995, "Bowling alone: America's declining social capital", *The Journal of Democracy*, 6, 1, 65–78.

Rosenberg, M., 1956, "Misanthropy and political ideology", *American sociological review*, XXI, 690–695.

Rotter, J. B., 1971, "Generalized expectations for interpersonal trust", *American

Psychologist, 26, 443–452.

Sakamoto, Y., T. Nakamura, T. Tsuchiya, T. Maeda & D. B. Fouse (Eds.), 2000, "A study of the Japanese national character: the tenth nationwide survey" (1998). *ISM Research Report, General Series*, No. 85.

Shapiro, S., 1987, "The social control of interpersonal trust", *American Journal of Sociology*, 93, 623–658.

Sasaki, M. & T. Suzuki, 2000, *Social attitudes in Japan*, Boston: Brill.

Tsunoda, H., R. Yoshino, & K. Yokoyama, 2008, "Components of social capital and socio-psychological factors that worsen the perceived health of Japanese males and females", *The Tohoku Journal of Experimental Medicine*, 216, 2, 173–185.

US Census Bureau, 2006, "Personal income and educational attainment", http://www.census.gov/hhes/income/histinc/p 16.html. Retrieved 2006-09-24

Uslaner, E. M., 2002, *The moral foundations of trust*, Cambridge University Press

Uslaner, E. M., 2010, *Corruption, inequality, and the rule of law: The bulging pocket makes the easy life*, Cambridge University Press.

Weber, M., 1904–05, *The Protestant ethics and the spirit of capitalism* [translated by T. Parsons], Routledge Classics.

Yamamoto, K., T. Kawai, T. Wakisaka, S. Miyao, K. Mori, C. Hayashi, H. Mizuno, T. Suzuki, F. Hayashi & R. Yoshino, 1993, "Research on national character of Japanese Brazilian－1991&1992－", *ISM Research Report General Series*, No.74.

Yamaoka, K., 2000, "Variation in attitudes and values among Japanese Americans and Japanese Brazilians across generations", *Behaviormetrika*, 27, 2,125–151.

Yoshino, R., 1992, "Superculture as a frame of reference for cross-national comparison of national characters", *Behaviormetrika*, 19, 1, 23–41.

Yoshino, R., 1994, "An overview of the longitudinal studies of national character by ISM" (in Japanese), *Proceedings of the Institutional Statistical Mathematics*, 42, 2, 259–276.

Yoshino, R. (Ed.), 2000, "A study of statistical science on cultural transmission", *The ISM Research Report*, No.84. Tokyo: ISM.

Yoshino, R. (Ed.), 2001a, "A study of statistical science on cultural transmission based on social survey data of National Character", *A report submitted to The Ministry of Education, Culture, Sports, Science & Technology*.

Yoshino, R. (Ed.), 2001b, "Hawaii Resident Survey 1999–2000", *The ISM Research Report*, No.86. Tokyo:ISM.

Yoshino, R., 2001c, *Kokoro wo hakaru* [Measuring the mind], Tokyo: Asakura-syoten.

Yoshino, R., 2002, "A time to trust－a study on peoples' sense of trust from a viewpoint of cross-national and longitudinal study on national character－", *Behaviormetrika*, 29, 2, 231–260.

Yoshino, R., 2003, "A time to trust" (In Japanese), *Eco-Forum*, 22, 1, a special issue: Social capital part II, 42-51. Tokyo: Tokei-kenkyu-kai.

Yoshino, R., 2005a, "East Asia Values Survey－For the development of Behaviormetric study of civilization on the Cultural Manifold Analysis" (CULMAN), *Japanese Journal of Behaviormetrics*, 32, 2, 133–146.

Yoshino, R., 2005b, "A time to trust in the East Asia ?? A Behaviormetirc study on the sense of trust in the East Asia Values Survey ??", *Japanese Journal of Behaviormetrics*, 32, 2, 147–160.

Yoshino, R., 2006, "A social value survey of China－on the change and stability in the Chinese globalization－", *Behaviormetrika*, 33, 2, 111–130.

Yoshino, R. (Ed.), 2007a, *The Cross-national comparison of the East Asia－Science of data－* (in Japanese). Tokyo: Bensei-syuppan.

Yoshino, R., 2007b, "A Behaviormetirc study of civilization on Data Science" (in Japanese), in *Suuri-shinri-gaku* (Mathematical psychology) (R. Yoshino, N. Chino & K. Yamagishi [eds.]), Ch.5 . Tokyo: Baihuu-kan.

Yoshino, R., 2008, "National character and environmental issues－For policy-making to accept cultural manifold－", (in Japanese). *Environmental Information Science*, 37, 1, 21–26.

Yoshino, R., 2009, "Reconstruction of trust on a cultural manifold: sense of trust in longitudinal and cross-national surveys on national character", *Behaviormetrika*, 36, 2, 115–147.

Yoshino, R., 2012, "Reconstruction of trust on a cultural manifold", in *Trust: Comparative Perspectives* (M. Sasaki & R. M. Marsh [eds.]), 297–346. Brill Academic Publishers.

Yoshino, R. & C. Hayashi, 2002, "An overview of cultural link analysis of national character", *Behaviormetrika*, 29, 125–142.

Yoshino, R., F. Hayashi & K. Yamaoka, 2010, *Analysis of comparative survey data* (in Japanese). Asakura-syoten.

Yoshino, R., K. Nikaido & T. Fujita, 2009, "Cultural manifold analysis (CULMAN) of national character: paradigm of cross-national survey", *Behaviormetrika*, 36, 2, 89–113.

Yoshino, R. & H. Osaki, 2013, "Subjective social class, sense of satisfaction, and sense of trust—a note on psychological scales of social surveys—" [in Japanese], *Japanese Journal of Behaviormetrics*, 40, 2, 97–114.

Yoshino, R. & H. Tsunoda, 2010, "A note on social capital—from a viewpoint of cross-national comparative methodology—" [in Japanese], *Japanese Journal of Behaviormetrics*, 37, 1, 3–17.

Zheng, Y., 2005, "Cross-national comparison of transitions of traditional values in eastern asian countrie" [in Japanese], *Japanese Journal of Behaviormetrics*, 32, 2, 161–172.

Zheng, Y. & R. Yoshino, 2003, "Diversity patterns of attitudes towards nature and environment in Japan, USA, and European nations", *Behaviormetrika*, 30, 1, 21–38.

Zucker, L. G., 1986, "Production of trust: institutional sources of economic structure", 1840-1920, *Research in Organizational Behavior*, 8, 53–111.

和文要旨

統計数理研究所では1953年以来，5年ごとに「日本人の国民性」調査を継続し，1971年頃より，これを国際比較調査研究へと拡張してきた。これは，戦後に始まり半世紀以上に及ぶ日本の独創的調査研究であり，米国のGeneral Social Survey (GSS)，フランスのCREDOC，ドイツのALLBUS，EUのEurobarometer等々，世界の各国や地域で類似の調査研究を開始させる動機となった。本論文では，この国民性研究の時系列データおよび国際比較データの中に現れる「人々の信頼感」や，それに関連する人々の意識についてのデータを概観する。

まず，第1節では，われわれの調査グループが発展させてきた時系列比較・国際比較の研究のパラダイムであるCLA（連鎖的比較）およびCULMAN（文化多様体解析）について解説する。CLAは調査対象に対して時系列的比較，国際比較，調査テーマの連関という，比較の連鎖の環を徐々に拡大し，やがてグローバルな比較を可能とするという考えに基づく。CULMANは，CLAを発展させ，階層構造の視点を導入したものである。これらのパラダイムは，各国の言語の差違，調査実践における標本抽出法の差違などを乗り越えて，どのようにして「国際比較可能性」を担保するかという課題に対して，統計数理研究所の調査グループが長年にわたり挑戦してきた成果として，1つの立場を提供する。

第2節では，半世紀以上にわたる「日本人の国民性調査」で確認された日本人の比較的安定した社会的価値観，とくに人間関係に関する信頼感について要約する。米国のGSSの質問項目を活用したわれわれの調査データに現れる対人的信頼感に関しては，日本人の安定性に比して，アメリカ人は社会・経済の変動との密接な連関が示唆される。

第3節では，われわれがこれまで遂行してきた国際比較調査データに基づいて，人々の「対人関係における信頼感」と「社会や組織に対する信頼感」について，他の関連する社会的価値観とともに考察する。ここではGSSの対人信頼感項目と，Michigan大学のInglehartらのWorld Values Surveyからの質問項目を導入している。データは，1987-1993年の日米欧七か国比較，2002-2005年の東アジア価値観国際比較（日本，韓国，中国［北京，上海，香港］，台湾，シンガポール），2004-2009年の環太平洋価値観国際比較（日本，韓国，中国［北京，上海，香港］，台湾，シンガポール，インド，

米国，オーストラリア），2010-2014 年（予定）のアジア・太平洋価値観国際比較（日本，韓国，中国［北京，上海，香港］，台湾，シンガポール，インド，米国，オーストラリア，ベトナム。ただし，インド，ベトナムは本章執筆時点では未調査）を中心として扱う。

　信頼感のみならず，調査データに現れる人々の意識の解釈については，その表面の数字だけの比較に堕することなく，日本人の中間回答選好傾向やフランス人の批判的回答傾向など，各国民の一般的回答傾向などをも考慮すべきことに十分に注意する。

　社会的価値観に関しては，アジアの儒教圏の国々でも，文字通りの儒教的な教えからは既に脱却していることが確認される。ただし，さらに詳細に観ると，日本，中国，韓国でその様相の差違は認められるかもしれない。他方で，「親孝行／親に対する愛情や尊敬」には，近代的な価値観であろう「個人の自由」や「個人の権利」以上の価値を置くことは，洋の東西を越えた普遍的な価値観であろうことが示唆される。

　第 4 節では，ハワイ（ホノルル）や米国西海岸（シアトル，サンタ・クラーラ），ブラジルの日系人を含む調査データを通して，人種・民族と社会環境との相互作用について考察を試みる。日系移民の共通性と，各国での社会・経済・政治状況の違いの影響が示唆されるであろう。とくに，対人的信頼感の表明では，米国西海岸やハワイの日系人は，高信頼の米国よりもさらに高く，ブラジル日系人は，低信頼のフランスやイタリアのラテン系の国よりも，さらに低く出る。ただし，「不信の表明」の程度は必ずしも，人々の間の信頼感がないことと比例するとはいえず，場合によっては「民主主義における批判精神の成熟の表れ」ともみられることに留意すべきである。これは，例えばKawachi ら（1997）の米国における公衆衛生研究で「対人的信頼感と寿命や健康」の正の相関が発表されるのに対して，国際比較では必ずしも，その様な結果は得られないことにも深く関係しているとみられる。

　最終節では，将来の研究の発展のために，コメントしよう。21 世紀の初頭，新たな世界の安定した秩序を追い求める中で，本研究の調査データとその解析結果が官民学の広範に活用され，世界の相互理解と経済の安定的発展に多少なりとも結びつくことがあれば，幸いである。

第 8 章
信頼感と属性に関する国際比較

佐々木正道

　信頼感に関する意識調査において最も頻繁に使用されてきた質問項目は，ミシガン大学の社会調査研究所で信頼感尺度として開発され（ローゼンバーグの3項目尺度ともいう），その後各種の世論調査（全米世論調査センターのGeneral Social Survey World Values Survey，そしてEuropean Social Suvey など）で使用されてきた3問である。3問による信頼感調査に対する批判的見方（例えばHardin 2002）があるものの，社会における全般的信頼感を計測するには相応しい尺度であると支持する見方もある（Glaeser et al. 2000）。それらを多角的に捉えた質問の解釈は国によって異なることが指摘されてきた。(Gabriel et al. 2002) そこで本章では最初に信頼感に関するそれら3問の回答が国によってどのように属性と関連しているかを検討し，それら3問の回答パターンが各国共通の信頼感尺度として使用できるかどうかを検証し，できる場合には国別に信頼感と属性の相関の有無を調べる。

　3つの質問項目と回答は次のとおりである。

　　問1　たいていの人は，他人の役にたとうとしていると思いますか，それとも自分のことだけを考えていると思いますか。

　　　　1　他人の役にたとうとしている　　8　その他
　　　　2　自分のことだけを考えている　　9　わからない

問2 他人は，機会があれば，あなたを利用しようとしていると思いますか，それともそんなことはないと思いますか。

1 他人は機会があれば自分を利用しようとしていると思う
2 そんなことはないと思う
8 その他　　9 わからない

問3 あなたは，たいていの人は信頼できると思いますか，それとも，用心するにこしたことはないと思いますか。
1 信頼できる　　　　　　　　8 その他
2 用心するにこしたことはない　9 わからない

　信頼感は，属性である性別，年齢，収入，学歴，国籍，居住地と関連していることが研究結果から明らかになった。（Alesina & La Ferrara 2002, Bellemare & Kroeger 2007, Rainer & Siedler 2009, Sutter & Kocher 2007）

　本章では3問それぞれに国別，属性別に比較し検討を行う。社会調査の結果の分析には，属性別の集計が最も基本であり，各質問に対する回答の内容を理解するうえで重要である（林，1998）。

　属性としては，性別，未既婚，社会階層，学歴，そして年齢を取り上げる。なお，選択肢の「その他」と「わからない」は欠損値として分析から除外する。したがって選択肢はそれぞれの質問の回答において2つとなる。この2つを信頼感についての「他人または一般人」に対するプラスとマイナスのイメージと捉える。したがってプラスのイメージの割合だけを取り上げると，マイナスのイメージは100%から差し引いた割合となる。

　本研究における調査の対象となる国は，1995年から2009年に実施された世界価値観調査（ASEP/JDS 2010を参照）の信頼感のランク付けから高信頼度の国としてフィンランド（信頼度スケール＝117.5），比較的高信頼度の国としてアメリカ（78.8），ドイツ（75.8），日本（79.6），台湾（70.0），中信頼度の国と

してロシア（55.4），チェコ（48.8），そして低信頼度の国としてトルコ（10.2）の8カ国を選択した。8カ国における全国調査は2009年から2012年にクオーターサンプル法または2段階ランダムサンプル法を用いて実施された（詳細については本書の第9章の巻末を参照のこと）。本論文の表と図はその分析結果に基づき筆者が作成した。

図8-1の信頼感の3問の国別分布（プラスのイメージの回答率）から信頼感は，アメリカ，フィンランド，ドイツ，台湾，日本の5カ国において比較的高く，ロシア，チェコ，そしてトルコはいずれの項目においても低い。

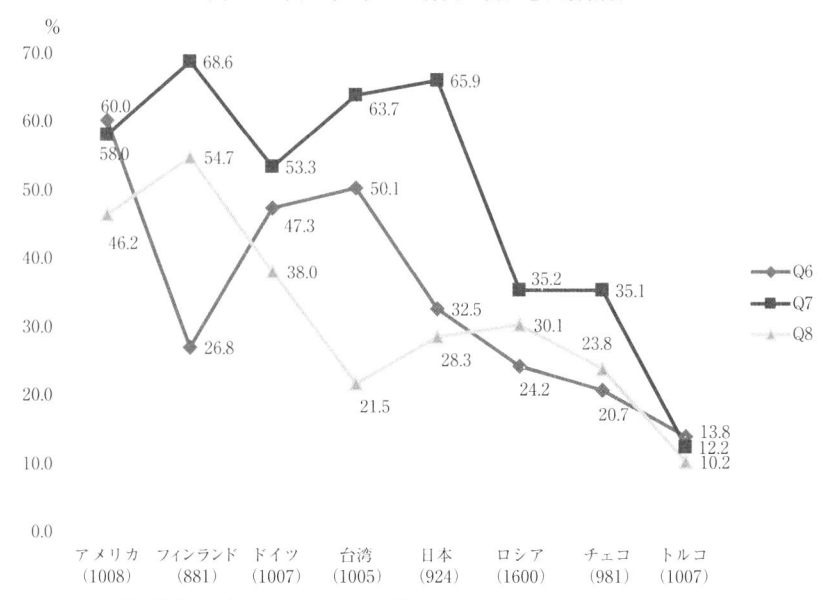

図8-1 問1，2，3の各国の信頼感回答割合

国 (サンプル数)	Q6	Q7	Q8
アメリカ (1008)	60.0	58.0	46.2
フィンランド (881)	26.8	68.6	54.7
ドイツ (1007)	47.3	53.3	38.0
台湾 (1005)	50.1	63.7	21.5
日本 (924)	32.5	65.9	28.3
ロシア (1600)	24.2	35.2	30.1
チェコ (981)	20.7	35.1	23.8
トルコ (1007)	13.8	12.2	10.2

注：括弧の数値は分析に用いたサンプル数である。

1．各質問の回答と属性との関係

それぞれの質問のプラスイメージを回答として，「利他的」，「楽観的」，「信頼できる」の回答について，各国の割合を検討する。

質問 1. 「他人の役にたとうとしている」（利他的回答，表 8-1 参照）

表 8-1 国別，属性別 問 1「他人の役にたとうとしている」の回答割合

		アメリカ	日本	台湾	ドイツ	ロシア	トルコ	チェコ	フィンランド
性別	男性	55.4	29.6	46.6	43.5	22.9	14.9	17.2	23.6
	女性	64.4	35.1	53.6	50.5	25.9	12.8	24.0	29.4
カイ 2 乗検定 p＜0.05		＊		＊	＊			＊	
社会階層別	上＋中の上	65.5	30.6	55.9	47.5	25.0	20.6	22.4	36.5
	中	61.9	33.9	51.1	51.7	24.1	12.3	23.7	27.7
	中の下	51.8	29.6	49.3	46.9	23.4	15.4	18.1	24.3
	下	63.6	25.9	45.7	32.2	27.2	11.9	16.9	10.3
カイ 2 乗検定 p＜0.05		＊			＊				＊
学歴＊＊別	1 低	45.1	35.1	44.4	45.6	31.4	14.9	19.0	26.3
	2	55.5	28.7	50.4	47.5	24.3	10.9	17.0	19.3
	3	54.8	36.4	50.2	53.5	23.1	14.8	22.9	25.0
	4 高	69.4	35.9	52.0	42.9	23.8	13.5	29.0	32.4
カイ 2 乗検定 p＜0.05		＊						＊	＊
年齢層別	20-29	57.0	23.1	51.3	48.3	26.9	13.5	21.2	26.2
	30-39	58.2	37.3	49.1	43.2	25.8	15.7	21.5	21.2
	40-49	61.9	25.9	52.7	44.8	16.4	11.3	22.0	28.1
	50-59	56.2	37.5	49.3	42.4	22.9	11.8	17.5	30.6
	60＋	63.8	32.7	47.5	51.4	27.9	20.4	20.9	27.3
カイ 2 乗検定 p＜0.05						＊			

＊＊ 1，2，3，4 は，各国の学歴の選択肢から 4 段階に分けた。1 は低学歴，4 は高学歴である。

性別

　トルコを除くすべての国において，女性が男性より，その回答割合が高い。他の国と比べてアメリカでは女性のみならず男性も，「たいていの人」を利他的と捉えている割合が高い。

　アメリカ，台湾，ドイツ，そしてチェコにおいて性別との関連に有意差がみられ，女性が「たいていの人」を利他的と捉えていることがわかる。

未既婚
　この関連について有意差がある国はない。

社会階層（生活程度）
　自己申告による社会階層のランク付けの方法により現在の生活程度を聞いているが，これとの関係をみた。台湾とフィンランドでは階層が上がるほど「たいていの人」を利他的と捉えている割合が高くなる。アメリカ，ドイツ，そしてフィンランドにおいて社会階層別との関連に有意差がみられる。とくに，アメリカにおいては階層が下でも他の国と比べ利他的と捉えている割合がかなり高く，際立っている。

学歴
　アメリカ，チェコ，そしてフィンランドにおいては，直線的ではないが，高学歴ほど「たいていの人」を利他的と捉えている割合が高くなる傾向がある。
　台湾については利己的と捉える割合と利他的と捉える割合が小学校卒を除いて拮抗している。
　アメリカ，チェコ，そしてフィンランドにおいて学歴別との関連に有意差がみられる。

年齢
　アメリカではすべての年齢層において半数以上が「たいていの人」を利他的と捉えている。逆にトルコ，チェコ，そしてロシアにおいて，すべての年齢層においての割合が20％台とかなり低い。ロシアにおいてのみ年齢別との関連に有意差がみられるが，「たいていの人」を利他的と捉える割合が最も低いのは中間の年齢層である。

質問 2．「そんなこと（他人は，機会があれば，あなたを利用しようとしていること）はないと思う」（楽観的回答，表 8-2 参照）

表 8-2　国別，属性別　問 2「そんなことはない」の回答割合

		アメリカ	日本	台湾	ドイツ	ロシア	トルコ	チェコ	フィンランド
性別	男性	56.0	59.9	60.0	49.8	31.5	11.7	33.1	67.2
	女性	59.8	71.3	67.6	56.6	38.4	12.6	36.9	69.8
カイ 2 乗検定 p＜0.05			＊	＊	＊	＊			
未既婚別	未婚	46.7	59.2	54.0	52.3	35.8	12.6	35.3	64.4
	既婚（同棲を含む）	61.2	65.5	67.1	56.4	35.2	12.0	36.3	71.2
	その他（死別，離婚，別居など）	57.2	76.8	71.1	48.8	37.7	13.2	31.9	66.1
カイ 2 乗検定 p＜0.05		＊	＊	＊					
社会階層別	上＋中の上	63.9	58.3	63.4	67.6	39.4	19.6	32.8	71.2
	中	60.3	68.6	62.2	59.6	36.1	10.0	40.5	71.6
	中の下	52.0	63.5	71.6	50.0	32.3	14.9	32.3	63.1
	下	41.1	63.0	63.3	32.5	37.8	12.0	26.2	60.5
カイ 2 乗検定 p＜0.05		＊			＊		＊	＊	
学歴＊＊別	1 低	46.5	74.1	67.5	49.7	44.0	12.4	33.3	64.9
	2	53.9	65.5	63.2	54.3	38.0	10.8	30.4	61.3
	3	51.0	63.8	66.3	61.1	34.3	16.4	38.4	64.1
	4 高	67.6	63.6	60.7	53.6	31.6	12.4	42.3	76.1
カイ 2 乗検定 p＜0.05		＊							＊
年齢層別	20 – 29	49.4	51.6	57.1	57.1	37.2	12.2	35.9	65.5
	30 – 39	56.0	64.0	59.0	51.6	33.3	11.7	35.7	74.3
	40 – 49	60.2	57.7	62.8	47.9	31.0	12.8	34.4	70.1
	50 – 59	55.2	69.8	71.9	49.3	32.1	12.6	31.2	70.0
	60 ＋	64.5	70.7	68.8	56.8	41.8	10.6	37.2	66.2
カイ 2 乗検定 p＜0.05		＊	＊	＊					

＊＊表 8-1 の注釈を参照。

<u>性別</u>

　それぞれの国において，女性はその割合が男性と比べ高くこの質問に対して

楽観的である。

日本，台湾，ドイツ，そしてロシアにおいて性別との関連に有意差がみられる。

男女差は日本において際立っている。

未既婚

ロシアとトルコを除くすべての国において既婚（同棲を含む）者が未婚者より楽観的である。アメリカ，日本，そして台湾において未既婚別との関連において有意差がみられる。とくにアメリカと台湾において既婚者と未婚者間の割合の差が大きい。アメリカ，日本，台湾，ドイツ，そしてフィンランドの5カ国の既婚者の半数以上，そしてその他（死別，離婚，別居など）の約半数以上がこの質問に対して楽観的回答をしている。未婚者についても日本，台湾，ドイツ，フィンランドにおいて半数以上がこの質問に対して楽観的回答をしている。

社会階層

アメリカ，ドイツ，そしてフィンランドにおいては，階層が上がるほど楽観的な回答の割合が高くなる。ロシア，トルコ，そしてチェコにおいては，楽観的な回答の割合がどの階層においても4割以下と低い。

アメリカ，ドイツ，トルコ，そしてチェコにおいて社会階層別との関連に有意差がみられる。

学歴

アメリカ，チェコ，そしてフィンランドにおいては直線的ではないが，学歴が上がるほど楽観的回答の割合が高くなる傾向がみられるが，日本とロシアは，逆の傾向がみられる。

アメリカとフィンランドにおいて学歴別との関連に有意差がみられる。

年齢

ロシア,トルコ,そしてチェコを除く5カ国において,楽観的回答の割合の高さが際立っている。日本,台湾,そしてフィンランドにおいては50歳以上においてその割合が約6割以上とかなり高い。逆にトルコはどの年齢層においても楽観的回答が1割台とかなり低い。アメリカ,日本,そして台湾において年齢との関連に有意差がみられる。

質問3.「たいていの人は信頼できる」(表8-3参照)

表8-3 国別,属性別 問3「信頼できる」の回答割合

		アメリカ	日本	台湾	ドイツ	ロシア	トルコ	チェコ	フィンランド
未既婚別	未婚	44.3	24.0	21.0	39.7	23.7	12.2	22.0	51.8
	既婚(同棲を含む)	47.9	30.3	21.5	38.5	30.2	9.7	25.4	56.6
	その他(死別,離婚,別居など)	42.3	18.4	25.0	35.8	31.1	8.1	21.2	52.2
カイ2乗検定 p<0.05			*						
社会階層別	上+中の上	65.5	25.0	19.8	47.4	28.9	20.9	28.3	57.8
	中	46.0	28.6	19.8	46.7	28.0	9.1	25.6	55.1
	中の下	38.7	30.0	29.4	33.4	30.1	9.6	22.1	52.7
	下	38.6	25.0	22.5	14.3	33.3	5.9	17.5	61.9
カイ2乗検定 p<0.05		*		*	*		*		
学歴**別	1 小学校	34.9	28.8	23.8	32.4	36.0	9.3	18.3	46.8
	2	39.7	27.9	21.5	38.9	31.3	10.0	20.1	49.8
	3	40.2	24.5	20.0	46.3	29.9	14.1	27.7	60.9
	4 大学	58.2	32.8	21.6	54.9	28.2	10.2	33.1	59.9
カイ2乗検定 p<0.05		*		*			*	*
年齢層別	20-29	42.9	19.4	20.1	39.3	27.9	10.1	22.0	52.0
	30-39	48.5	24.2	18.2	44.5	29.8	9.2	25.6	58.5
	40-49	44.5	21.1	20.8	37.0	25.3	9.4	23.1	53.6
	50-59	43.9	35.8	24.5	30.5	31.8	11.1	22.3	56.3
	60+	49.1	30.7	26.2	38.7	35.8	18.0	25.4	54.2
カイ2乗検定 p<0.05			*						

**表8-1の注釈を参照。

性別
どの国においてもこの関連について有意差がみられない。

未既婚
ドイツとトルコを除いてすべての国において既婚者が未婚者より「信頼できる」回答の割合が高い。フィンランドにおいては，既婚者，未婚者，そしてその他（死別，離婚，別居など）の「信頼できる」の割合が，8カ国中最も高く，アメリカとドイツがそれに続く。日本においてのみ未既婚別との関連に有意差がみられる。

社会階層
アメリカ，ドイツ，トルコ，そしてチェコにおいて，社会階層が上がれば「信頼できる」の割合が高くなる傾向がみられる。アメリカ，台湾，ドイツ，トルコにおいて社会階層別との関連に有意差がみられる。

学歴
アメリカ，ドイツ，チェコそしてフィンランドにおいて学歴が高くなると「信頼できる」の割合が高くなる傾向がみられる。フィンランドのこの回答割合は学歴のどの段階においても他の国と比べ最も高く，逆にトルコの「信頼できる」の割合は学歴のどの段階においても際立って低い。アメリカ，ドイツ，チェコそしてフィンランドにおいて学歴別との関連に有意差がみられる。

年齢
トルコは回答割合が1割台と8カ国中どの年齢層においても最も低く際立っている。

フィンランドはどの年齢層において「信頼できる」回答の割合が8カ国中最も高い。

日本だけが年齢との関連に，有意差がみられる。

表 8-4 質問のプラスのイメージをもつ選択肢と相関がある属性で最も高い割合を示す属性カテゴリ

質問1(回答1(利他的)を選択)	性別	未既婚	学歴	社会階層	年齢
アメリカ	女性		4	上+中の上	
日　本					
台　湾	女性				
ドイツ	女性			中	
ロシア					60+
トルコ					
チェコ	女性		4		
フィンランド			4	上+中の上	

質問2(回答2(楽観的)を選択)	性別	未既婚	学歴	社会階層	年齢
アメリカ		既婚	4	上+中の上	60+
日　本	女性	その他			60+
台　湾	女性	その他			50-59
ドイツ	女性			上+中の上	
ロシア	女性				
トルコ				上+中の上	
チェコ				中	
フィンランド			4		

質問3(回答1(信頼できる)を選択)	性別	未既婚	学歴	社会階層	年齢
アメリカ			4	上+中の上	
日　本		既婚			50-59
台　湾				中の下	
ドイツ			4	上+中の上	
ロシア					
トルコ				上+中の上	
チェコ			4		
フィンランド			3		

　表 8-1, 表 8-2, 表 8-3 中にも示したが, 信頼感とそれぞれの属性との相関をまとめて表 8-4 に示す。

　表 8-4 から, 3 問のいずれにおいても, 各国に共通して関連する特定の属性はない。

　一般に経済的に成功を収めた人は, 競争に勝ち抜くために他人も利己的なのではないかと思いがちであるが (Rothstein 2005: 94), この分析結果において

は，国によっては逆の傾向といえる。また，信頼感については，成人以降あまり信頼感の割合に変化がみられないとの研究結果（Sutter & Kocher 2007）に合致する。さらに，この西欧における信頼は，社会における敗者より勝者にプラスに関連する（Newton 2001, Lipset & Lakin 2004, Uslaner 1999）といわれてきたが，この分析結果において，とくに高学歴と高段階の社会階層に関しては支持された。

2．3問による信頼感の尺度化の可能性

まず，各国共通に尺度化が可能かどうか，3問の回答組み合わせパターンの分析を行った。

質問1，2，3の回答は2択となっているので，信頼感のプラスのイメージを1，マイナスのイメージを2とした。したがって質問1については，「他人の役にたとうとしている」（利他的）を1，「自分のことだけを考えている」を2，質問2については，「他人は，機会があれば，あなたを利用しようとしていると思う」を2，「そんなことはないと思う」（楽観的）を1，質問3については，「信頼できると思う」（信頼できる）を1，「用心するにこしたことはないと思う」を2として，8つの組み合わせで集計してみた。その結果表8-5に示したように，121の組み合わせの回答，つまり「たいていの人は他人の役にたとうとしている」，「他人は機会があれば自分を利用しようとしていると思う」，そして「たいての人は信頼できる」は各国とも5％以下であり，221の組み合わせの回答，つまり「たいていの人は自分のことだけを考えている」，「他人は機会があれば自分を利用しようとしていると思う」，そして「たいての人は信頼できる」は各国とも約9％以下であり，これら2つの組み合わせのパーセンテージはかなり低い。

そこで3問により直線的リカート尺度を構成できるかどうか，回答パターンを組み替えてみると表8-6のようになり，質問2が3問の中で尺度構成に最も重要な要素となっていることがわかる。Aのケースではフィンランドを除き，

表8-5 質問1,2,3の信頼回答パターンの組み合わせ

国	信頼回答パターン									合計
	111	112	121	122	211	212	221	222	
アメリカ	344	110	37	76	27	57	34	250	935
	36.8%	11.8%	4.0%	8.1%	2.9%	6.1%	3.6%	26.7%	100.0%
日本	82	104	26	41	81	224	33	170	761
	10.8%	13.7%	3.4%	5.4%	10.6%	29.4%	4.3%	22.3%	100.0%
台湾	103	173	14	77	56	161	7	180	771
	13.4%	22.4%	1.8%	10.0%	7.3%	20.9%	0.9%	23.3%	100.0%
ドイツ	228	87	39	40	35	96	19	292	836
	27.3%	10.4%	4.7%	4.8%	4.2%	11.5%	2.3%	34.9%	100.0%
ロシア	89	44	35	39	56	108	76	412	859
	10.4%	5.1%	4.1%	4.5%	6.5%	12.6%	8.8%	48.0%	100.0%
トルコ	39	18	13	48	9	43	26	720	916
	4.3%	2.0%	1.4%	5.2%	1.0%	4.7%	2.8%	78.6%	100.0%
チェコ	91	24	19	25	56	91	19	424	749
	12.1%	3.2%	2.5%	3.3%	7.5%	12.1%	2.5%	56.6%	100.0%
フィンランド	158	36	13	13	201	156	69	156	802
	19.7%	4.5%	1.6%	1.6%	25.1%	19.5%	8.6%	19.5%	100.0%

注:パターン111は問1で選択肢1(利他的回答),問2で選択肢2(楽観的回答),問3で選択肢1(信頼できる)を選択したパターンを表す。

Bのケースでは台湾を除き,6カ国の回答の割合はいずれも70%以上となる。

次に8つの回答パターンの組み合わせと各国との関係をコレスポンデンス分析によりみたところ,図8-2で①ドイツとアメリカ(111),②チェコ,トルコ,ロシア(222),そして③日本,フィンランド,台湾(112, 212, 211)が3極にまとまることが判明した。

これをAとBのケースに照らし合わせてみると,図8-2でAのケースは○,そしてBのケースは△で表すことができ,111,212,そして222が○と△が重なるが,フィンランドから近い211はAから外れ,台湾に近い112はBから外れることが判明した。

次に3問について各国別にコレスポンデンス分析を行い第1次元目の数値で

第 8 章 信頼感と属性に関する国際比較　217

表 8-6　直線的リカート尺度の構成の可能性　　　　　　　　　(%)

A のケース
質問 2⇒質問 1⇒質問 3

	アメリカ	日本	台湾	ドイツ	ロシア	トルコ	チェコ	フィンランド
111	36.8	10.8	13.4	27.3	10.4	4.3	12.1	19.7
112	11.8	13.7	22.4	10.4	5.1	2.0	3.2	4.5
212	6.1	29.4	20.9	11.5	12.6	4.7	12.1	19.5
222	26.7	22.3	23.3	34.9	48.0	78.6	56.6	19.5
合計	81.4	76.2	80.0	84.1	76.1	89.6	84.0	63.2

B のケース
質問 2⇒質問 3⇒質問 1

	アメリカ	日本	台湾	ドイツ	ロシア	トルコ	チェコ	フィンランド
111	36.8	10.8	13.4	27.3	10.4	4.3	12.1	19.7
211	2.9	10.6	7.3	4.2	6.5	1.0	7.5	25.1
212	6.1	29.4	20.9	11.5	12.6	4.7	12.1	19.5
222	26.7	22.3	23.3	34.9	48.0	78.6	56.6	19.5
合計	72.5	73.1	64.9	77.9	77.5	88.6	88.3	83.8

図 8-2　回答パターンと国の布置図

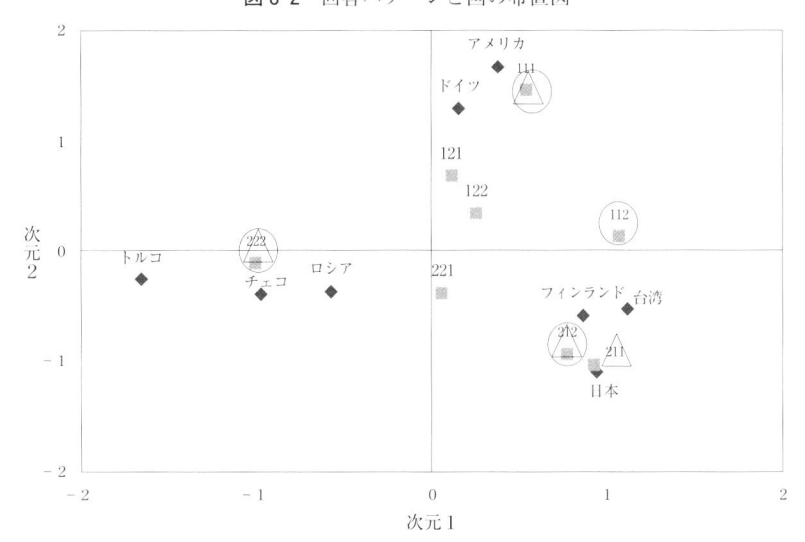

直線的信頼感尺度を構成できるかどうか調べてみる。そのため各国のコレスポンデンス分析による布置図と第1固有値そして分散パーセントを図 8-3〜8-10 に示す。その結果，すべての国において，プラスイメージの回答とマイナスイメージの回答が第1次元目で分かれて集まることが示された。日本を除く7カ国において第1次元目の分散の割合が 0.5 以上であり，高信頼と低信頼が8カ国すべてで第1次元目で表すことができることが明らかとなった。

そこで3問と国を加えたコレスポンデンス分析を行った。その結果，図 8-11 のユークリッド空間においてフィンランドと台湾が2軸に離れて布置し，8カ国がプラスとマイナスに分離しないことが明らかとなった。問1，問2，問3 で構成される信頼感に関する質問は，国別を超えた直線的リカート尺度として，6カ国（日本，ドイツ，アメリカ，チェコ，トルコ，ロシア）で使用できるが，フィンランドと台湾では，直線的リカート尺度として使用する場合は注意が必要ということを示している。この2つの分析結果から，各国におけ

図 8-3 コレスポンデンス分析による3問の布置図，次元1の固有値，ならびに分散パーセント：アメリカ

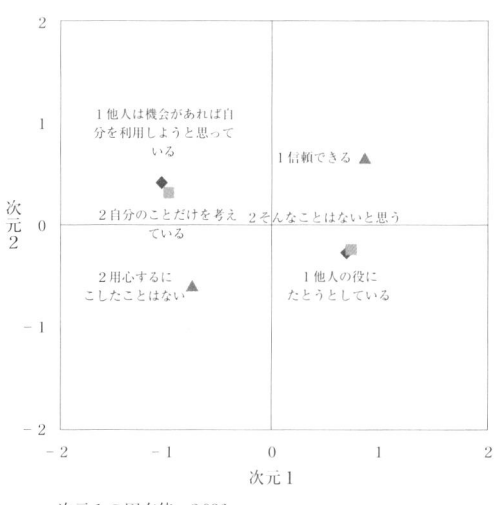

次元1の固有値 = 2.036
分散パーセント = 0.679

第 8 章　信頼感と属性に関する国際比較　219

図 8-4　コレスポンデンス分析による 3 問の布置図，次元 1 の固有値，ならびに分散パーセント：日本

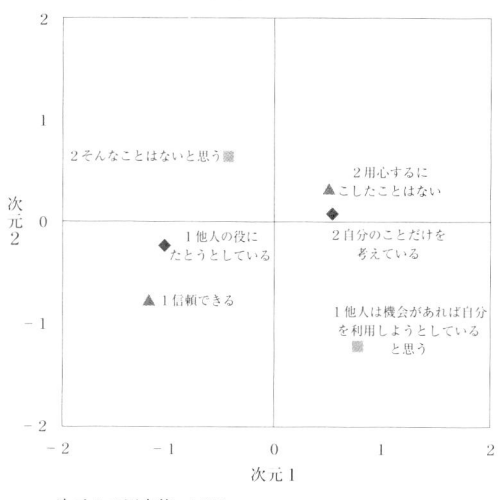

◆問 1　たいていの人は，他人の役にたとうとしていると思いますか，それとも自分のことだけを考えていると思いますか。
■問 2　他人は，機会があれば，あなたを利用しようとしていると思いますか，それともそんなことはないと思いますか。
▲問 3　あなたは，たいていの人は信頼できると思いますか，それとも，用心するにこしたことはないと思いますか。

次元 1 の固有値 = 1.363
分散パーセント = 0.454

図 8-5　コレスポンデンス分析による 3 問の布置図，次元 1 の固有値，ならびに分散パーセント：台湾

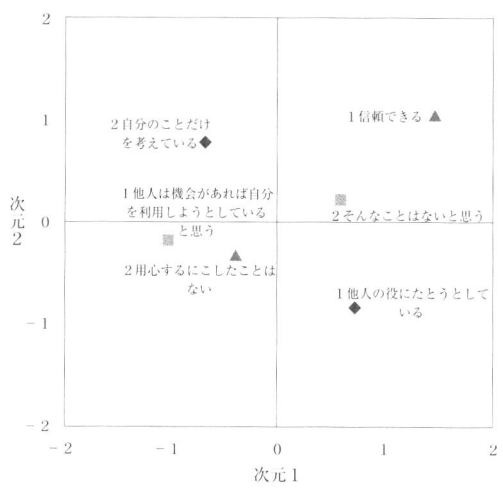

◆問 1　たいていの人は，他人の役にたとうとしていると思いますか，それとも自分のことだけを考えていると思いますか。
■問 2　他人は，機会があれば，あなたを利用しようとしていると思いますか，それともそんなことはないと思いますか。
▲問 3　あなたは，たいていの人は信頼できると思いますか，それとも，用心するにこしたことはないと思いますか。

次元 1 の固有値 = 1.516
分散パーセント = 0.505

図 8-6 コレスポンデンス分析による 3 問の布置図，次元 1 の固有値，ならびに分散パーセント：ドイツ

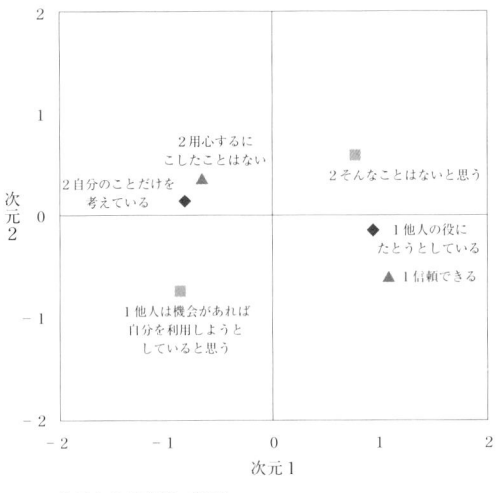

◆ 問1 たいていの人は，他人の役にたとうとしていると思いますか，それとも自分のことだけを考えていると思いますか。
■ 問2 他人は，機会があれば，あなたを利用しようとしていると思いますか，それともそんなことはないと思いますか。
▲ 問3 あなたは，たいていの人は信頼できると思いますか，それとも，用心するにこしたことはないと思いますか。

次元 1 の固有値 = 2.037
分散パーセント = 0.679

図 8-7 コレスポンデンス分析による 3 問の布置図，次元 1 の固有値，ならびに分散パーセント：ロシア

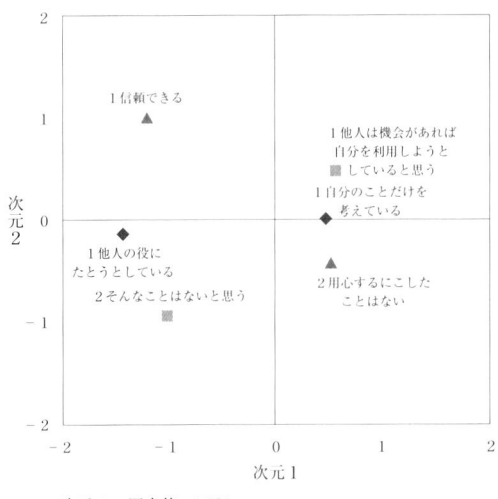

◆ 問1 たいていの人は，他人の役にたとうとしていると思いますか，それとも自分のことだけを考えていると思いますか。
■ 問2 他人は，機会があれば，あなたを利用しようとしていると思いますか，それともそんなことはないと思いますか。
▲ 問3 あなたは，たいていの人は信頼できると思いますか，それとも，用心するにこしたことはないと思いますか。

次元 1 の固有値 = 1.731
分散パーセント = 0.577

図 8-8 コレスポンデンス分析による 3 問の布置図，次元 1 の固有値，ならびに分散パーセント：トルコ

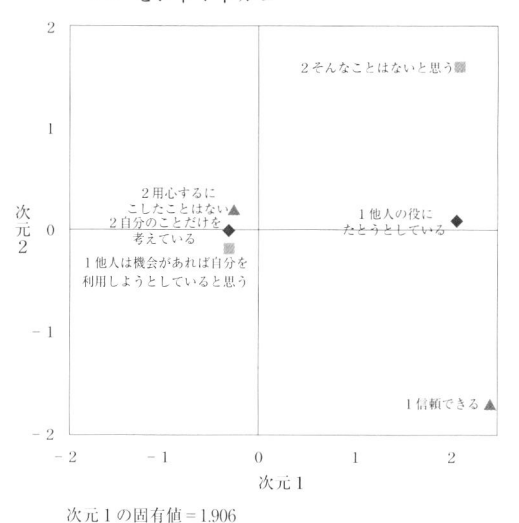

◆ 問 1　たいていの人は，他人の役にたとうとしていると思いますか，それとも自分のことだけを考えていると思いますか。
■ 問 2　他人は，機会があれば，あなたを利用しようとしていると思いますか，それともそんなことはないと思いますか。
▲ 問 3　あなたは，たいていの人は信頼できると思いますか，それとも，用心するにこしたことはないと思いますか。

次元 1 の固有値 = 1.906
分散パーセント = 0.635

図 8-9 コレスポンデンス分析による 3 問の布置図，次元 1 の固有値，ならびに分散パーセント：チェコ

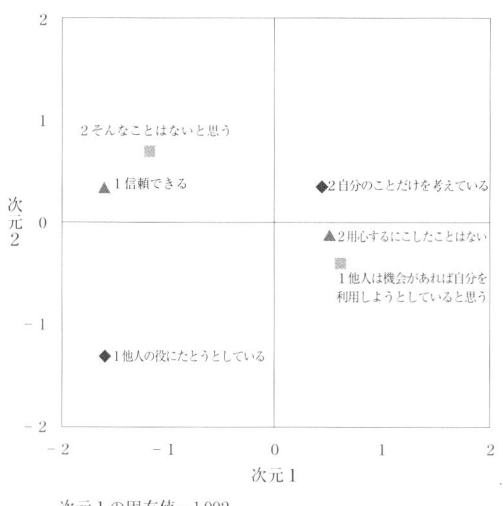

◆ 問 1　たいていの人は，他人の役にたとうとしていると思いますか，それとも自分のことだけを考えていると思いますか。
■ 問 2　他人は，機会があれば，あなたを利用しようとしていると思いますか，それともそんなことはないと思いますか。
▲ 問 3　あなたは，たいていの人は信頼できると思いますか，それとも，用心するにこしたことはないと思いますか。

次元 1 の固有値 = 1.992
分散パーセント = 0.664

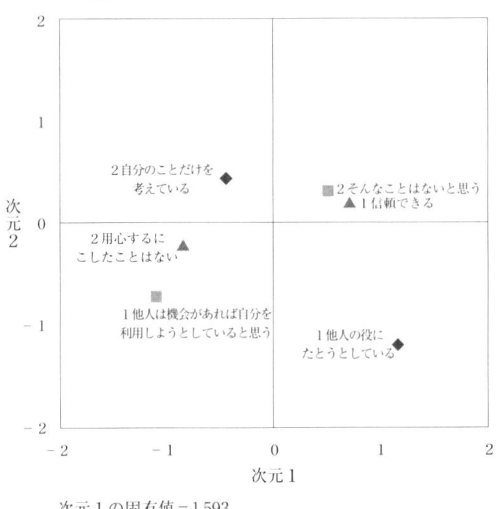

図 8-10　コレスポンデンス分析による3問の布置図，次元1の固有値，ならびに分散パーセント：フィンランド

次元1の固有値＝1.593
分散パーセント＝0.531

る尺度化および，国を超えた尺度化が完全に共通化できないことが示唆される。今まで主にアメリカやヨーロッパでは，3問が信頼感尺度として使用されてきたが，本研究調査においてフィンランドと台湾を信頼感の比較研究に加えることで，これらの質問は信頼感尺度として万国共通に使用する場合は慎重を期する必要があることが明らかとなった。

次に8通りの回答パターンの1と2にそれぞれ図8-3の重心座標の1次元の値を付け，信頼感尺度として2.96から－1.82までの値を4段階に分け，信頼感尺度を構成した。その尺度を用いて，国別にそれぞれの属性との関連をカイ二乗検定により調べた。カイ二乗検定で有意差のあるものだけを表8-7～表8-11に示す。

表8-7より，信頼感と性別の関連では，日本，ドイツ，そしてロシアに相関がみられ，日本とドイツにおいて信頼感の1と2の段階では男性が女性より信頼感の割合が高いが，3と4の段階になると女性が男性よりその割合が高い。また，両国とも女性において信頼感の段階が2を除いて高くなると男性と

第8章 信頼感と属性に関する国際比較 *223*

図8-11 コレスポンデンス分析による3問と国の布置図

■問1 たいていの人は、他人の役にたとうとしていると思いますか、それとも自分のことだけを考えていると思いますか。
▲問2 他人は、機会があれば、あなたを利用しようとしていると思いますか、それともそんなことはないと思いますか。
○問3 あなたは、たいていの人は信頼できると思いますか、それとも、用心するにこしたことはないと思いますか。

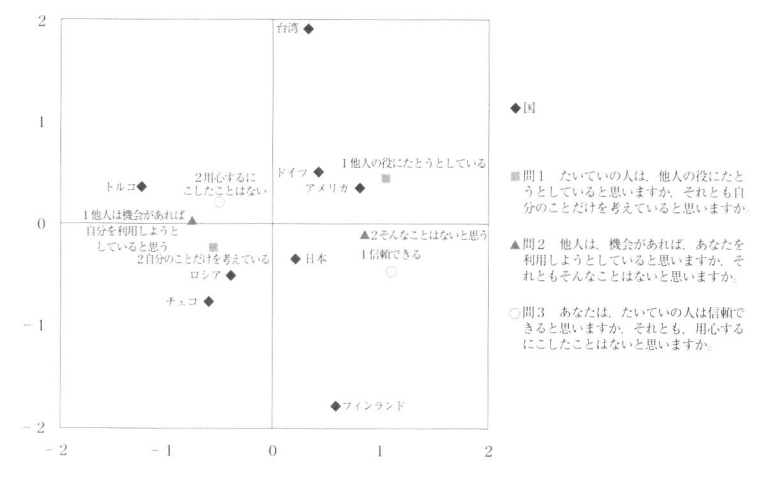

表8-7 信頼感と性別（計算に当たり欠損値を除いた）

	信頼感尺度レベル	男 性	女 性	合 計
日 本	1	89 (52.4%)	81 (47.6%)	170 (100%)
	2	89 (57.4%)	66 (42.6%)	155 (100%)
	3	153 (43.2%)	201 (56.8%)	354 (100%)
	4	33 (40.2%)	49 (59.8%)	82 (100%)

カイ二乗値＝12.0　DF＝3　SIG＝.01

ドイツ	1	151 (51.7%)	141 (48.3%)	292 (100%)
	2	52 (55.3%)	42 (44.7%)	94 (100%)
	3	101 (45.5%)	221 (54.5%)	222 (100%)
	4	95 (41.7%)	133 (58.3%)	228 (100%)

カイ二乗値＝7.83　DF＝3　SIG＝.05

ロシア	1	208 (50.5%)	204 (49.5%)	412 (100%)
	2	77 (45.0%)	94 (55.0%)	171 (100%)
	3	68 (36.4%)	119 (63.6%)	187 (100%)
	4	40 (44.9%)	49 (55.1%)	89 (100%)

カイ二乗値＝10.42　DF＝3　SIG＝.02

表8-8 信頼感と未既婚（計算に当たり欠損値を除いた）

	信頼感尺度レベル	未婚	既婚(同棲を含む)	その他(死別,離婚,別居など)	合計
日本	1	23(13.5%)	130(76.5%)	17(10.0%)	170(100%)
	2	21(13.5%)	130(83.9%)	4(2.6%)	155(100%)
	3	44(12.5%)	270(76.5%)	39(11.0%)	353(100%)
	4	7(8.5%)	64(78.0%)	11(13.4%)	82(100%)

カイ二乗値=12.37　DF=6　SIG=.05

台湾	1	64(36.2%)	97(54.8%)	16(9.0%)	177(100%)
	2	38(27.1%)	94(67.1%)	8(5.7%)	140(100%)
	3	74(21.5%)	237(68.9%)	33(9.6%)	344(100%)
	4	32(31.1%)	58(56.3%)	13(12.6%)	103(100%)

カイ二乗値=17.91　DF=6　SIG=.01

表8-9 信頼感と社会階層（計算に当たり欠損値を除いた）

	信頼感尺度レベル	上+中の上	中	中の下	下	合計
アメリカ	1	28(11.4%)	136(55.3%)	67(27.2%)	15(6.1%)	246(100%)
	2	11(8.1%)	67(49.3%)	45(33.1%)	13(9.6%)	136(100%)
	3	15(7.5%)	125(62.5%)	46(23.0%)	14(7.0%)	200(100%)
	4	63(18.7%)	202(59.9%)	60(17.8%)	12(3.6%)	337(100%)

カイ二乗値=37.4　DF=9　SIG=.00　相関係数=-.13　SIG=.00

ドイツ	1	10(3.5%)	122(42.7%)	94(32.9%)	60(21.0%)	286(100%)
	2	2(2.2%)	51(54.8%)	30(32.3%)	10(10.8%)	93(100%)
	3	9(4.2%)	109(50.7%)	68(31.6%)	29(13.5%)	215(100%)
	4	14(6.2%)	141(62.9%)	60(26.8%)	9(4.0%)	224(100%)

カイ二乗値=43.2　DF=9　SIG=.00　相関係数=-.21　SIG=.00

トルコ	1	75(10.5%)	450(63.1%)	110(15.4%)	78(10.9%)	713(100%)
	2	7(8.4%)	52(62.7%)	14(16.9%)	10(12.0%)	83(100%)
	3	9(12.7%)	39(54.9%)	15(21.1%)	8(11.3%)	71(100%)
	4	13(33.3%)	17(43.6%)	6(15.4%)	3(7.7%)	39(100%)

カイ二乗値=22.2　DF=9　SIG=.01　相関係数=-.04　SIG=.25

チェコ	1	30(7.3%)	171(41.7%)	128(31.2%)	81(19.8%)	410(100%)
	2	8(8.4%)	51(53.7%)	25(26.3%)	11(11.6%)	95(100%)
	3	7(5.5%)	71(55.5%)	39(30.5%)	11(8.6%)	128(100%)
	4	8(9.0%)	50(56.2%)	20(22.5%)	11(12.4%)	89(100%)

カイ二乗値=20.2　DF=9　SIG=.02　相関係数=-.12　SIG=.00

表8-10 信頼感と学歴（計算に当たり欠損値を除いた）

	信頼感尺度レベル	学歴レベル 1	2	3	4	合　計
アメリカ	1	12(4.9%)	111(45.5%)	55(22.5%)	66(27.0%)	244(100%)
	2	13(9.8%)	48(36.1%)	40(30.1%)	32(24.1%)	133(100%)
	3	12(5.9%)	82(40.4%)	41(20.2%)	68(33.5%)	203(100%)
	4	5(1.5%)	112(33.6%)	55(16.5%)	161(48.3%)	333(100%)

カイ二乗値=55.06　DF=9　SIG=.00　相関係数=.17　SIG=.00

ドイツ	1	132(45.2%)	113(38.7%)	32(11.0%)	15(5.1%)	292(100%)
	2	35(37.2%)	35(37.2%)	14(14.9%)	10(10.6%)	94(100%)
	3	104(46.8%)	83(37.4%)	28(12.6%)	7(3.2%)	222(100%)
	4	79(34.8%)	93(41.0%)	39(17.2%)	16(7.0%)	227(100%)

カイ二乗値=17.02　DF=9　SIG=.05　相関係数=.06　SIG=.06

チェコ	1	84(19.9%)	187(44.3%)	102(24.2%)	49(11.6%)	422(100%)
	2	11(11.1%)	37(37.4%)	36(36.4%)	15(15.2%)	99(100%)
	3	26(19.8%)	51(38.9%)	39(29.8%)	15(11.5%)	131(100%)
	4	15(16.7%)	27(30.0%)	26(28.9%)	22(24.4%)	90(100%)

カイ二乗値=22.42　DF=9　SIG=.01　相関係数=.10　SIG=.01

フィンランド	1	32(20.5%)	53(34.0%)	22(14.1%)	49(31.4%)	156(100%)
	2	47(16.6%)	76(26.9%)	37(13.1%)	123(43.5%)	283(100%)
	3	43(21.1%)	66(32.4%)	13(6.4%)	82(40.2%)	204(100%)
	4	24(15.2%)	30(19.0%)	17(10.8%)	87(55.1%)	158(100%)

カイ二乗値=27.68　DF=9　SIG=.00　相関係数=.10　SIG=.00

表8-11 信頼感と年齢（計算に当たり欠損値を除いた）

	信頼感尺度レベル	年齢階層 ～34	35～49	50～64	65+	合　計
アメリカ	1	73(29.2%)	74(29.6%)	68(27.2%)	35(14.0%)	250(100%)
	2	40(29.2%)	44(32.1%)	31(22.6%)	22(16.1%)	137(100%)
	3	57(27.9%)	52(25.5%)	39(19.1%)	56(27.5%)	204(100%)
	4	82(23.8%)	107(31.1%)	79(23.0%)	76(22.1%)	344(100%)

カイ二乗値=18.80　DF=9　SIG=.03　相関係数=.07　SIG=.02

日本	1	29(17.1%)	56(32.9%)	40(23.5%)	45(26.5%)	170(100%)
	2	25(16.1%)	36(23.2%)	62(40.0%)	32(20.6%)	155(100%)
	3	49(13.8%)	83(23.4%)	124(35.0%)	98(27.7%)	354(100%)
	4	8(9.8%)	17(20.7%)	31(37.8%)	26(31.7%)	82(100%)

カイ二乗値=18.43　DF=9　SIG=.03　相関係数=.10　SIG=.01

比べ割合が増大し，さらに男性との差が広がる傾向にある。ロシアは信頼感の2以上の段階において女性が男性より信頼感の割合が高い。

表8-8より，信頼感と未既婚の関連では，日本と台湾に相関がみられた。両国において既婚が未婚とその他と比べどの信頼感の段階においても信頼感の割合が際立って高い。

表8-9より，信頼感と社会階層の関連では，アメリカ，ドイツ，トルコ，そしてチェコに相関がみられ，上＋中の上と中の階層では4の段階の信頼感の割合がドイツとチェコにおいて最も高い。4カ国において中の階層の信頼感の割合がどの信頼感の段階においても他の階層と比べ際立って高い。トルコを除く3カ国において相関係数がマイナスで有意差がみられ，社会階層が高くなると信頼感の程度も高くなるといえる。

表8-10より，信頼感と学歴の関連では，アメリカ，ドイツ，チェコ，そしてフィンランドに相関がみられ，ドイツを除く3カ国において，相関係数がプラスで有意差がみられる。したがって，これら3カ国において学歴が高くなると，信頼感の程度も高くなるといえる。

表8-11より，信頼感と年齢の関連では，アメリカと日本に相関がみられ，2カ国とも相関係数値はかなり小さいものの有意差がみられる。したがって年齢と信頼感には弱いプラスの関連がみられる。

表8-12 信頼感レベルと相関がある属性で最も高い割合を示す属性カテゴリーまたはレベル相関

国	性別	未既婚	学歴	社会階層	年齢
アメリカ			＋	＋	＋
日　本	女性	既婚			＋
台　湾		既婚			
ドイツ	女性		x	＋	
ロシア	女性				
トルコ				x	
チェコ			＋	＋	
フィンランド			＋		

注：＋は信頼感レベルと属性間にプラスの相関があることを，xはないことを示す

表 8-7～表 8-11 中にも示したが，信頼感尺度とそれぞれの属性との相関をまとめて表 8-12 に示す。

表 8-12 では，性別については，日本とドイツにおいて信頼感の 4 レベルで，ロシアにおいて 3 レベルで女性の割合が最も高く，未既婚者については，どの信頼感レベルにおいても既婚者の割合が最も高い。

学歴と社会階層は，8 カ国中 4 カ国で信頼感レベルと相関がみられ，学歴では，アメリカ，チェコ，フィンランドに，社会階層では，アメリカ，ドイツ，チェコにおいてプラスの関連がみられる。

年齢は，アメリカと日本において信頼感レベルとプラスに関連している。

参 考 文 献

Alesina, A. and E. La Ferrara, 2002, "Who trust others?" *Journal of Public Economics* 85(2): 207–234.

ASEP/JDS, 2010, www.jdsurvey.net/jds/jdsurveyMaps.jsp?Idioma=I&Seccion-Texto=0404&NOID=104

Bellemare, C. and S. Kroeger, 2007, "On representative social capital", *European Economic Review* 51(1): 183–202.

Gabriel, O. W., K. V. Rossteutscher, J. W. van Deth, 2002, *Sozialkapital und Demokratie: Zivilgesellschaftliche Ressourcen im Vergleich,* Vo. Band 24 of Schriftenreihe des Zentrums fuer angewandte Politikforschung, WUV Universitaetsverlag, Wien.

Glaeser, E., D. I. Laibson, J. A. Scheinkman and C. L. Soutter, 2000, "Measuring trust", *Quarterly Journal of Economics*, 115: 811–846.

Hardin, R., 2002, *Trust and Trustworthiness*, New York: Russel Sage Foundation.

Lipset, S. M. and M. J. Lakin, 2004, *The Democratic Century*, Oklahoma: University of Oklahoma Press.

Newton, K, 2001, "Trust, social capital, civil society, and democracy", *International Political Science Review* 22(2): 201–214.

Rainer, H. and T. Siedler, 2009, "Does democracy foster trust?" *Journal of Comparative Economics,* 37(2): 251–269

Rothstein, Bo, 2005, *Social Traps and the Problem of Trust*, New York: Cambridge University Press.

Sutter, M. and M. G. Kocher, 2007, "Trust and trustworthiness across different age groups", *Games and Economic Behavior* 59(2): 364–382.

Uslaner, E. M., 1999, "Democracy and social capital" in *Democracy and Trust*, edited by M. E. Warren, New York: Cambridge University Press, pp. 121–150.

林文，1998，「第 2 章　属性の意味」『国民性 7 カ国比較』出光出版：統計数理研究所国民性国際調査委員会　300–325 頁．

［付記］本章は，文部科学省科学研究費補助金（基盤 A）　平成 19–21 年度「グローバル化時代における「信頼感」に関する実証的国際比較研究」（代表：佐々木正道），および同研究費助成金（基盤 B）平成 22–24 年度「社会構造と「価値観」に関する実証的国際比較研究—「信頼感」との関連性を中心に」（代表：佐々木正道）の成果の一部である．

［謝辞］本章には，鈴木達三名誉教授（統計数理研究所）並びに林文氏（中央大学社会科学研究所客員研究員）から貴重なコメントをいただきました．ここに感謝の意を表します．

第 9 章

Parental Socialization and Experiences of Betrayal: A Cross-National Analysis of Trust

Masamichi Sasaki

Numerous trust scholars have pointed out that what is considered trust in one culture may not be so in another and by the same token, what is considered trustworthy in one culture may be considered untrustworthy in another (cf. Dietz, Gillespie & Chao 2010). Dietz, Gillespie and Chao (2010: 23) emphasize that empirical work and consequent theoretical models are sorely needed to attempt to bridge cross-cultural gaps in understanding the dynamics of social trust (also cf. Barber 1983 and Luhmann 1980). Since then, a number of cross-national studies of trust have been carried out (e.g., Delhey & Newton 2003; Paxton 2007; Gheorghiu, Vignoles & Smith 2009; Sasaki & Marsh 2012).

The present study addresses the following: (a) how parental socialization on trust/distrust significantly impacts their children's trust/distrust when they become adults, (b) how varying levels of parents keeping promises to their children relates to parental socialization of trust/distrust in childhood, (c) how experiences of betrayal relate to trust in adulthood, and (d) whether experiences of betrayal more significantly impact trust/distrust in adulthood than does parental socialization on trust/distrust. We now turn to a brief discussion of previous work in these areas.

1. Parental Socialization

Recognizing the parental role in issues related to the socialization of trust arose from the early work of Erikson (1950/1963). Indeed, it can be said that "a conflict of basic trust versus basic mistrust emerges during infancy" (Rotenberg 1995: 714). As Rotenberg further pointed out: "According to Erikson, if parents serve as reliable and nurturing caretakers, their infants will view the world as fair and dependable and therefore adopt a trusting orientation toward people" (1995: 714). And the converse of this is presumed to be true. Infants, with their utter dependence upon their caretakers, slowly gain a sense of confidence (or lack thereof) that they will be attended to in a timely and caring fashion. Thus infants come to trust the people (and by inference, the world) around them. They slowly gain expectations about their caretakers and the outside world. They begin to trust the people around them and by extension the world around them.

Of course, the opposite can be said for those infants not well cared for, and, again by extension, there is a range of caretaker environments which will yield degrees of infant trust (to distrust) of the people and the world around them. At the best end of this range, the infant gains trust, i.e., confidence in the continuing reliability of the infant's environment. The infant's caregivers hence become trustworthy; they become models of trusting behaviors which are imbued into the infant (or not in the case of faulty caregiving environments).

Early infant learning from parents about trust versus mistrust is recognized as a very important part of child development (cf. Barber 1983; Baier 1986; Holmes & Rempel 1989; Rotenberg 1991; Bernath & Feshbach 1995; Newton 1997; Uslaner 2002; Sztompka 1999; Rotenberg et al. 2004;

Bussey 2010). As Jesuino (2008:186) points out: "...from the very first beginning humans develop a sense of trust versus mistrust conveyed through socialization. Socialization practices, however, are not universal, but always socially and culturally embedded." Aside from the essential nature of parental influence on the socialization process, Merton (1968: 212, emphasis added) points out that "the child is exposed to *social prototypes* in the witnessed daily behavior and casual conversations of parents."

All this has been posed as a socialization hypothesis "that postulates, to a large extent, one's basic values reflect the conditions that prevailed during one's preadult years" (Inglehart 1985: 103; also cf. Abramson & Inglehart 1995: 25). And here we must keep in mind that there is presumably some greater or lesser degree of societal and cultural variation in the parental socialization process.

As the infant matures, the development of trust broadens, as the child gains cognitive comprehension of ever more sophisticated nuances associated with the trust-distrust and trust-mistrust dimensions. And here we recognize a key element: balance. As Smetana (2010: 223) reminds us: In "Erikson's (1950/1963) developmental theory, developing an appropriate balance of trust versus mistrust in early childhood is one of the normative crises that must be resolved during the lifespan and is central to how later developmental crises, especially the development of identity in adolescence, is resolved."

During the socialization process, children, and adolescents, learn, for instance, about promises. Caregivers may, to a greater or lesser extent, actually begin to teach children explicitly about trust, mistrust, distrust, and trustworthiness (cf. Uslaner 1999, 2000). All this, in turn, impacts the child's and adolescent's future views of other people.

2. Parental Promises

Promises kept naturally breed confidence in the trustworthiness and reliability of persons and situations in the future, which forms basic attitudes toward future expectations in general. Parental (or significant others') promises not kept will undermine a child's confidence in the future trustworthiness and reliability of other people and the surrounding world. With this unfolding comprehension of expectations comes emerging knowledge about value, something often seen as children begin to interact with peers. If a child lends something of value to a peer, will it be returned? If a child does something of value for a peer, will something of value be done in return? Is it reasonable, a child may learn, to expect *reciprocity* in such exchanges (i.e., promises kept versus promises not kept)? Do peers "play fair"? Are peers loyal to one another? All these ethical and moral lessons about promises, too, contribute to the childhood development of socialization about trust (cf. Rotenberg 2010; also cf. Holmes & Rempel 1989; Mikulincer 1998; Miller & Rempel, 2004).

In fact, there is a paucity of empirical research in the area of the socialization of trust as related to promises. Promises, with their inherent element of reciprocity, speak to the reliability of others, to the trustworthiness of others (cf. Bussey 2010; Randall et al., 2010; Rotenberg 2010). In a situation where promises are not kept (i.e., trust is *violated*), there is an inherent danger that the child will "withdraw from social contact and fail to attain or achieve, for example, social skills, social support, peer group relationships, close relationships, academic achievement..." (Rotenberg 2010: 13). Such events suggest that the child also would tend to feel less inclined to keep his/her own promises and could feel a sense of betrayal.

And promises in particular have a temporal quality in that the results of promises kept or not kept are typically grounded in one's history and directly impact one's future expectations.

3. Betrayal

Betrayal is the affective state brought on by trust violation. As Weber and Carter (2003: 80) put it:

> Trust creates the opportunity for violation. When we trust another, we inherently believe that we are not at risk; however, it is the orientation of selves that create risk, regardless of its acknowledgement by those same selves. At the most basic level, trust that leads to the self-devastation typical of violation is a trust that has failed to recognize its morally dynamic basis. The moral code of the community that binds self to other in trust relationships is the fundamental basis for the experience of violation.

Several scholars have pointed to betrayal as especially difficult to overcome, as carrying much greater weight in terms of influencing the potential for the re-establishment of trust in relationships (cf. Karamer & Cook 2004; Six 2005). And of course betrayal has a broader impact on trust in that instances of betrayal, of violations of otherwise trusting relationships, will spill over into one's overall sense of trust about others and the world around them. Violations of trust can be extended, as Jones, Couch and Scott (1997: 475) describe: "We conceptualize betrayal as any violation of trust and allegiance as well as other forms of intrigue, treachery, and harm-doing in the context of established and ongoing relationships." Betrayal, too, has a temporal quality in that betrayal in the past can "significantly shape... dispositions toward trust in the present" (Potter 2002: 23).

Indeed, the literature on violations of trust or the betrayal of trust is quite limited (cf. Jones, Couch & Scott 1997; Weber & Carter 2003). Nonetheless, it can be seen that trust violations carry with them the means to elicit reactions characterized by a sense of betrayal. Such reactions are an extension of the whole of idea of promises not kept and thus have implications for the socialization of trust in general.

4. Data

The data for the present study were collected based on nationwide attitudinal surveys of social trust conducted among eight nations: the United States, Russia, Finland, Germany, the Czech Republic, Turkey, Japan, and Taiwan. These eight nations were selected based on their overall trust indices in the World Values Surveys conducted between 1995 and 2009 (see ASEP/JDS 2010 for the survey information on interpersonal trust scores). They form four groups (with the indices shown in parentheses): High Trust: Finland (117.5); Relatively High Trust: Japan (79.6), the U.S. (78.8), Germany (75.8) and Taiwan (70.0); Middle Trust: Russia (55.4) and the Czech Republic (48.8); and Low Trust: Turkey (10.2).

The surveys (financially supported by the Japan Society for the Promotion of Science (JSPS, #19203026)) were carried out among persons aged twenty years and older between November 2008 and May 2012. The surveys used personal (face-to-face) interviews of subjects obtained utilizing quota sampling and random sampling methods (see Appendix).

The present study addresses parental socialization of trust in childhood (Question 1: "When you were a child, did your parent(s) teach you that you can trust most people, or that you can't be too careful in dealing with people?"); parents' keeping of promises in childhood (Question 2: "When you were a child, would your parent(s) usually keep their promises about what they said they would do for you?"); experiences of betrayal (Question 3: "Have you ever been betrayed by others?); and adult trust (Question 4: "Generally speaking, would you say that most people can be trusted or that you can't be too careful in dealing with people?").

Did individuals in these eight nations interpret these questions in the same way? This, of course, is a crucial issue. The present study, using pre-test samples in each nation, utilized the back translation technique to confirm nearly equivocal interpretation of the questions in all eight nations.

5. Research Findings

The present study addresses the four purposes (a through d) described at the beginning of this paper. To do so, we depict the relationships among the four questions (except that between Questions 1 and 3, due to lack of relevance) for each of the eight nations. In so doing we can determine the characteristic response patterns for each nation, followed by a determination of the relationships among the four questions (again except that between Questions 1 and 3) using the combined data for all eight nations. This combining approach, using data for nations previously classified at three different levels of trust (high, medium and low), facilitates determination of common characteristics of response patterns toward understanding the common impact of trust on people's lives within the context of a globalizing world, because it is vital to determine if globalization leads to a gradual loss of trust's heretofore unique elements.

Cross-tabulations and correspondence analyses were conducted. The four questions examined by the present study appear in Table 9-1. Tables 9-2 through 9-5 show the crosstabulations for Questions 1 through 4, respectively, for the eight nations. Table 9-6 shows the correlations of the four questions for the eight nations combined.

The present study utilized correspondence analysis, which is a statistical technique especially useful for those who collect categorical data; for example, data collected in social surveys. The method is particularly useful in analyzing crosstabulation data in the form of numerical frequencies, and results in elegant but simple graphic displays in Euclidean space, thereby facilitating holistic understanding of the data (cf. Greenacre & Blasius 1994). Before performing correspondence analysis, it is necessary

Table 9-1 Survey questions used for the analysis

Q1. When you were a child, did your parent(s) teach you that you can trust most people, or that you can't be too careful in dealing with people?
1. Was taught that most people can be trusted
2. Can't be too careful
3. Such things were not taught (Volunteered)

Q2. When you were a child, would your parent(s) usually keep their promises about what they said they would do for you?
1. Yes, to a great extent
2. Yes, to some extent
3. No more often than yes
4. No, not at all
5. Such promises did not exist

Q3. Have you ever been betrayed by others?
1. Yes
2. No

Q4. Generally speaking, would you say that most people can be trusted or that you can't be too careful in dealing with people?
1. Most people can be trusted
2. Can't be too careful

第 9 章 Parental Socialization and Experiences of Betrayal　237

Table 9-2　Crosstabulations of question 1 by eight nations

Nation		Q1: When you were a child, did your parent(s) teach you that you can trust most people, or that you can't be too careful in dealing with people?			
		Most people can be trusted	Can't be too careful	Such things were not taught	Total
U.S.	Count	510	412	57	979
	%	52.1%	42.1%	5.8%	100.0%
Russia	Count	429	442	126	997
	%	43.0%	44.3%	12.6%	100.0%
Finland	count	450	342	35	827
	%	54.4%	41.4%	4.2%	100.0%
Germany	Count	353	501	109	963
	%	36.7%	52.0%	11.3%	100.0%
Czech Rep	Count	317	509	109	935
	%	33.9%	54.4%	11.7%	100.0%
Turkey	count	287	604	81	972
	%	29.5%	62.1%	8.3%	100.0%
Japan	Count	293	387	193	873
	%	33.6%	44.3%	22.1%	100.0%
Taiwan ROC	Count	235	593	133	961
	%	24.5%	61.7%	13.8%	100.0%
Total	count	2,874	3,790	843	7,507
	%	38.3%	50.5%	11.2%	100.0%

to have roughly even sample sizes for all eight nations; consequently the sample size for Russia was weighted at 65%, making that sample 1,066 for the present analysis. Also, with a few exceptions, response categories which were chosen by an average of fewer than 10% of the respondents across all eight nations were eliminated from the analysis. The exceptions included response categories which averaged fewer than 10% across all

Table 9-3 Crosstabulations of question 2 by eight nations

Nation		Q2: When you were a child, would your parent(s) usually Keep their promises about what they said they would do for you?					
		Yes, to a great extent	Yes, to some extent	No more often than yes	No, not at all	Such promises did not exist	Total
U.S.	count	548	350	59	21	19	997
	%	55.0%	35.1%	5.9%	2.1%	1.9%	100.0%
Russia	count	597	276	66	20	57	1,016
	%	58.8%	27.2%	6.5%	2.0%	5.6%	100.0%
Finland	count	671	152	35	7	4	869
	%	77.2%	17.5%	4.0%	0.8%	0.5%	100.0%
Germany	count	334	523	69	11	41	978
	%	34.2%	53.5%	7.1%	1.1%	4.2%	100.0%
Czech Rep	count	433	408	79	5	34	959
	%	45.2%	42.5%	8.2%	0.5%	3.5%	100.0%
Turkey	count	534	343	68	35	13	993
	%	53.8%	34.5%	6.8%	3.5%	1.3%	100.0%
Japan	count	345	463	60	2	30	900
	%	38.3%	51.4%	6.7%	0.2%	3.3%	100.0%
Taiwan ROC	count	239	575	111	9	31	965
	%	24.8%	59.6%	11.5%	0.9%	3.2%	100.0%
Total	count	3,701	3,090	547	110	229	7,677
	%	48.2%	40.3%	7.1%	1.4%	3.0%	100.0%

eight nations but which had relatively high response rates among one or more nations (e.g., "No more often than yes" for Question 2 averaged 7.1% across all eight nations, but Taiwan's response rate was 11.5%).

The findings based on the correspondence analysis using each nation's individual data are shown in Figures 9-1 through 9-8, and for the eight nations combined in Figure 9-9. These figures depict the actual numeric

Table 9-4 Crosstabulations of question 3 by eight nations

Nation		Q3: Have you ever been betrayed by others? Yes	No	Total
U.S.	Count	772	180	952
	%	81.1%	18.9%	100.0%
Russia	Count	585	336	921
	%	63.5%	36.5%	100.0%
Finland	Count	651	209	860
	%	75.7%	24.3%	100.0%
Germany	Count	503	405	908
	%	55.4%	44.6%	100.0%
Czech Rep	Count	739	177	916
	%	80.7%	19.3%	100.0%
Turkey	count	380	590	970
	%	39.2%	60.8%	100.0%
Japan	Count	433	455	888
	%	48.8%	51.2%	100.0%
Taiwan ROC	count	488	410	898
	%	54.3%	45.7%	100.0%
Total	Count	4,551	2,762	7,313
	%	62.2%	37.8%	100.0%

positions of the eight nations with reference to the results for Questions 1 through 4. The correlations of the transformed variables for all eight nations individually as well for the eight nations combined are shown in Table 9-7.

From Figure 9-1, for the case of the United States, we can see that the X-axis partitions the response categories of the two questions (Questions 1 and 4). Inertia (chi-square/total N) for the X-axis is 0.425 (in other words, the contribution of inertia accounts for 42.5% of the variation in the data; cf. Greenacre & Blasius 1994) and 0.264 for the Y-axis, indicating that the

Table 9-5 Crosstabulations of question 4 by eight nations

Nation		Q4: Generally speaking, would you say that most people can be trusted or that you can't be too careful in dealing with people?		Total
		Most people can be trusted	Can't be too careful	
U.S.	Count	453	527	980
	%	46.2%	53.8%	100.0%
Russia	Count	305	709	1,014
	%	30.1%	69.9%	100.0%
Finland	Count	471	390	861
	%	54.7%	45.3%	100.0%
Germany	Count	355	580	935
	%	38.0%	62.0%	100.0%
Czech Rep	Count	219	702	921
	%	23.8%	76.2%	100.0%
Turkey	count	100	880	980
	%	10.2%	89.8%	100.0%
Japan	Count	249	630	879
	%	28.3%	71.7%	100.0%
Taiwan ROC	count	210	766	976
	%	21.5%	78.5%	100.0%
Total	Count	2,362	5,184	7,546
	%	31.3%	68.7%	100.0%

contribution of the X axis is significant for this partition. In Figure 9–1, the positive (right-hand) side of the X-axis is for trust as taught by parents in childhood and trust in adulthood and the negative (left-hand) side of the X-axis is for distrust as taught by parents and distrust in adulthood. This finding indicates there is consistency regarding trust/distrust

Table 9-6 Crosstabulations of the four Questions: eight nations combined

Q1: When you were a child, did your parent(s) teach you that you can trust most people, or that you can't be too careful in dealing with people?		Most people can be trusted	Can't be too careful	Such things were not taught			Total
	count	2,874	3,790	843			7,507
	%	38.3%	50.5%	10.7%			100%
Q2: When you were a child, would your parent(s) usually keep their promises about what they said they would do for you?		Yes, to a great extent	Yes, to some extent	No more often than yes	No, not at all	Such promises did not exist	
	count	3,701	3,090	547	110	229	7,677
	%	48.2%	40.3%	7.1%	1.4%	3.0%	100%
Q3: Have you ever been betrayed by others?		Yes	No				
	count	4,551	2,762				7,313
	%	62.2%	37.8%				100%
Q4: Generally speaking, would you say that most people can be trusted or that you can't be too careful in dealing with people?		Most people can be trusted	Can't be too careful				
	count	2,362	5,184				7,546
	%	31.3%	68.7%				100%

as taught in childhood and trust/distrust in adulthood. Also, the absence of experiences of betrayal and parents keeping promises "to a great extent" in childhood are located on the positive (right-hand) side of the X axis, and betrayal experiences and parents keeping promises "to some extent" are located on the negative (left-hand) side of the X-axis.

From Table 9–7, the correlations of the transformed variables which are significant are between Questions 1 and 2, between Questions 1 and 4, between Questions 2 and 4, and between Questions 3 and 4 and are 0.169, 0.337, 0.093, and 0.183, respectively. Therefore, for the case of the United States the relationship between trust/distrust as taught by parents in childhood and trust/distrust in adulthood is the strongest, followed by the relationship between experiences of betrayal/absence of betrayal and trust/distrust in adulthood, then followed by the relationship between trust/dis-

Figure 9-1 Results of correspondence analysis with respect to questions 1 through 4, and correlations of transformed variables: United States

■ Q1. When you were a child, did your parent(s) teach you that you can trust most people, or that you can't be too careful in dealing with people?

▲ Q2. When you were a child, would your parent(s) usually keep their promises about what they said they would do for you?

○ Q3. Have you ever been betrayed by others?

◆ Q4. Generally speaking, would you say that most people can be trusted or that you can't be too careful in dealing with people?

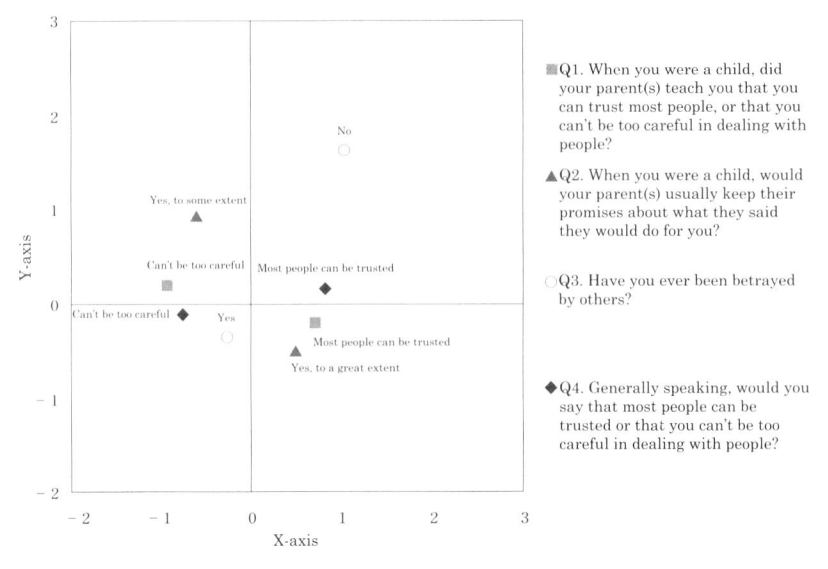

Figure 9-2 Results of correspondence analysis with respect to questions 1 through 4, and correlations of transformed variables: Russia

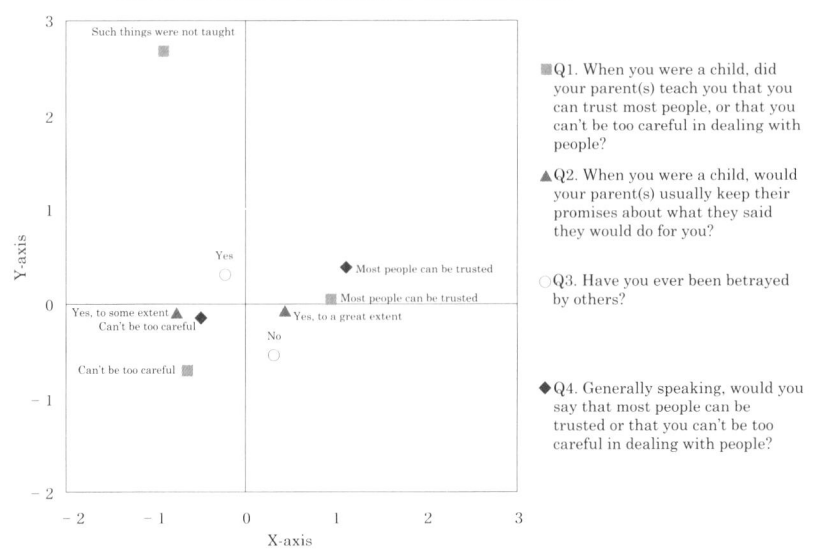

■ Q1. When you were a child, did your parent(s) teach you that you can trust most people, or that you can't be too careful in dealing with people?

▲ Q2. When you were a child, would your parent(s) usually keep their promises about what they said they would do for you?

○ Q3. Have you ever been betrayed by others?

◆ Q4. Generally speaking, would you say that most people can be trusted or that you can't be too careful in dealing with people?

第 9 章　Parental Socialization and Experiences of Betrayal　243

Figure 9-3　Results of correspondence analysis with respect to questions 1 through 4, and correlations of transformed variables: Finland

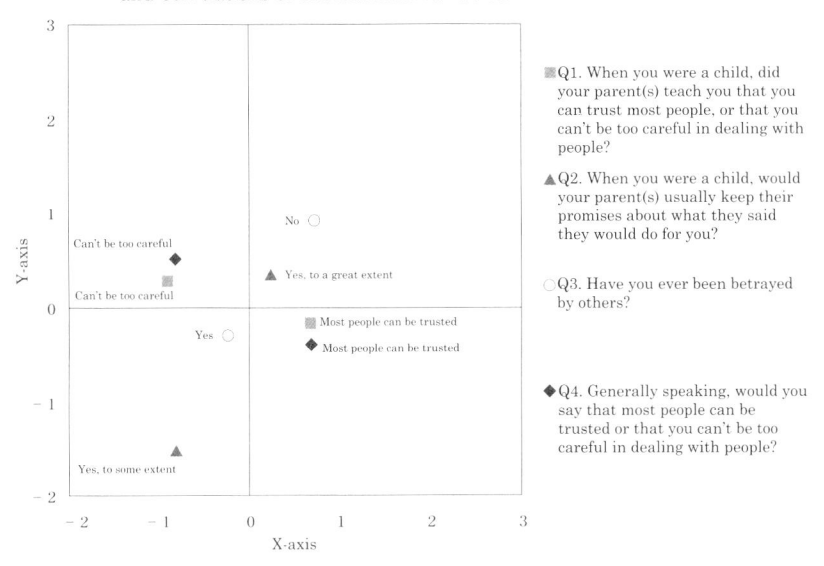

- Q1. When you were a child, did your parent(s) teach you that you can trust most people, or that you can't be too careful in dealing with people?
- Q2. When you were a child, would your parent(s) usually keep their promises about what they said they would do for you?
- Q3. Have you ever been betrayed by others?
- Q4. Generally speaking, would you say that most people can be trusted or that you can't be too careful in dealing with people?

Figure 9-4　Results of correspondence analysis with respect to questions 1 through 4, and correlations of transformed variables: Germany

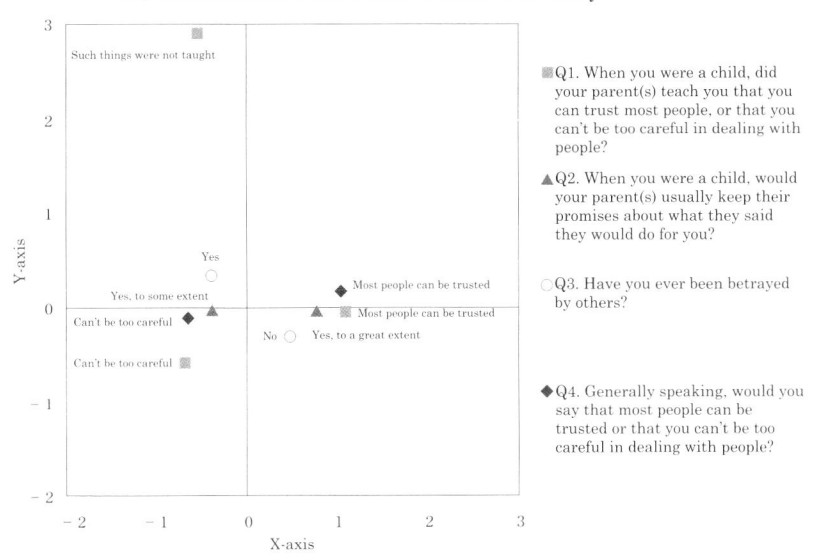

- Q1. When you were a child, did your parent(s) teach you that you can trust most people, or that you can't be too careful in dealing with people?
- Q2. When you were a child, would your parent(s) usually keep their promises about what they said they would do for you?
- Q3. Have you ever been betrayed by others?
- Q4. Generally speaking, would you say that most people can be trusted or that you can't be too careful in dealing with people?

Figure 9-5 Results of correspondence analysis with respect to questions 1 through 4, and correlations of transformed variables: the Czech Republic

- Q1. When you were a child, did your parent(s) teach you that you can trust most people, or that you can't be too careful in dealing with people?
- Q2. When you were a child, would your parent(s) usually keep their promises about what they said they would do for you?
- Q3. Have you ever been betrayed by others?
- Q4. Generally speaking, would you say that most people can be trusted or that you can't be too careful in dealing with people?

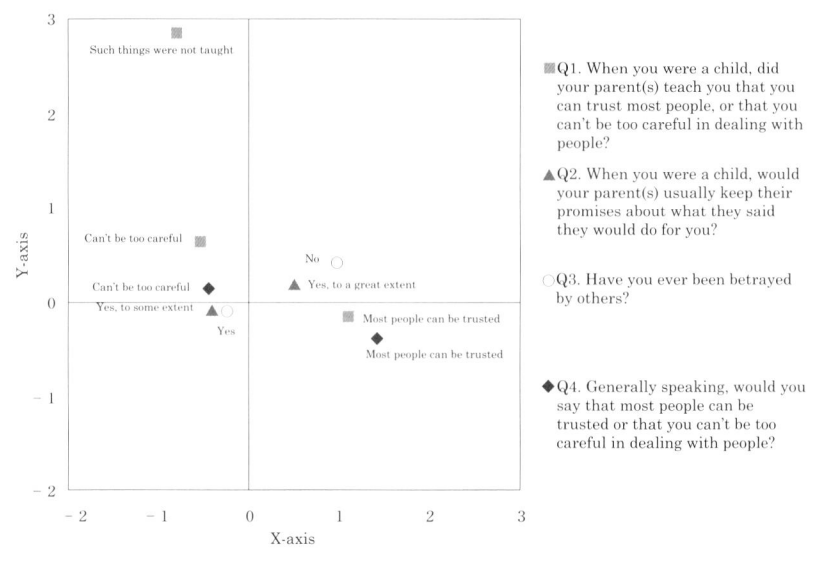

Figure 9-6 Results of correspondence analysis with respect to questions 1 through 4, and correlations of transformed variables: Turkey

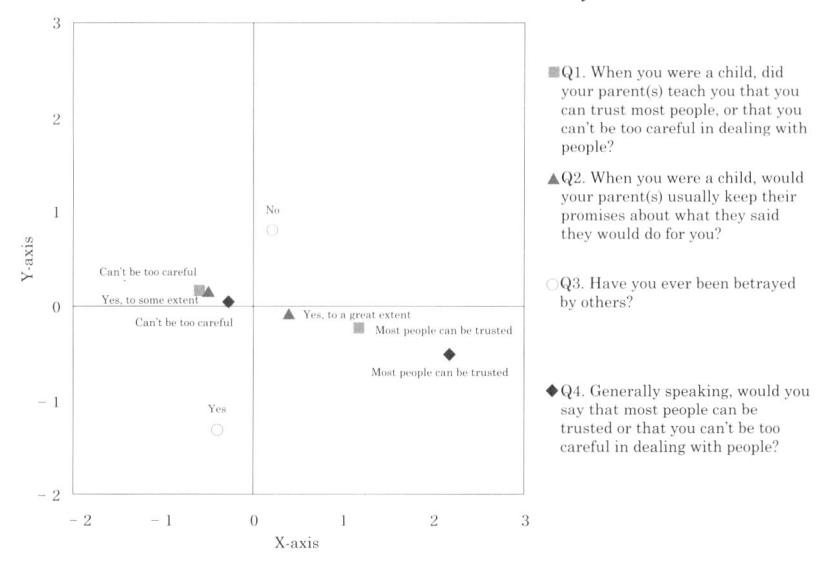

- Q1. When you were a child, did your parent(s) teach you that you can trust most people, or that you can't be too careful in dealing with people?
- Q2. When you were a child, would your parent(s) usually keep their promises about what they said they would do for you?
- Q3. Have you ever been betrayed by others?
- Q4. Generally speaking, would you say that most people can be trusted or that you can't be too careful in dealing with people?

第 9 章　Parental Socialization and Experiences of Betrayal　245

Figure 9-7　Results of correspondence analysis with respect to questions 1 through 4, and correlations of transformed variables: Japan

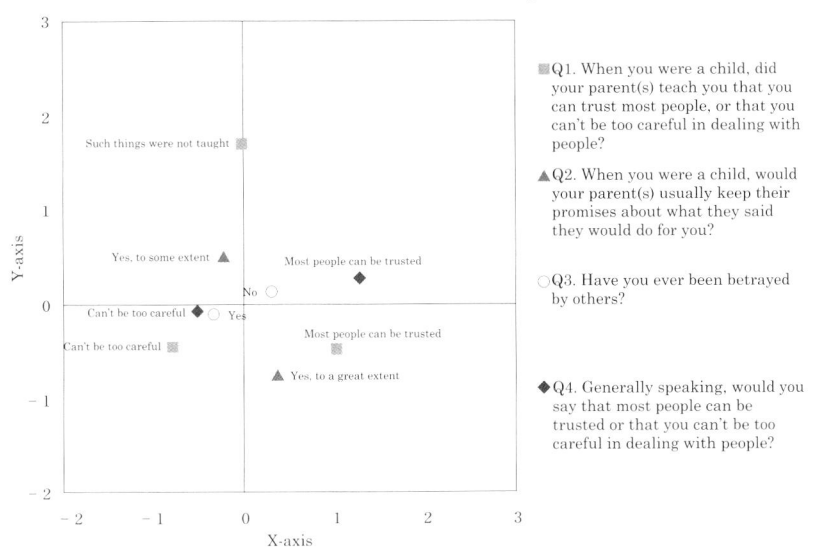

■Q1. When you were a child, did your parent(s) teach you that you can trust most people, or that you can't be too careful in dealing with people?

▲Q2. When you were a child, would your parent(s) usually keep their promises about what they said they would do for you?

○Q3. Have you ever been betrayed by others?

◆Q4. Generally speaking, would you say that most people can be trusted or that you can't be too careful in dealing with people?

Figure 9-8　Results of correspondence analysis with respect to questions 1 through 4, and correlations of transformed variables: Taiwan

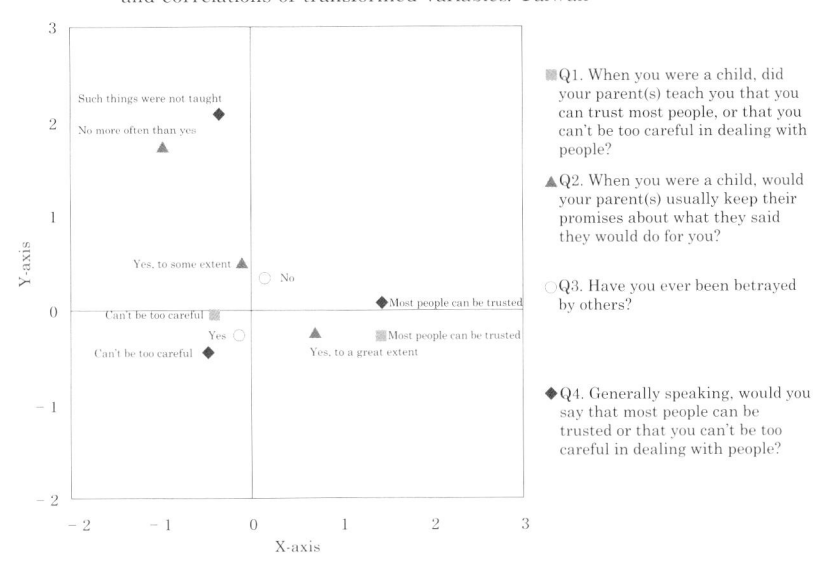

■Q1. When you were a child, did your parent(s) teach you that you can trust most people, or that you can't be too careful in dealing with people?

▲Q2. When you were a child, would your parent(s) usually keep their promises about what they said they would do for you?

○Q3. Have you ever been betrayed by others?

◆Q4. Generally speaking, would you say that most people can be trusted or that you can't be too careful in dealing with people?

Figure 9-9 Results of correspondence analysis with respect to questions 1 through 4, and correlations of transformed variables: eight nations combined

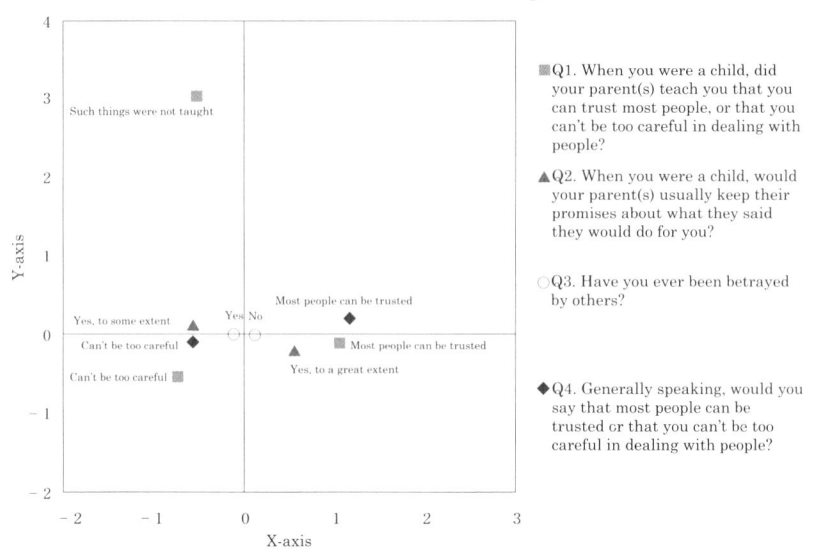

- Q1. When you were a child, did your parent(s) teach you that you can trust most people, or that you can't be too careful in dealing with people?
- Q2. When you were a child, would your parent(s) usually keep their promises about what they said they would do for you?
- Q3. Have you ever been betrayed by others?
- Q4. Generally speaking, would you say that most people can be trusted or that you can't be too careful in dealing with people?

Table 9-7 Correlations of transformed variables between each question for eight nations

	Q1 x Q2	Q1 x Q4	Q2 x Q4	Q3 x Q4
United States	0.169	0.337	0.093	0.183
Russia	0.122	0.242	0.048	0.012
Finland	0.103	0.319	0.044	0.086
Germany	0.285	0.447	0.159	0.139
Czech Republic	0.108	0.342	0.040	0.156
Turkey	0.107	0.253	0.022	0.040
Japan	0.126	0.268	0.025	0.077
Taiwan	0.160	0.276	0.066	0.111
Eight nations combined	0.142	0.346	0.076	0.039

trust as taught by parents in childhood and the different levels of parents keeping promises during childhood, and finally by the relationship between the different levels of parents keeping promises during childhood and trust/distrust in adulthood.

Figure 9-2 depicts the Russian case, in which we can see that the X-axis partitions the response categories of the two questions (Questions 1 and 4). Inertia (chi-square/total N) for the X-axis is 0.370 and 0.318 for the Y-axis, indicating that the contributions of the X and Y axes are similarly significant for these partitions, with the total amount at 69%. In Figure 9-2, the positive side of the X-axis is for trust as taught by parents in childhood and trust in adulthood and the negative side of the X-axis is for distrust as taught by parents and distrust in adulthood. This finding indicates there is consistency regarding trust/distrust as taught in childhood and trust/distrust in adulthood. Also, the absence of experiences of betrayal and parents keeping promises "to a great extent" during childhood are located on the positive side of the X-axis, and betrayal experiences and parents keeping promises "to some extent" during childhood are located on the negative side of the X-axis. "Such things were not taught" is located far from the X-axis in the upper left quadrant on the distrust side.

The correlations of the transformed variables which are significant are between Questions 1 and 2 and between Questions 1 and 4 are 0.122 and 0.242, respectively (see Table 9-7). Therefore, for the Russian case, the relationship between trust as taught by parents in childhood and trust in adulthood is the strongest, followed by trust/distrust as taught by parents in childhood and the different levels of parents keeping promises during childhood.

Figure 9-3 shows the Finnish case, in which we can see that the X-axis partitions the response categories of the two questions (Questions 1 and 4). Inertia (chi-square/total N) for the X-axis is 0.372 and 0.255 for the Y-axis, indicating that the contribution of the X and Y axes are similarly significant for these partitions and that the total amount is 63%. In Figure 9–3, the positive side of the X-axis is for trust as taught by parents in childhood and trust in adulthood and the negative side the X-axis is for distrust as taught by parents and distrust in adulthood. This finding indicates there is consistency regarding trust/distrust as taught in childhood and trust/distrust in adulthood. Also, the absence of experiences of betrayal and parents keeping promises "to a great extent" during childhood are located on the positive side of the X axis and betrayal experiences and parents keeping promises to "some extent" during childhood are located on the negative side of the X-axis.

From Table 9–7, the correlations of the transformed variables which are significant are between Questions 1 and 2, between Questions 1 and 4 and between Questions 3 and 4 and are 0.103, 0.319, and 0.086, respectively. Therefore, for the case of Finland the relationship between trust/distrust as taught by parents in childhood and trust/distrust in adulthood is the strongest, followed by trust/distrust as taught by parents in childhood and the different levels of parents keeping promises during childhood, then followed by the relationship between experiences of betrayal/absence of betrayal and trust/distrust in adulthood.

Figure 9–4 depicts the German case, in which we can see that the X-axis partitions the response categories of the two questions (Questions 1 and 4). Inertia (chi-square/total N) for the X-axis is 0.443 and 0.302 for the Y-axis, indicating that the contribution of the X axis is significant for these partitions and that the total amount is 75%. In Figure 9–4, the positive side of the X-axis is for trust as taught by parents in childhood and trust in adulthood and the negative side of the X-axis is for distrust as taught by parents in childhood and distrust in adulthood. This finding indicates there is consistency regarding trust/distrust as taught by parents in childhood and trust/distrust in adulthood. Also, the absence of experiences of betrayal and parents keeping promises "to a great extent" during childhood are located on the positive side of the X-axis and betrayal experiences and parents keeping promises "to some extent" are located on the negative side of the X-axis. "Such things were not taught" is located far from the X-axis in the upper left quadrant on the distrust side.

The correlations of the transformed variables which are significant are between Questions 1 and 2, between Questions 1 and 4, between Questions 2 and 4, and between Questions 3 and 4 and are 0.285, 0.447, 0.159, and 0.139, respectively (see Table 9-7). Therefore, for the case of Germany the relationship between trust/distrust as taught by parents in childhood and trust/distrust in adulthood is the strongest, followed by the relationship between trust/distrust as taught by parents in childhood and the different levels of parents keeping promises during childhood, then by the relationship between the different levels of parents keeping promises during childhood and trust/distrust in adulthood, and finally followed by the relationship between experiences of betrayal and absence of experiences of betrayal and trust/distrust in adulthood.

Figure 9-5 depicts the Czech Republic case, in which we can see that the X-axis partitions the response categories of the two questions (Questions 1 and 4). Inertia (chi-square/total N) for the X-axis is 0.401 and 0.305 for the Y-axis, indicating that the contribution of the X axis is significant for these partitions and that the total amount is 70%. In Figure 9-5, the positive side of the X-axis is for trust as taught by parents in childhood and trust in adulthood and the negative side of the X-axis is for distrust as taught by parents in childhood and distrust in adulthood. This finding indicates there is consistency regarding trust/distrust as taught in childhood and trust/distrust in adulthood. Also, the absence of experiences of betrayal and parents keeping promises "to a great extent" during childhood are located on the positive side of the X axis and betrayal experiences and parents keeping promises "to some extent" are located on the negative side of the X-axis. "Such things were not taught" is located far from the X-axis in the upper left quadrant on the distrust side.

From Table 9-7, the correlations of the transformed variables which are significant are between Questions 1 and 2, between Questions 1 and 4, and between Questions 3 and 4 and are 0.108, 0.342, and 0.156 respectively. Therefore, for the case of the Czech Republic, the relationship between trust/distrust as taught by parents in childhood and trust/distrust in adulthood is the strongest, followed by the relationship between betrayal/absence of betrayal experiences and trust/distrust in adulthood, then followed by trust/distrust as taught by parents in childhood and the different levels of parents keeping promises during childhood.

Figure 9-6 shows the Turkish case, in which we can see that the X-axis partitions the response categories of the two questions (Questions 1 and 4). Inertia (chi-square/total N) for the X-axis is 0.356 and 0.272 for the Y-axis, indicating that the contribution of the X axis is significant for these partitions and that the total amount is 62%. In Figure 9-6, the positive side of the X-axis is for trust as taught by parents in childhood and trust in adulthood and the negative side of the X-axis is for distrust as taught by parents and distrust in adulthood. This finding indicates there is consistency regarding trust/distrust as taught in childhood and trust/distrust in adulthood. Also, the absence of experiences of betrayal and parents keeping promises "to a great extent" during childhood are located on the positive side of the X axis and betrayal experiences and parents keeping promises "to some extent" are located on the negative side of the X-axis.

The correlations of the transformed variables which are significant are between Questions 1 and 2 and between Questions 1 and 4 and are 0.107

and 0.253, respectively (see Table 9-7). Therefore, for the case of Turkey, the relationship between trust/distrust as taught by parents in childhood and trust/distrust in adulthood is the strongest, followed by the relationship between trust/distrust as taught by parents in childhood and the different levels of parents keeping promises during childhood.

Figure 9-7 depicts the Japanese case, in which we can see that the X-axis partitions the response categories of the two questions (Questions 1 and 4). Inertia (chi-square/total N) for the X-axis is 0.347 and 0.286 for the Y-axis, indicating that the contribution of the X axis is significant for these partitions and that the total amount is 63%. In Figure 9-7, the positive side of the X-axis is for trust as taught by parents in childhood and trust in adulthood and the negative side of the X-axis is for distrust as taught by parents in childhood and distrust in adulthood. This finding indicates there is consistency regarding trust/distrust as taught by parents in childhood and trust/distrust in adulthood. Also, the absence of experiences of betrayal and parents keeping promises "to a great extent" during childhood are located on the positive side of the X axis and betrayal experiences and parents keeping promises "to some extent" are located on the negative side of the X-axis. "Such things were not taught" is located far from the X-axis in the upper left quadrant on the distrust side.

From Table 9-7, the correlations of the transformed variables which are significant are between Questions 1 and 2 and between Questions 1 and 4 and are 0.126 and 0.268, respectively. Therefore, for the case of Japan, the relationship between trust/distrust as taught by parents in childhood and trust/distrust in adulthood is the strongest, followed by trust/distrust as taught by parents in childhood and the different levels of parents keeping promises during childhood.

Finally, Figure 9-8 illustrates the case for Taiwan, in which we can see that the X-axis partitions the response categories of the two questions (Questions 1 and 4). Inertia (chi-square/total N) for the X-axis is 0.360 and 0.317 for the Y-axis, indicating that the contribution of the X axis is significant for these partitions and that the total amount is 67%. In Figure 8, the positive side of the X-axis is for trust as taught by parents in childhood and trust in adulthood and the negative side of the X-axis is for distrust as taught by parents in childhood and distrust in adulthood. This finding indicates there is consistency regarding trust/distrust as taught by parents in childhood and trust/distrust in adulthood. Also, the absence of experiences of betrayal and parents keeping promises "to a great extent" during childhood are located on the positive side of the X axis and betrayal experiences and parents keeping promises "to some extent" are located on the negative side of the X-axis. "Such things were not taught" and "No more often than yes" are located far from the X-axis in the upper left quadrant on the distrust side.

From Table 9–7, the correlations of the transformed variables which are significant are between Questions 1 and 2, between Questions 1 and 4, and between Questions 3 and 4 and are 0.160, 0.276, and 0.111, respectively. Therefore, for the case of Taiwan, the relationship between trust/distrust as taught by parents in childhood and trust/distrust in adulthood is the strongest, followed by the relationship between trust/distrust as taught by parents in childhood and the different levels of parents keeping promises during childhood, then followed by the relationship between the presence or absence of betrayal experiences and trust/distrust in adulthood.

We now turn to analyses of the four purposes of the present study using the combined data for all eight nations. As previously mentioned, for performing correspondence analysis, it is necessary to have roughly even sample sizes for all eight nations. This is also the case for an analysis using combined data. Consequently, the sample size for Russia was weighted at 65%, making that sample 1,066 for the combined analysis.

In this instance, a response category chosen by an average of fewer than 10% of the respondents was eliminated from the analysis (i.e., 7.1% for "No more than yes" for Question 2; shown in Table 9-6).

Figure 9-9 illustrates the results of the correspondence analysis using the eight nations' combined data. We see that the X-axis partitions the response categories of the two questions (Questions 1 and 4). Inertia (chi-square/total N) for the X-axis is 0.388 and 0.293 for the Y-axis, indicating that the contributions of the X and Y axes are similarly significant for these partitions, with the total amount at 68%. In Figure 9-9, the negative side of the X-axis is for distrust as taught by parents in childhood and distrust in adulthood and the positive side of the X-axis is for trust as taught by parents and trust in adulthood. This finding indicates there is consistency regarding trust/distrust as taught in childhood and trust/distrust in adulthood. Also, the absence of experiences of betrayal and parents keeping promises "to a great extent" during childhood are located on the positive side of the X-axis, and betrayal experiences and parents keeping promises "to some extent" during childhood are located on the negative side of the X-axis. "Such things were not taught" is located far from the X-axis in the upper left quadrant on the distrust side.

From Table 9-7, the correlations of the transformed variables which are significant are between Questions 1 and 2, between Questions 1 and 4, and between Question 2 and 4 and are 0.142, 0.346, and 0.076, respectively. Therefore, the relationship between trust as taught by parents in childhood and trust in adulthood is the strongest, followed by that between trust/distrust as taught by parents in childhood and the different levels of parents keeping promises during childhood, next followed by that between different levels of parents keeping promises during childhood and trust/distrust in adulthood.

6. Summary and Conclusions

The findings based on the crosstabulations and correspondence analyses using each nation's individual data, addressing the four purposes of the present study presented at the beginning of this paper, revealed that from all the figures for all eight nations, there is a partition (vertical lines partition the trust and distrust clusters) for the X-axis between trust on the right side and distrust on the left side. Also, there is a horizontal line partition for the Y-axis between the presence of experiences of betrayal on one side and their absence on the other side, and between "Yes, to a great extent" on one side and "Yes, to some extent" on the other side for the different levels of parents keeping promises during childhood (except for the Russian and German cases).

This indicates that the X-axis is a dimension of trust and distrust (i.e., parental socialization of trust/distrust in childhood and trust/distrust in adulthood) and that the Y-axis is a dimension of experiences (i.e., presence or absence of betrayal experiences and the different levels of parents keeping promises during childhood, except for the Russian and German cases). The trust side includes trust as taught by parents in childhood, trust in adulthood, "to a great extent" for parents keeping promises during childhood, and the absence of experiences of betrayal. The distrust side includes distrust as taught by parents in childhood, distrust in adulthood, "to some extent" for parents keeping promises during childhood, and experiences of betrayal.

There is an interesting finding that "such things were not taught" is located on the distrust side for those nations for which the response is more than 10% (i.e., Russia, the Czech Republic, Germany, Taiwan, and Japan), which indicates that those who were not taught to be able to trust nor to be too careful in dealing with people during childhood become distrustful in adulthood.

Using each nation's individual data, it was also found, from Table 9–7, that the correlations of the transformed variables between Question 1 and Question 4 (i.e., between parental socialization of trust/distrust in childhood and trust/distrust in adulthood) are the strongest in all eight nations, among all four relationships of Questions 1 through 4. The average for these correlations is 0.310. Also, the correlations of the transformed variables between Question 1 and Question 2 (i.e., between trust/distrust as taught by parents in childhood and the different levels of parents keeping promises during childhood) are the second strongest for six nations (except the United States and the Czech Republic). The average for these correlations is 0.151. For the United States and the Czech Republic they are the third strongest, at 0.169 and 0.108, respectively. Therefore, for all eight nations there is a modest relationship between trust/distrust as taught by parents in childhood and the different levels of parents keeping promises in childhood. In other words, as can be also seen in Figures 1 through 8, parents who teach trust to their children also keep promises to their children to "a great degree" in all eight nations. And in the reverse, parents who teach distrust to their children only keep promises to their children to "some degree" for all eight nations.

From Table 9–7, the correlations of the transformed variables between Question 3 and Question 4 (i.e., between the presence or absence of experiences of betrayal and trust or distrust in adulthood) are the second strongest for the United States and the Czech Republic, the third strongest for Finland and Taiwan, and the fourth for Germany. Therefore, for those five nations, the presence or absence of betrayal experiences has modest impacts on distrust or trust in adulthood.

From Table 9-7, the finding that the correlations of the transformed variables between Question 2 and Question 4 (i.e., between the different levels of parents keeping promises during childhood and trust/distrust in adulthood) are significant only for the United States and Germany, which indicates that the different levels of parents keeping promises during childhood have modest impacts on trust or distrust in adulthood for both nations.

With regard to the configurations of response patterns for the four questions, the results of the correspondence analysis using the eight nations' combined data, shown in Figure 9-9, are similar to those using each nation's individual data. The important finding is that the meanings of the X-axis (i.e., the trust dimension) and the Y-axis (i.e., experiences) are consistent for both the results of the analysis using each nation's individual data and that using the eight nations' combined data.

Although, from Table 9-7, there are modest relationships among some nations (the United States, Finland, Germany, the Czech Republic, and Taiwan) between the presence or absence of betrayal experiences and distrust and trust in adulthood using each nation's individual data, this phenomenon vanishes when we analyze the combined data. But to the contrary, using each nation's individual data, there is no significant relationship between the different levels of parents keeping promises during childhood and trust or distrust in adulthood for six nations (except the United States and Germany). However, when conducting correspondence analysis using the combined data, a modest relationship (i.e., 0.076) emerges. For comparisons of unique national characteristics and characteristics seen as a whole when combining the data, it is very important to use both individual data and combined data because the combined data contains nations previously classified at different levels of trust (i.e., high, medium, and low, per ASEP/JDS (2010)).

In the face of globalization with its oft hypothesized homogenization, it remains to be seen whether the impacts of parental socialization of trust, parents keeping promises during childhood, and the presence or absence of experiences of betrayal on trust/distrust in adulthood will persist, increase, or decrease in these eight nations taken individually and as a whole.

Overall, the present study's findings, using each nation's individual data, as well as the combined data, have shown that: (1) parental socialization of trust/distrust has the most significant impact on adult trust or distrust, more so than do varying levels of parents keeping promises during childhood and the presence or absence of experiences of betrayal for all eight nations. (2) Varying levels of parents keeping promises during childhood relates to parental socialization of trust/distrust in childhood for all eight nations. (3) The presence or absence of experiences of betrayal relates to adult trust or distrust in the United States, Finland, Germany, the Czech Republic, and Taiwan, but the relationship vanishes when using the eight nations' combined data. (4) There is no significant relationship between the different levels of parents keeping promises during childhood and adult trust or distrust for six nations (except the United States and Germany); however, using the combined data, a modest relationship emerges.

As mentioned above, Jesuino (2008:186) stated that "...from the very first beginning humans develop a sense of trust versus mistrust conveyed through socialization." And we were reminded that socialization practices are not universal, but always socially and culturally embedded. Nonetheless, the findings of the present study, using each nation's data as well as the eight nations' combined data, reveal that there is a consistently significant impact of parental socialization (Question 1) of trust/distrust on later adult trust/distrust (Question 4). Indeed, this is a common phenomenon among all eight nations individually and as a whole after combining all the data. However, the degree of impact of parental socialization of trust on later adult trust does vary among the eight nations.

Thus the present study for eight nations that manifest three different levels of trust has empirically supported some of the speculations gleaned from the trust literature — such as those of Uslaner (1999, 2000), Jesuino (2008), Rotenberg (2010), and Erikson (1950/1963) — in particular that parental socialization of trust has significant impact on trust in adulthood. The present study also found that in the reverse, parental socialization of distrust has significant impact on distrust in adulthood. Thus, as far as parental socialization of trust is concerned, we might be able to say that "the child is the father of the man" or "as a boy, so the man."

Acknowledgment
The author would like to thank Tatsuzo Suzuki for his helpful comments on a previous draft of this article.

Appendix
For the nationwide surveys conducted for the present study, specific details for each survey are described below. With regard to sampling methods, the surveys adopted the methods most commonly used in each of the eight nations, to facilitate comparison and contrast with other survey results in each respective nation.

Czech Republic
September 2009

Sampling method and sampling points: Quota sampling for 184 sampling points

Sample size: 981

Germany

April-May 2009

Sampling method and sampling points: Random sampling based on the ADM-Master Sample (the standard in Germany for professional scientific studies) for 153 sampling points

Sample size: 1,007

Japan

October 2008

Sampling method and sampling points: Two-stage stratified random sampling for 130 sampling points

Sample size: 924

Russia

February 2009

Sampling method and sampling points: Quota sampling for 140 sampling points

Sample size: 1,600

Taiwan

October-November 2009

Sampling method and sampling points: Quota Sampling for 138 sampling points

Sample size: 981

Turkey

January-February 2010

Sampling method and sampling points: Quota sampling for 86 sampling points

Sample size: 1,007

United States

November-December 2008

Sampling method and sampling points: Quota sampling for 100 sampling points.

Sample size: 1,008

Finland

May 2012

Sampling method and sampling points: Quota sampling for 87 sampling points.

Sample size: 881

References

Abramson, Paul R. and Ronald Inglehart, 1995, *Value Change in Global Perspective,* Ann Arbor, Michigan: The University of Michigan Press.

ASEP/JDS, 2010, www.jdsurvey.net/jds/jdsurveyMaps.jsp?Idioma=I&SeccionTexto= 0404&NOID=104

Baier, A. C., 1986, "Trust and Antitrust", *Ethics* 96: 231–260.

Barber, Barnard, 1983, *The Logic and Limits of Trust,* New Brunswick, N.J.: Rutgers University Press.

Bernath, Michael S. and Norma D. Feshbach, 1995, "Children's Trust: Theory, Assessment, Development and Research Directions", *Applied Preventive Psychology* 4: 1–19.

Bussey, Kay, 2010, "The Role of Promises for Children's Trustworthiness and Honesty," pp. 155-176 in Ken J. Rotenberg, (ed.), *Interpersonal Trust: During Childhood and Adolescence,* New York: Cambridge University Press.

Delhey, Jan and Kenneth Newton, 2003, "Who Trusts: The Origins of Social Trust in Seven Nations". *European Societies* 5: 93–137.

Dietz, Graham, Nicole Gillespie and Georgia T. Chao, 2010, "Unraveling the Complexities of Trust and Culture", pp. 3–41 in Mark N. K. Saunders, Denise Skinner, Graham Dietz, Nicole Gillespie and Roy J. Lewicki (eds.), *Organizational Trust: A Cultural Perspective,* Cambridge, U.K.: Cambridge University Press.

Erikson, Erik, 1950/1963, *Childhood and Society,* Second ed. New York: W.W. Norton.

Gheorghiu, Mirona A., Vivian L. Vignoles and Peter B. Smith, 2009, "Beyond the United States and Japan: Testing Yamagishi's Emancipation Theory of Trust across 31 Nations", *Social Psychological Quarterly* 72: 365–383.

Greenacre, Michael and Gorg Blasius (eds.), 1994, *Correspondence Analysis in the Social Sciences.* London: Academic Press.

Holmes, J. G. and J. K. Rempel, 1989, "Trust in Close Relationships", pp. 187–219 in C. Hendrick (ed.), *Review of Personality and Social Relationships:* Vol. X. Newbury Park, Calif: Sage.

Inglehart, R., 1985, "Aggregate Stability and Individual-Level Flux in Mass Belief Systems: The Level of Analysis Paradox", *American Political Science Review* 79: 97–116.

Jesuino, Jorge Correia, 2008, "Theorizing the Social Dynamics of Trust in Portugal," pp. 179–206 in Ivana Markova and Alex Gillespie (eds.), *Trust and Distrust: Sociocultural Perspectives,* Charlotte, NC: Information Age Publishing.

Jones, Warren H., Laurie Couch and Susan Scott, 1997, "Trust and Betrayal: The Psychology of Getting Along and Getting Ahead", pp. 465–482 in Robert Hogan, John Johnson and Stephen Briggs (eds.), *Handbook of Personality Psychology,* New York: Academic Press.

Karamer, Roderick M. and Karen S. Cook (eds.), 2004, *Trust and Distrust in Organizations,* New York: Russell Sage Foundation.

Luhmann, Niklas, 1980, *Trust and Power,* New York: John Wiley and Sons.

Merton, Robert K., 1968, *Social Theory and Social Structure,* New York: The Free Press.

Mikulincer, M., 1998, "Attachment Working Models and the Sense of Trust: An Exploration of Interaction Goals and Affect Regulation", *Journal of Personality and Social Psychology* 74: 1209–1224.

Miller, P. J. E. and J. K. Rempel, 2004, "Trust and Partner-Enhancing Attributions in Close Relationships", *Personality and Social Psychology Bulletin* 30: 695-705.

Newton, Kenneth, 1997, "Social Capital and Democracy," *American Behavioral Scientist* 40:575–86.

Potter, Nancy Nyquist, 2002, *How Can I be Trusted?: A Virtue Theory of Trustworthiness,* New York: Rowman & Littlefield Publishers.

Paxton, Pamela, 2007, "Association Memberships and Generalized Trust: A Multilevel Model Across 31 Countries", *Social Forces* 86: 47–76.

Randall, Brandy, Ken J. Rotenberg, Casey J. Totenhagen, Monica Rock and Christina Harmon, 2010, "A New Scale for Assessment of Adolescents' Trust Beliefs", pp. 247–269 in Ken J. Rotenberg, (ed.), *Interpersonal Trust: During Childhood and Adolescence,* New York: Cambridge University Press.

Rotenberg, Ken. J., 1991, "Children's Interpersonal Trust: An Introduction", pp. 1–4 in Ken J. Rotenberg, (ed.), *Children's Interpersonal Trust: Sensitivity to Lying, Deception, and Promise Violations,* New York: Springer.

Rotenberg, K. J., 1995, "The Socialization of Trust: Parents' and Their Children's Interpersonal Trust", *International Journal of Behavioral Development* 18: 713–726.

Rotenberg, Ken J., 2010, " The Conceptualization of Interpersonal Trust: A Basis, Domain and Target Framework", pp. 8–27 in Ken J. Rotenberg, (ed.), *Interpersonal Trust: During Childhood and Adolescence,* New York: Cambridge University Press.

Rotenberg, K. J., P. McDougall, M. J. Boulton, T. Vaillancourt, C. Fox and S. Hymel, 2004, "Cross-Sectional and Longitudinal Relations among Peer-Reported Trustworthiness, Social Relationships, and Psychological Adjustment in Children and Early Adolescents from the United Kingdom and Canada", *Journal of Experimental Child Psychology* 88: 46-67.

Sasaki, Masamichi and Robert M. Marsh (eds.), 2012, *Trust: Comparative Perspectives,* Leiden, Holland and Boston, MA.: Brill.

Six, Frederique, 2005, *The Trouble with Trust,* Northampton, MA.: Edward Elgar Publishing.

Smetana, Judith G., 2010, "The Role of Trust in Adolescent-Parent Relationships: To trust You is to Tell You", pp. 223-246 in Ken J. Rotenberg, (ed.), *Interpersonal Trust During Childhood and Adolescence,* New York: Cambridge University Press.

Sztompka, Piotr, 1999, *Trust: A Sociological Theory.* Cambridge, UK. : Cambridge University Press.

Uslaner, Eric, 1999, "Democracy and Social Capital", pp.121-150 in M. Warren, E. (ed.), *Democracy and Trust.* Cambridge, UK. : Cambridge University Press.

Uslaner, Eric, 2000, "Producing and Consuming Trust", *Political Science Quarterly* 115: 569-590.

Uslaner, Eric M., 2002, *The Moral Foundations of Trust,* New York: Cambridge University Press.

Weber, Linda R. and Allison I. Carter, 2003, *The Social Construction of Trust,* New York: Kluwer Academic/Plenum Publishers.

和文要旨

信頼は国によって大きく異なるかどうかが信頼の研究において議論されてきた。本章においては a) 親による子に対する信頼・不信の社会化が成人になってからの信頼・不信に影響を与えるか b) 親の子に対する約束の成就の度合いが親による子に対する信頼・不信の社会化に関連するかどうか c) 裏切られた経験が成人になってからの信頼に影響を与えるかどうか d) 裏切られた経験が親による子に対する信頼・不信の社会化よりも成人になってからの信頼・不信に強い影響を与えるかどうかについて検証を行った。

日本，アメリカ合衆国，ロシア，フィンランド，ドイツ，チェコ，トルコ，そして台湾の8カ国で20歳以上の成人を対象に全国意識調査を面接法により実施（2008年～2012年）し，そのデータを国別そして8カ国合体で，コレスポンデンス分析を行った。その結果 1) 8カ国すべてにおいて，親の子に対する約束の成就の度合いと裏切られた経験に比べ，親の子に対する信頼・不信の社会化が最も強く成人になってからの信頼・不信に影響する 2) 8カ国すべてにおいて，親の子に対する約束の成就の度合いが親の子に対する信頼・不信の社会化に関連する 3) 5カ国において，裏切られた経験が成人になってからの信頼に関連しているものの，8カ国を合体した分析においては，その関連がみられない 4) 6カ国において親の子との約束の成就の度合いが，成人になってからの信頼・不信に関連がみられないが，8カ国を合体した分析においては，弱い関連が

みられる。
　これらの分析結果から，親の子に対する信頼・不信の社会化がその子が成人になってからの信頼・不信に影響するとする先行研究は8カ国すべてにおいて支持されたと結論づけることができる。

付録1　8カ国調査表と単純集計表

暮らしと社会に関する意識調査

地点番号				対象番号	
①	②	③	④	⑤	⑥

問1 (a)〔カード1〕あなたは社会問題に関心がありますか。この中からお答えください。

問1 (b)〔カード1〕では，政治問題に対する関心はいかがですか。

問1 (c)〔カード1〕では，経済問題に対する関心はいかがですか。

	非常に関心がある	やや関心がある	あまり関心がない	まったく関心がない	わからない	
a　社会問題	1	2	3	4	9	⑦
b　政治問題	1	2	3	4	9	⑧
b　経済問題	1	2	3	4	9	⑨

問2　〔カード2〕このような2つの意見があります。あなたのお考えはどちらに近いですか。
1　収入の格差をもっと小さくすべきだ　　　　　　　　　　　　　　　⑩
2　個々人の努力を促すために，成果に応じて収入の格差を認めるべきだ
9　わからない

ここからは信頼に関する意識に関してうかがいます。

問3 (a)〔カード3〕あなたは，毎日の生活の中で情報が多すぎると思いますか。この中からお答えください。
1　とてもそう思う　　　　　4　まったくそう思わない　　⑪
2　ある程度そう思う　　　　9　わからない
3　あまりそう思わない

問3 (b) 〔カード4〕では，どれが信頼できる情報なのかわからなくなることはどの位ありますか。この中からお答えください。
1 よくある　　　　　　4 まったくない
2 まああある　　　　　9 わからない
3 あまりない

問4 〔カード5〕 世の中の出来事について知りたいとき，最も信頼するものはこの中のどれですか。1つだけあげてください。
1 新聞　　　　　　　　6 月刊誌
2 テレビ　　　　　　88 その他（記入　　　　　）
3 ラジオ　　　　　　89 信頼するものはない
4 インターネット　　99 わからない
5 週刊誌

問5 〔カード6〕次にあげる事柄について，あなたはどの程度，信頼できると思いますか。(a)～(l)のそれぞれについてこの中からお答えください。

	非常に信頼できる	ある程度信頼できる	あまり信頼できない	まったく信頼できない	わからない
a 警察	1	2	3	4	9
b 新聞	1	2	3	4	9
c テレビ	1	2	3	4	9
d 政府	1	2	3	4	9
e 都道府県の役所	1	2	3	4	9
f 国会	1	2	3	4	9
g NPO・NGO（非営利団体や非政府組織）	1	2	3	4	9
h 病院・保健所	1	2	3	4	9
i 社会福祉施設	1	2	3	4	9
j 科学技術	1	2	3	4	9
k 原子力発電所の安全性	1	2	3	4	9
l 食の安全性	1	2	3	4	9

問6　たいていの人は，他人の役にたとうとしていると思いますか，それとも自分のことだけを考えていると思いますか。
　　　1　他人の役にたとうとしている　　　8　その他（記入　　　　　　　）　㉘
　　　2　自分のことだけを考えている　　　9　わからない

問7　他人は，機会があれば，あなたを利用しようとしていると思いますか，それともそんなことはないと思いますか。
　　　1　他人は機会があれば自分を利用しようとしていると思う　㉙
　　　2　そんなことはないと思う
　　　8　その他（記入　　　　　　　　　　　　　　　　　）
　　　9　わからない

問8　あなたは，たいていの人は信頼できると思いますか，それとも，用心するにこしたことはないと思いますか。
　　　1　信頼できる　　　　　　　　　　　8　その他（記入　　　　　　　）　㉚
　　　2　用心するにこしたことはない　　　9　わからない

問9　〔カード7〕これから読み上げる5つの考え方について，あなたはどう思いますか。この中からお答えください。
【調査員注】質問文に続いて，a～eの各質問文を読み上げる。

		まったくそう思う	ある程度そう思う	あまりそう思わない	まったくそう思わない	わからない
a	まず，「たいていの人は他人から信頼された場合，同じようにその相手を信頼する」という考え方についてあなたはどう思いますか。	1	2	3	4	9
b	では，「たいていの人は見つからなければ，料金を支払わないで映画館などに入る」という考え方についてあなたはどう思いますか。	1	2	3	4	9
c	では，「たいていの人は，良心に照らしてというよりも，罰せられることを恐れて法律を犯すことをしない」という考え方についてあなたはどう思いますか。	1	2	3	4	9
d	では，「自分が信頼されていると感じている人は，それを裏切るようなことはしない」という考え方についてあなたはどう思いますか。	1	2	3	4	9
e	では，「たいていの人は，生まれつき善人だと思う」という考え方についてあなたはどう思いますか。	1	2	3	4	9

㉛～㉟

問10 それでは，子どものとき親御さんから「たいていの人は信頼できる」，それとも「用心するにこしたことはない」と教えられましたか。
  1　信頼できると教えられた   8　その他（記入　　　　　） ㊱
  2　用心するにこしたことはないと教えられた 9　わからない
  3　そのようなことは教えられなかった

問11 〔カード8〕子どものとき親御さんはあなたとの約束を守りましたか。この中からお答えください。
  1　よく守った   5　親と約束することはなかった ㊲
  2　まあまあ守った   8　その他（記入　　　　　）
  3　あまり守らなかった   9　わからない
  4　まったく守らなかった

問12 〔カード9〕(a) あなたは，ここにあげる人のうち，だれに信頼されている，あるいは信頼されていたと思いますか。あてはまる人をすべてあげてください。(M.A.)
 (b) では，だれを信頼していますか。または信頼していましたか。あてはまる人をすべてあげてください。(M.A.)

	(a) 信頼されている（いた）	(b) 信頼している（いた）
親・祖父母	1	1
配偶者（夫や妻）やパートナー	2	2
子ども	3	3
兄弟姉妹	4	4
友人	5	5
恋人	6	6
仕事仲間	7	7
親戚	8	8
隣近所の人	9	9
その他	88（記入　　　）	88（記入　　　）
誰もいない	89	89
わからない	99	99

㊳
〜
㊵

㊶
〜
㊸

問13 あなたには，信頼できるお医者さんがいますか，いませんか。
　　　1　いる　　　　　　　　　　　2　いない　　　　　　　　　　　㊹

【問13の答えが「1　いる」の人に】
補問　〔カード10〕ではお医者さんを信頼するにあたって，あなたが最も重要と思う事柄はなんですか。この中から，あてはまるものをいくつでもあげてください。（M.A.）
　　　1　病状や治療法をきちんと説明してくれる　　6　診断が正しかった　　　　　　㊺
　　　2　治療法について患者や家族の考え　　　　　7　病気やけがが治った　　　　　　〜
　　　　　を尊重してくれる　　　　　　　　　　　8　医療費が高くなかった　　　　　㊼
　　　3　夜間や休日にも必要なときに診療をしてくれる　88　その他
　　　4　専門でない場合は，他の専門の医　　　　　　　　（記入　　　　　　　）
　　　　　者を紹介してくれる　　　　　　　　　　99　わからない
　　　5　親しみやすく患者の意見に耳を傾けてくれる

【全員に】
問14　〔カード11〕仮にあなたは重病で，特別の手術をする必要があるとします。誰か信頼できる医者がいたらと思っていたところ，長年の親友が信頼できる医者を紹介してくれました。あなたはその医者に手術を頼みますか。この2つのうちからあなたのお考えに近いほうをお答えください。
　　　1　親友が紹介してくれた医者なので頼む　　　8　その他（記入　　　　　　　）　㊽
　　　2　その医者について，自分でよく調　　　　　9　わからない
　　　　　べてから，頼むかどうか判断する

問15　〔カード12〕世のなかには，慈善活動やボランティア団体，就職支援のための組織，あるいは子育て支援のための団体など，様々な団体や組織があります。そのような団体や組織の信頼を確認するために，あなたはこれらの中でどのようなことをしますか。あてはまるものをいくつでもあげてください。（M.A.）
　　　1　インターネットで概要や実績　　　　　　　6　その所在地に出向いて　　　　　㊾
　　　　　などを調べる　　　　　　　　　　　　　　　団体・組織が実
　　　2　メールや電話でやりとりして調べる　　　　　在することを確認する
　　　3　新聞・雑誌などで報道された　　　　　　　7　信頼している人の紹介や
　　　　　記事を読む　　　　　　　　　　　　　　　推薦を得る
　　　4　テレビ等のコマーシャルをみる　　　　　　8　その他（記入　　　　　　　）
　　　5　口コミや他人からの情報を得る　　　　　　9　わからない

問16 〔カード13〕あなたは，日常生活や仕事などで初対面の人に会う前にどのようなことがあればその人を信頼しやすくなると思いますか。この中からあてはまるものをいくつでもあげてください。(M.A.)
1　友人の紹介　　　　　　　　　　7　取得が難しい資格(医者や弁護士など)
2　名声やよい評判　　　　　　　　8　同じ学校や大学の卒業
3　いままでの実績　　　　　　　　9　同じ出身地（同郷）
4　口コミや他人からの情報　　　　88　その他（記入　　　　　　　）
5　高い社会的または職業上の地位　89　初対面の人は信頼できない
6　高学歴　　　　　　　　　　　　99　わからない

問17 (a) 〔カード14〕あなたは，人と信頼関係を築いていく上で，お互いの性格で重要だと思うものはなんですか。この中から特に重要と思うものを3つあげてください。(3 M.A.)
1　人や物事に対して公平である　　10　気さくである
2　頼りになる　　　　　　　　　　11　考え方が柔軟である
3　責任感がある　　　　　　　　　12　エネルギッシュである
4　寛大である　　　　　　　　　　13　協調性がある
5　正直である　　　　　　　　　　14　約束を守る
6　思いやりがある　　　　　　　　15　人に対して好意的である
7　言行が首尾一貫している　　　　88　その他（記入　　　　　　　）
8　冷静である　　　　　　　　　　99　わからない
9　博愛的である

問17 (b) 〔カード15〕それでは，相手との関係で重要だと思うものはなんですか。この中から特に重要と思うものを2つお答えください。(2 M.A.)
1　考え方が似ている　　　　　　　7　思っていることをわかりやすく伝える
2　趣味・嗜好が似ている　　　　　8　友達や知り合いが多くいる
3　気が合う　　　　　　　　　　　9　友人として長く付き合っている
4　いつでも連絡がとれる　　　　　88　その他（記入　　　　　　　）
5　約束の時間をきちんと守る　　　99　わからない
6　人の権利を擁護する

問17 (c) 〔カード16〕では，相手の技能や能力の面ではいかがですか。この中から2つお答えください。(2 M.A.)
1　リーダーシップがある　　　　　5　説得力がある
2　人の気持ちを理解できる　　　　6　自分と違う考え方を尊重する
3　目標を達成することができる　　8　その他（記入　　　　　　　）
4　専門的知識・技能を持っている　9　わからない

問18 〔カード17〕このような2つの意見があります。あなたのお考えはどちらに近いですか。
　　1　他人と一緒に仕事などをする前に，まずその人を信頼できるかどうかを確認する　㉛
　　2　まず他人と一緒に仕事などをしてからその人を信頼できるかどうかを判断する
　　8　その他（記入　　　　　　　　　　　　　　　　　　　　　　　　）
　　9　わからない

問19　あなたは過去に他人から裏切られた経験がありますか。
　　1　ある　　　　　　2　ない　　　　　　9　わからない　　㉒

ここからはあなたの生活についての意識や考え方についてうかがいます。
問20 〔カード18〕あなたは，自分自身やご家族のことで不安を感じていることはありますか。この中から特に不安に感じていることを3つあげてください。(3 M.A.)
　　1　重い病気　　　　　　　　　　9　経済の後退や不景気　　㊳
　　2　医療ミス　　　　　　　　　　10　失業
　　3　犯罪の犠牲になること　　　　11　無差別テロ事件　　　　㊻
　　4　地震や台風などの自然災害に遭うこと　12　食中毒の被害に遭うこと
　　5　火災の被害に遭うこと　　　　13　新型インフルエンザの感染症にかかること
　　6　公害や環境汚染　　　　　　　88　その他（記入　　　　　）
　　7　原子力施設の事故　　　　　　89　特にない
　　8　プライバシーを侵害されること　99　わからない

問21 〔カード19〕次にあげる生活領域のそれぞれについて,あなたが重要だと思う程度に従って1〜7の評価をつけてください。【調査員注】質問文に続いて,a〜iの各質問文を読み上げる。

		重要でない						重要	該当しない	わからない
a	まず「あなた自身の配偶者や子ども」についてはどうですか。	1	2	3	4	5	6	7	8	9
b	では、「あなたの現在の職業や仕事」についてはどうですか。	1	2	3	4	5	6	7	8	9
c	では、「自由になる時間とくつろぎ」についてはどうですか。	1	2	3	4	5	6	7	8	9
d	では、「友人、知人」についてはどうですか。	1	2	3	4	5	6	7	8	9
e	では、「両親や兄弟姉妹」についてはどうですか。	1	2	3	4	5	6	7	8	9
f	では、「おじ、おば、いとこなどの親戚」についてはどうですか。	1	2	3	4	5	6	7	8	9
g	では、「宗教」についてはどうですか。	1	2	3	4	5	6	7	8	9
h	では、「政治」についてはどうですか。	1	2	3	4	5	6	7	8	9
i	では、「ボランティアや他人への奉仕」についてはどうですか。	1	2	3	4	5	6	7	8	9

問22 〔カード20〕話は変わりますが,あなたは社会や仕事で成功する条件として,何が大きな役割を果たしていると思いますか。この中から2つあげてください。(2 M.A.)
  1 個人の才能
  2 個人の努力
  3 運やタイミング
  4 人柄
  5 血縁
  6 地縁
  7 同窓(高校や大学など)
  8 性別
  9 年齢
  88 その他(記入   )
  99 わからない

問23 〔カード21〕あなたの生き方について，これら2つの考えのうち，どちらがあなたの気持ちに近いですか。
　　1　仕事や遊びなどで自分の可能性を試すために，できるだけ多くの経験をしたい　　㉙
　　2　わずらわしいことはなるべく避けて，平穏無事（へいおんぶじ）に暮らしたい
　　8　その他（記入　　　　　　　　　　　　　　　　　　　　　）
　　9　わからない

問24 〔カード22〕あなたの今の生き方は，この中ではどれにあてはまりますか。あてはまるものをこの中から**いくつでも**あげてください。（M.A.）
　　1　自分を大切にする生き方　　　　　5　社会的貢献　　　　　　　　　　　㉚
　　2　その日その日をのんきにクヨクヨ　6　目標に向かって努力する
　　　　しないで暮らす　　　　　　　　 7　他の人の考え方を尊重する
　　3　仕事とプライベートのバランスのとれた生活　8　その他　（記入　　　　　　　）
　　4　家庭重視の生活　　　　　　　　　9　わからない

問25 〔カード23〕この中で，大切なことを2つあげてくれといわれたら，どれとどれにしますか。（2 M.A.）
　　1　親孝行，親に対する愛情と尊敬　　4　個人の自由を尊重すること　　　　㉛
　　2　助けてくれた人に感謝し，必要が　8　その他（記入　　　　　　　）
　　　　あれば援助する　　　　　　　　 9　わからない
　　3　個人の権利を尊重すること

問26 〔カード24〕あなたは，今後，日本人は，個人の利益よりも公共の利益を大切にすべきだと思いますか。それとも，公共の利益よりも個人個人の利益を大切にすべきだと思いますか。
　　1　個人の利益よりも公共の利益を大切にすべきだ　3　一概に言えない　　　㉜
　　2　公共の利益よりも個人個人の利益　8　その他（記入　　　　　　　）
　　　　を大切にすべきだ　　　　　　　 9　わからない

問27 〔カード25〕法律についてこのような2つの意見があります。あなたのお考えはどちらに近いですか。
　　1　法律はどんなときにも守るべきである　8　その他（記入　　　　　　　）　㉝
　　2　目的が本当に正しいものだと確信　　　9　わからない
　　　　がもてるときには，法律をやぶる
　　　　こともやむをえない

問28 〔カード26〕あなたは，わが国に働きに来る外国人労働者について政府はどう対処すべきだと思いますか。あなたの意見に最も近いものをこの中から1つだけあげてください。
1 働きにきたい人はだれでも受け入れるべきである
2 働き口がある限り受け入れるべきである
3 受け入れる外国人労働者の数に制限を設けるべきである
4 外国人労働者の入国を禁じるべきである
5 その他（記入　　　　　　　）
9 わからない

問29 日本に定住している外国人は，日本の慣習や伝統を身につけるべきと思いますか。それとも従う必要はないと思いますか。
1 日本の慣習や伝統を身につけるべき
2 日本の慣習や伝統に従う必要はない
8 その他（記入　　　　　　　）
9 わからない

問30 〔カード27〕ところで，あなたは，人生の意味や目的について考えることがどのくらいありますか。この中から1つあげてください。
1 しばしばある
2 ときどきある
3 ほとんどない
4 まったくない
9 わからない

問31 〔カード28〕善と悪について，あなたはこの2つの意見のどちらに賛成ですか。
1 どんな場合でもはっきりとした善と悪があり，すべてにあてはまる
2 たいていの場合はっきりとした善と悪はなく，その時の状況による
8 その他（記入　　　　　　　　　　　　　　　　　　　　　　）
9 わからない

ここからはあなたの社会とのつながりやご家族のことについてうかがいます。

問32 〔カード29〕この6つの地域の中で，あなたが属していると最も強く意識している地域はどれですか。この中から1つだけあげてください。
1 いま住んでいる市区町村
2 いま住んでいる都道府県
3 いま住んでいるブロック地域
　（北海道，東北，関東，関西など）
4 日　本
5 アジア
6 世界
8 その他（記入　　　　　　　）
9 わからない

問33 〔カード30〕あなたは，現在，何らかの組織やクラブに所属していますか。この中から，あなたが所属しているものを**いくつでも**あげてください。(M.A.)

1　自治会，町内会
2　PTA，父母の会
3　婦人会，老人会，青年会
4　消防団，防犯協会
5　農協，漁協，森林組合
6　商工会，その他の業界団体
7　労働組合
8　スポーツ，レクリエーション，趣味・文化サークル
9　県人会，同窓会，OB会
10　宗教団体
11　生協(生活協同組合)，消費者運動
12　政治団体，後援会
13　市民団体
14　環境保護団体
88　その他（記入　　　）
99　どれにも入っていない

問34 〔カード31〕あなたは，同居のご家族以外の人で，個人的に親しく，よく話をしたり連絡を取り合ったりする人が何人くらいいらっしゃいますか。この中から**1つだけ**あげてください。

1　1人もいない
2　1人
3　2～3人
4　4～9人
5　10～14人
6　15～19人
7　20人以上
9　わからない

問35 〔カード32〕それでは，あなたは悩み事や重大な相談事を，まずどなたに相談していますか，あるいは，すると思いますか。この中から**1つだけ**あげてください。

1　父親
2　母親
3　配偶者（夫や妻）やパートナー
4　子ども（子の配偶者を含む）
5　恋人・婚約者
6　兄弟姉妹
7　その他の家族や親戚
8　（学校，近所の）友人・知人
9　職場の上司
10　職場の同僚
11　電話やインターネットを使って相談で匿名できるところ
12　僧侶，牧師・神父
13　相談できる人がいない
88　その他（記入　　　）
99　わからない

問36-1（a）あなたは，誰かに重大なことで助けて欲しいと言われたことがありますか。
　　　　1　ある　　　　　　　　　　　　2　ない　　　　　　　　　　　⑱

【問36-1（a）の答えが「1　ある」の人に】
　（b）〔カード32〕それはどなたですか。あてはまる人をすべてあげてください。（M.A.）
　　【調査員注】回答はページ下に記入すること。

問36-2（a）　それでは，誰かに重大なことで助けて欲しいと言ったことがありますか。
　　　　1　ある　　　　　　　　　　　　2　ない　　　　　　　　　　　⑲

【問36-2（a）の答えが「1　ある」の人に】
　（b）〔カード32〕それはどなたですか。あてはまる人をすべてあげてください。（M.A.）

	問36-1（b）助けて欲しいと言われた	問36-2（b）助けて欲しいと言った	
父親	1	1	
母親	2	2	
配偶者（夫や妻）やパートナー	3	3	
子ども（子の配偶者を含む）	4	4	
恋人・婚約者	5	5	(100)
兄弟姉妹	6	6	～
その他の家族や親戚	7	7	(102)
（学校，近所の）友人・知人	8	8	
職場の上司	9	9	
職場の同僚	10	10	
電話やインターネットを使って匿名で相談できるところ	11	11	(103) ～
僧侶，牧師・神父	12	12	(105)
その他	88（記入　　　）	88（記入　　　）	
わからない	99	99	

【全員に】

問37　「家庭は，ここちよく，くつろげる，ただ1つの場所である」という考え方がありますが，あなたはそう思いますか，そうは思いませんか。
　　　1　そう思う　　　　　　　　　　　8　その他（記入　　　　　　　）　　(106)
　　　2　そうは思わない　　　　　　　　9　わからない

問38　〔カード33〕あなたの生活についてお聞きします。ひとくちにいって，あなたは今の生活に満足していますか，それとも不満がありますか。この中からあなたのお気持ちに近いものを1つあげてください。
　　　1　満足している　　　　　　　　　4　不満だ　　　　　　　　　　　(107)
　　　2　どちらかといえば満足している　9　わからない
　　　3　どちらかといえば不満だ

問39　〔カード33〕あなたは自分の家庭に満足していますか，それとも不満がありますか。この中からあなたのお気持ちに近いものを1つあげてください。

　　　1　満足している　　　　　　　　　4　不満だ　　　　　　　　　　　(108)
　　　2　どちらかといえば満足している　9　わからない
　　　3　どちらかといえば不満だ

問40　〔カード34〕あなたの家族や家庭で，現在欠けている，あるいは，もの足りないと思うものがありますか。この中にあればいくつでもあげてください。(M.A.)
　　　1　家族同士の会話　　　　　　　　7　個人のプライバシー　　　　　(109)
　　　2　一緒に過ごす時間　　　　　　　8　道徳観　　　　　　　　　　　〳
　　　3　親の権威　　　　　　　　　　88　その他（記入　　　　　）　　(111)
　　　4　親を敬う気持ち　　　　　　　89　特にない
　　　5　お互いの信頼感　　　　　　　99　わからない
　　　6　思いやり・安らぎ

問41　〔カード35〕つぎの3つの意見の中で，どれが一番あなたのお考えに近いですか。
　　　1　離婚はすべきではない　　　　　　　　　　　　　　　　　　　　(112)
　　　2　ひどい場合には，離婚してもよい
　　　3　二人の合意さえあれば，いつ離婚してもよい
　　　8　その他（記入　　　　　　　　　　　　　　　　）
　　　9　わからない

ここからは，あなたが信じている事柄についてうかがいます。

問42 〔**カード36**〕この中であなたが「ある」または「存在する」と思うものは何ですか。あてはまるものをいくつでもあげてください。（**M.A.**）

1　神や仏
2　死後の世界
3　霊魂（魂）
4　悪魔
5　地獄
6　天国や極楽
7　宗教上の罪　　　　　　　　　　(113)
8　宗教上の罰（ばち）
9　宇宙の創造神　　　　　　　　　(115)
88　この中にはない
99　わからない

問43（a）宗教についてお聞きしたいのですが，たとえば，あなたは，何か信仰とか信心とかを持っていますか。

　　1　<u>もっている，信じている</u>　　　2　もっていない,信じていない,関心がない　(116)

【問43（a）で「もっている，信じている」と回答した人に】
問43（b）それは何という宗教ですか。

1　仏教系
2　神道系
3　キリスト教
8　その他の宗教（記入　　　　）
9　わからない　　　　　　　　　(117)

＜フェース・シート＞
（最後に，あなたご自身のことについておうかがいします。）

F1　〔性　別〕
　　1　男　性　　　　　　2　女　性　　　　　　　　(118)

F2　〔年　齢〕あなたのお年は満でおいくつですか。　　□歳　(119)

1　20～24歳
2　25～29歳
3　30～34歳
4　35～39歳
5　40～44歳
6　45～49歳
7　50～54歳
8　55～59歳
9　60～64歳　(120)
10　65～69歳
11　70歳以上　(121)

F3 〔職　業〕あなたのご職業は何ですか。
【調査員注】具体的に記入して，下記の該当するものに○をする (122)

〳

(124)

自営業主			家族従業者			雇用者				無職		
1	2	3	4	5	6	7	8	9	10	11	12	13
農林漁業	商工サービス業	自由業	農林漁業	商工サービス業	自由業	管理職	専門・技術職	事務職	労務職	主婦	学生	その他の無職

99　無回答

F4 〔未既婚〕〔カード37〕あなたは，現在結婚していらっしゃいますか。
1　結婚している (125)
2　結婚していないがパートナーと暮らしている
3　別居している（単身赴任等の別居を除く）
4　結婚したが今は死別している
5　結婚したが今は離婚している
6　結婚していない
9　無回答

F5 〔学　歴〕〔カード38〕あなたが最後に卒業された学校はどちらですか。
（中退・在学中は卒業としてお答えください。） (126)
1　小学校・中学校（及び旧高小）　　5　大学院
2　高校（及び旧中）　　　　　　　　8　その他（記入　　　）
3　短大・専門学校　　　　　　　　　9　無回答
4　大学

F6 〔同居人数〕今，ごいっしょにお住まいの方は，あなた御自身をふくめて，何人でしょうか。

(127)
　　　　　　人　　　　　　　99　無回答
(128)

F7 〔同居形態〕〔カード39〕現在,あなたは誰と一緒にお住まいですか。この中から,あてはまる人を**すべて**あげてください。(M.A.)

1　本人だけ（ひとり暮らし）　　　7　孫　　　　　　　　　　　　　(129)
2　配偶者(夫や妻)やパートナー　　8　兄弟姉妹(配偶者の兄弟姉妹を含む)
3　親（配偶者の親を含む）　　　　9　親戚　　　　　　　　　　　　(131)
4　子ども（子の配偶者を含む）　　10　ルームメイト・友達
5　恋人・婚約者　　　　　　　　 88　それ以外の人（記入　　　　）
6　祖父母（配偶者の祖父母を含む） 99　無回答

F8 〔生活程度〕〔カード40〕お宅の現在の生活程度は,世間一般からみて,この中のどれに属すると思いますか。

1	2	3	4	5	9	(132)
上	中の上	中	中の下	下	わからない・無回答	

F9 〔世帯収入〕〔カード41〕最後に,お宅の収入は,ご家族全部合わせて,過去1年間でおよそどれくらいになりましたか。この中ではどうでしょうか。ボーナスも含め,税込みでお答えください。(133)

1　200万円未満　　　　　　　　　6　1,000万円～1,500万円未満
2　200万円～400万円未満　　　　7　1,500万円～2,000万円未満　(134)
3　400万円～600万円未満　　　　8　2,000万円以上
4　600万円～800万円未満　　　　98　無回答（回答拒否）
5　800万円～1,000万円未満　　　99　わからない

ご協力ありがとうございました。

付録2　国別の単純集計表
a. 国際比較表（アメリカ，日本，台湾，ドイツ，ロシア，トルコ，チェコ，フィンランド）

質問番号	質問項目	回答選択肢	アメリカ	日本	台湾	ドイツ	ロシア	トルコ	チェコ	フィンランド
		サンプルサイズ（人）	1008	924	1005	1007	1600	1007	981	881
問1 (a)	あなたは社会問題に関心がありますか。この中からお答えください。	1) 非常に関心がある	35.5	29.3	23.4	7.6	29.0	23.2	14.2	43.6
		2) やや関心がある	47.5	56.7	55.6	40.5	39.9	41.7	56.9	46.4
		3) あまり関心がない	11.3	11.6	17.5	42.7	21.4	19.7	23.3	7.6
		4) まったく関心がない	4.5	2.1	2.5	7.8	8.7	14.7	5.2	1.4
		5) わからない	1.2	0.3	1.0	1.3	1.1	0.7	0.4	1.0
問1 (b)	次に，政治問題に関する関心はいかがですか。	1) 非常に関心がある	33.4	25.4	9.4	6.6	15.4	16.8	7.0	16.7
		2) やや関心がある	40.4	54.0	41.2	31.5	35.6	28.2	40.4	46.4
		3) あまり関心がない	17.0	16.6	39.0	46.0	26.2	27.7	36.4	24.2
		4) まったく関心がない	8.0	3.6	9.2	15.1	21.5	26.0	15.8	12.0
		5) わからない	1.2	0.4	1.3	0.9	1.4	1.3	0.4	0.7
問1 (c)	では次に，経済問題に対する関心はいかがですか	1) 非常に関心がある	62.8	35.0	44.2	9.3	26.1	27.1	11.7	34.3
		2) やや関心がある	29.9	47.8	43.1	40.3	42.8	40.5	51.5	53.2
		3) あまり関心がない	4.7	14.6	10.0	39.2	20.8	18.2	28.8	9.9
		4) まったく関心がない	1.8	2.3	1.9	10.1	9.7	13.6	7.6	1.7
		5) わからない	0.9	0.3	0.9	1.0	0.6	0.6	0.3	0.9
問2	このような2つの意見があります。あなたのお考えはどちらに近いですか。	1) 収入の格差をもっと小さくすべきだ	40.5	44.3	42.8	60.0	54.9	73.0	43.9	63.0
		2) 個々人の努力を促すため，成果に応じて収入の格差を認めるべきだ	47.8	51.2	51.2	34.6	30.8	16.7	47.4	34.1
		9) わからない	11.7	4.5	6.0	5.5	14.3	10.3	8.7	3.0
問3 (a)	あなたは，毎日の生活の中で情報が多すぎると思いますか。この中からお答えください。	1) とてもそう思う	22.1	25.8	18.5	27.0	35.0			20.3
		2) ある程度そう思う	44.2	41.3	51.6	45.5	35.7			43.8
		3) あまりそう思わない	19.4	28.2	23.5	15.2	15.6			26.9
		4) まったくそう思わない	10.8	3.9	2.7	10.0	9.4			7.6
		9) わからない	3.4	0.8	3.7	2.3	4.3			1.4

番号	質問項目	回答選択肢	アメリカ 1008	日本 924	台湾 1005	ドイツ 1007	ロシア 1600	トルコ 1007	チェコ 981	アイルランド 881
問3 (b)	では、どれが信頼できる情報なのかがわからなくなることはどの位ありますか。この中からお答えください。	1) よくある	21.7	31.4	15.3	15.4	24.3		18.8	9.0
		2) まあある	41.7	52.1	47.7	44.5	42.4		36.7	46.7
		3) あまりない	28.4	14.4	31.0	32.6	22.4			40.9
		4) まったくない	4.0	1.4	2.4	4.4	4.8			1.9
		9) わからない	4.3	0.8	3.6	3.2	6.1			1.6
問4	世の中の出来事について知りたいとき、最も信頼するものはどれですか。この中のどれか1つだけあげてください。	1) 新聞	23.2	54.0	16.5	22.9	12.7	14.4	18.8	30.8
		2) テレビ	39.1	34.3	47.5	44.7	51.8	53.9	36.7	45.5
		3) ラジオ	8.5	1.9	5.2	4.3	3.6	2.1	4.4	7.7
		4) インターネット	12.7	5.3	10.4	6.1	7.5	11.1	17.0	12.6
		5) 週刊誌	4.8	0.1	2.5	1.7	1.3	0.1	2.0	0.5
		6) 月刊誌	1.0	0.4	2.0	0.8	0.1	0.3	0.2	0.8
		88) その他（記入）	1.1	0.2	0.0	0.4	0.8	0.0	0.7	0.3
		89) 信頼するものはない	5.6	2.8	11.6	16.4	18.2	16.3	15.8	0.9
		99) わからない	4.1	0.9	4.3	2.8	4.2	1.8	4.4	0.9
問5	次にあげる事柄について、あなたはどの程度、信頼できると思いますか。(a)～(f)のそれぞれについてこの中からお答えください。									
a 警察		1) 非常に信頼できる	32.7	10.9	8.7	31.1	8.7	44.4	7.5	71.2
		2) ある程度信頼できる	48.2	63.4	54.7	49.2	33.4	30.3	50.8	25.2
		3) あまり信頼できない	14.2	22.1	30.8	14.4	33.8	12.5	28.5	2.3
		4) まったく信頼できない	4.0	2.5	5.1	4.7	21.5	12.2	12.0	0.6
		9) わからない	0.9	1.1	0.7	0.7	2.7	0.6	1.1	0.8
b 新聞		1) 非常に信頼できる	6.4	15.0	5.4	4.7	6.9	10.5	11.8	10.9
		2) ある程度信頼できる	49.4	75.5	54.5	40.7	40.5	37.6	49.7	57.0
		3) あまり信頼できない	35.2	6.6	35.6	39.1	36.4	27.7	28.7	29.3
		4) まったく信頼できない	8.3	1.2	3.0	14.5	13.6	22.5	8.6	2.3
		9) わからない	0.6	1.6	1.5	1.0	2.6	1.6	1.1	0.6

付録2 国別の単純集計表 283

番号	質問項目	回答選択肢	アメリカ 1008	日本 924	台湾 1005	ドイツ 1007	ロシア 1600	トルコ 1007	チェコ 981	フィンランド 881
c	テレビ	1) 非常に信頼できる	13.2	9.4	7.3	14.3	15.8	18.2	18.0	21.7
		2) ある程度信頼できる	52.1	62.6	56.8	50.3	49.4	44.1	49.8	64.2
		3) あまり信頼できない	28.5	24.8	30.9	26.5	26.8	20.2	25.5	11.5
		4) まったく信頼できない	5.9	2.1	3.7	8.1	6.8	16.8	5.9	1.1
		9) わからない	0.4	1.2	1.3	0.7	1.3	0.8	0.7	1.5
d	政府	1) 非常に信頼できる	8.2	1.7	6.2	3.3	12.1	29.1	2.2	19.8
		2) ある程度信頼できる	47.6	31.5	43.4	35.2	39.6	30.3	27.3	54.6
		3) あまり信頼できない	32.3	52.4	38.9	39.8	29.5	16.3	37.9	20.1
		4) まったく信頼できない	10.2	12.7	9.4	19.2	11.4	22.2	29.7	4.3
		9) わからない	1.6	1.7	2.2	2.6	7.3	2.1	2.9	1.2
e	都道府県の役所	1) 非常に信頼できる	8.3	4.4	5.0	3.8	8.4			11.2
		2) ある程度信頼できる	52.3	51.8	43.5	36.1	35.5			57.8
		3) あまり信頼できない	28.5	35.9	41.0	38.5	32.3			24.3
		4) まったく信頼できない	8.8	5.6	8.2	18.3	19.1			4.5
		9) わからない	2.1	2.2	2.4	3.3	4.6			2.2
f	国会	1) 非常に信頼できる	6.6	1.8	2.9	3.2	8.1			13.5
		2) ある程度信頼できる	44.5	26.7	31.4	34.8	28.3			52.1
		3) あまり信頼できない	32.8	49.8	45.4	37.7	33.6			28.0
		4) まったく信頼できない	12.5	17.9	16.9	17.7	20.4			5.3
		9) わからない	3.5	3.8	3.4	6.7	9.6			1.0
g	NPO・NGO（非営利団体や非政府組織）	1) 非常に信頼できる	13.9	4.4	6.0	9.9	3.2			8.7
		2) ある程度信頼できる	53.6	42.0	49.3	43.7	20.7			58.7
		3) あまり信頼できない	20.2	33.0	34.4	29.5	32.4			25.7
		4) まったく信頼できない	6.2	4.8	6.4	9.2	22.7			3.2
		9) わからない	6.2	15.8	4.0	7.6	21.0			3.7

番号	質問項目	回答選択肢	アメリカ 1008	日本 924	台湾 1005	ドイツ 1007	ロシア 1600	トルコ 1007	チェコ 981	フィンランド 881
h	病院・保健所	1) 非常に信頼できる	25.1	14.3	14.8	22.2	14.6			39.8
		2) ある程度信頼できる	56.8	72.9	64.8	49.9	42.0			48.5
		3) あまり信頼できない	12.0	11.4	17.4	20.1	29.3			9.6
		4) まったく信頼できない	3.5	0.3	1.6	4.9	10.6			1.4
		9) わからない	2.6	1.1	1.4	3.0	3.6			0.7
i	社会福祉施設	1) 非常に信頼できる	10.9	6.9	11.2	17.6	13.4			17.1
		2) ある程度信頼できる	50.0	64.8	58.2	54.2	43.4			59.9
		3) あまり信頼できない	23.7	20.8	24.6	20.7	25.8			17.7
		4) まったく信頼できない	7.5	1.7	3.8	3.5	8.3			2.3
		9) わからない	7.8	5.7	2.2	4.1	9.1			3.0
j	科学技術	1) 非常に信頼できる	27.3	15.3	10.0	15.7	27.3			33.0
		2) ある程度信頼できる	53.4	57.4	50.0	55.7	39.4			54.3
		3) あまり信頼できない	9.8	11.6	28.6	19.6	14.0			8.6
		4) まったく信頼できない	3.6	1.1	6.1	3.0	4.9			1.6
		9) わからない	6.0	14.7	5.3	6.1	14.3			2.5
k	原子力発電所の安全性	1) 非常に信頼できる	11.7	5.3	4.7	4.0	8.6			18.3
		2) ある程度信頼できる	37.0	38.9	32.4	29.3	23.3			41.9
		3) あまり信頼できない	26.1	37.7	40.8	34.8	31.3			27.6
		4) まったく信頼できない	14.3	8.3	14.6	25.1	19.4			9.6
		9) わからない	10.9	9.8	7.5	6.9	17.4			2.6
l	食の安全性	1) 非常に信頼できる	14.0	1.4	2.7	5.5	4.1			30.4
		2) ある程度信頼できる	55.8	19.0	35.1	38.3	23.1			51.0
		3) あまり信頼できない	21.1	54.0	50.3	39.2	41.1			16.1
		4) まったく信頼できない	6.1	23.4	9.5	13.2	25.0			1.8
		9) わからない	3.1	2.2	2.4	3.8	6.8			0.7
問6	たいていの人は，他人の役に立とうとしていると思いますか，それとも自分のことだけを考えていると思いますか。	1) 他人の役に立とうとしている	57.9	29.4	47.4	44.4	23.1	13.3	19.3	25.5
		2) 自分のことだけを考えている	38.6	61.3	47.3	49.6	71.4	83.0	74.0	69.9
		8) その他（記入）	1.6	2.1	0.0	1.7	0.5	0.9	4.3	0.0
		9) わからない	1.9	7.3	5.4	4.4	5.0	2.8	2.4	4.5

付録2　国別の単純集計表　285

番号	質問項目	回答選択肢	アメリカ 1008	日本 924	台湾 1005	ドイツ 1007	ロシア 1600	トルコ 1007	チェコ 981	フィンランド 881
問7	他人は、機会があれば、あなたを利用しようとしていると思いますか、それともそんなことはないと思いますか。	1) 他人は機会があれば自分を利用しようとしていると思う	40.4	30.7	29.1	41.7	55.9	82.5	51.9	29.7
		2) そんなことはないと思う	55.7	59.4	50.9	47.7	31.0	11.4	28.0	65.0
		8) その他 (記入)	1.0	1.8	0.0	0.5	0.6	0.8	4.5	0.1
		9) わからない	3.0	8.0	20.0	10.1	12.5	5.3	15.6	5.1
問8	あなたは、たいていの人は信頼できると思いますか、それとも、用心するにこしたことはないと思いますか。	1) 信頼できる	44.9	26.9	20.9	35.3	28.1	9.9	22.3	53.5
		2) 用心するにこしたことはない	52.3	68.2	76.2	57.6	66.8	87.4	71.6	44.3
		8) その他 (記入)	0.6	0.9	0.0	1.1	0.8	0.3	2.3	0.3
		9) わからない	2.2	4.0	2.9	6.1	4.4	2.4	3.8	1.9
問9	これから読み上げる5つの考え方について、あなたはどう思いますか。この中からお答えください。									
	a まず、「たいていの人は他人から信頼された場合、同じようにその相手を信頼する」という考え方について、あなたはどう思いますか。	1) まったくそう思う	38.2	19.6	20.2	27.6	39.4	41.7	16.7	38.0
		2) ある程度そう思う	47.0	64.7	59.4	52.2	41.4	39.7	46.0	51.9
		3) あまりそう思わない	9.0	12.2	16.0	13.0	11.7	11.5	25.1	7.2
		4) まったくそう思わない	3.2	1.9	2.6	3.2	2.7	5.9	6.7	1.4
		9) わからない	2.6	1.5	1.8	4.0	4.8	1.2	5.5	1.6
	b では、「たいていの人は見つからなければ、料金を支払わないで映画館などに入る」という考え方について、あなたはどう思いますか。	1) まったくそう思う	33.2	3.1	17.2	24.2	33.1	51.9	36.2	26.3
		2) ある程度そう思う	41.5	15.0	39.3	33.1	33.6	25.4	38.8	36.5
		3) あまりそう思わない	18.1	45.9	28.5	28.1	18.8	13.2	16.7	26.1
		4) まったくそう思わない	5.3	33.3	12.6	7.9	5.9	8.4	3.4	8.9
		9) わからない	2.0	2.6	2.4	6.7	8.5	1.0	4.9	2.2
	c では、「たいていの人は、良心に照らしてというよりも、罰せられることを恐れて法律を犯すことをしない」という考え方について、あなたはどう思いますか。	1) まったくそう思う	26.8	13.0	26.4	22.6	32.5	49.7	33.5	27.6
		2) ある程度そう思う	42.1	44.2	45.5	40.9	41.4	28.1	43.7	44.6
		3) あまりそう思わない	19.9	30.5	19.6	25.8	16.3	12.6	16.4	20.3
		4) まったくそう思わない	8.3	8.8	7.0	4.3	4.4	8.6	2.2	5.4
		9) わからない	2.9	3.6	1.6	6.4	5.4	1.0	4.1	2.0

番号	質問項目	回答選択肢	アメリカ 1008	日本 924	台湾 1005	ドイツ 1007	ロシア 1600	トルコ 1007	チェコ 981	フィンランド 881
	d では、「自分が信頼されていると感じている人は、それを裏切るようなことはしない」という考え方についてあなたはどう思いますか。	1) まったくそう思う	54.6	25.0	17.8	43.5	55.8	55.4	52.2	61.1
		2) ある程度そう思う	34.3	53.0	56.9	41.8	31.9	31.2	35.5	33.3
		3) あまりそう思わない	7.2	15.7	20.9	9.0	7.5	8.2	7.6	3.9
		4) まったくそう思わない	1.6	3.2	3.2	1.7	1.3	4.0	1.7	0.7
		9) わからない	2.3	3.0	1.2	4.0	3.6	1.2	3.0	1.1
	e では、「たいていの人は、生まれつき善人だと思う」という考え方についてあなたはどう思いますか。	1) まったくそう思う	39.5	20.1	31.3	18.8	40.5	47.4	8.9	47.7
		2) ある程度そう思う	46.0	49.7	50.9	52.4	41.5	34.4	50.9	43.5
		3) あまりそう思わない	9.1	21.4	12.9	17.7	11.3	12.1	28.1	6.6
		4) まったくそう思わない	3.2	5.6	3.1	5.0	2.6	4.9	4.7	1.4
		9) わからない	2.2	3.1	1.7	6.2	4.1	1.3	7.4	0.9
問10	それでは、子どものとき親御さんから「たいていの人は信用できる」と教えられましたか、それとも「用心するにこしたことはない」と教えられましたか。	1) 信用できると教えられた	50.6	31.7	23.4	35.1	40.8	28.5	32.3	51.1
		2) 用心するにこしたことはないと教えられた	40.9	41.9	59.0	49.8	42.5	60.0	51.9	38.8
		3) そのようなことは教えられなかった	5.7	20.9	13.2	10.8	10.8	8.0	11.1	4.0
		8) その他（記入）	1.2	1.1	0.0	1.1	0.8	0.7	1.4	0.5
		9) わからない	1.7	4.4	4.4	3.3	5.1	2.8	3.3	5.7
問11	子どものとき親御さんはあなたとの約束を守りましたか。この中からお答えください。	1) よく守った	54.4	37.3	23.8	33.2	57.9	53.0	44.1	76.2
		2) まあまあ守った	34.7	50.1	57.2	51.9	24.8	34.1	41.6	17.3
		3) あまり守らなかった	5.9	6.5	11.0	6.9	6.4	6.8	8.1	4.0
		4) まったく守らなかった	2.1	0.2	0.9	1.1	1.8	3.5	0.5	0.8
		5) 親と約束することはなかった	1.9	3.2	3.1	4.1	4.9	1.3	3.5	0.5
		8) その他（記入）	0.1	0.6	0.0	0.0	0.9	0.0	0.8	0.0
		9) わからない	1.0	1.9	4.0	2.9	3.3	1.4	1.4	1.4

付録2　国別の単純集計表　287

番号	質問項目	回答選択肢	アメリカ 1008	日本 924	台湾 1005	ドイツ 1007	ロシア 1600	トルコ 1007	チェコ 981	フィンランド 881
問12 (a)	あなたは、ここにあげる人のうち、だれに信頼されている、あるいは信頼されていると思いますか。あてはまる人をすべてあげてください。(M.A.)	1) 親・祖父母	88.6	75.5	89.6	81.8	57.1	91.6	93.7	84.6
		2) 配偶者（夫や妻）やパートナー	68.9	73.1	62.9	73.0	57.4	66.7	71.5	61.2
		3) 子ども	67.3	68.6	55.7	65.9	61.8	57.1	65.0	58.1
		4) 兄弟姉妹	74.2	55.7	74.4	61.7	47.8	68.8	67.1	63.9
		5) 友人	76.1	51.9	66.0	60.8	50.3	48.0	75.1	69.6
		6) 恋人	47.0	12.7	34.9	31.2	8.4	25.2	57.9	23.3
		7) 仕事仲間	58.1	37.1	47.6	42.3	31.6	19.9	49.9	49.9
		8) 親戚	64.4	35.8	45.3	43.4	42.4	43.7	55.9	47.2
		9) 隣近所の人	49.8	26.8	25.1	31.1	25.0	34.4	36.0	35.0
		10) その他（記入）	1.2	0.0	0.0	0.2	1.1	0.4	3.0	0.1
		11) 誰もいない	0.1	0.5	0.4	1.1	0.5	0.7	0.8	0.3
		12) 分からない	0.8	0.9	1.5	1.2	3.7	0.9	2.2	0.9
問12 (b)	では、だれを信頼していますか。または信頼していましたか。あてはまる人をすべてあげてください。(M.A.)	1) 親・祖父母	87.9	71.9	85.2	79.0	57.4	81.8	95.0	78.3
		2) 配偶者（夫や妻）やパートナー	66.1	72.4	60.4	74.1	55.9	53.6	72.8	61.7
		3) 子ども	59.2	63.6	55.7	62.8	57.3	44.6	66.0	54.9
		4) 兄弟姉妹	67.8	53.2	72.4	58.9	46.6	56.4	68.3	60.4
		5) 友人	68.5	48.3	62.8	60.0	47.6	38.2	74.1	65.8
		6) 恋人	42.3	11.6	33.3	31.5	8.4	22.9	59.2	22.1
		7) 仕事仲間	45.6	32.1	46.0	37.3	26.1	13.9	46.6	42.1
		8) 親戚	55.7	33.0	44.5	39.6	41.1	29.0	54.0	41.7
		9) 隣近所の人	40.7	22.3	23.1	30.0	20.9	23.4	32.5	28.8
		10) その他（記入）	1.0	0.1	0.0	0.4	1.0	0.2	3.0	0.1
		11) 誰もいない	0.4	0.6	1.2	1.4	1.8	1.7	0.5	0.3
		12) 分からない	1.9	1.4	2.0	1.6	2.1	2.2	2.5	0.9
問13 (a)	あなたには、信頼できるお医者さんがいますか、いませんか。	1) いる	77.9	60.3	55.9	75.3	34.7			59.5
		2) いない	22.1	39.7	44.1	24.7	65.3			40.5

番号	質問項目	回答選択肢	アメリカ 1008	日本 924	台湾 1005	ドイツ 1007	ロシア 1600	トルコ 1007	チェコ 981	フィンランド 881
問13(b)	[問13(a)の答えが「1 いる」の人に] ではお医者さんとの信頼をするにあたって、あなたが最も重要と思う事柄はなんですか。この中から、あてはまるものをいくつでもあげてください。(M.A.)	1) 病状や治療法をきちんと説明してくれる	78.2	91.7	77.0	70.8	72.1			48.1
		2) 治療法について、患者や家族の考えを尊重してくれる	62.8	47.2	65.8	38.9	28.1			26.0
		3) 夜間や休日にも必要なときに診療をしてくれる	44.7	36.6	24.4	38.7	26.7			12.6
		4) 専門でない場合は、他の専門の医者を紹介してくれる	72.4	52.4	49.5	64.9	29.5			37.1
		5) 親しみやすく、患者の意見に耳を傾けてくれる	67.8	60.7	60.9	69.4	51.7			37.9
		6) 診断が正しかった	80.3	44.2	70.3	57.8	46.8			37.5
		7) 病気やけがが治った	68.8	34.5	50.4	51.5	31.9			27.2
		8) 医療費が高くなかった	49.6	12.7	21.0	20.2	33.3			12.4
		88) その他 (記入)	1.1	0.5	0.0	0.4	0.9			0.8
		99) わからない	1.4	0.2	1.6	0.5	1.4			0.2
問14	仮にあなたは重病で、特別の手術をする必要がある医者がいたとします。誰か信頼できる医者がいたら思っていたところ、長年の親友が信頼できる医者を紹介してくれました。あなたはその医者に手術を頼みますか。この2つのうちからあなたのお考えに近いほうをお答えください。	1) 親友が紹介してくれた医者なので頼む	31.7	35.1	35.0	33.8	39.7	25.3	47.2	35.4
		2) その医者について、自分でよく調べてから、頼むかどうか判断する	63.4	58.1	61.8	55.8	43.2	69.2	42.7	57.3
		8) その他 (記入)	1.8	2.2	0.0	2.2	1.3	0.7	2.1	1.5
		9) わからない	3.1	4.7	3.2	8.2	15.8	4.8	8.0	5.8

付録2 国別の単純集計表 289

番号	質問項目	回答選択肢	アメリカ 1008	日本 924	台湾 1005	ドイツ 1007	ロシア 1600	トルコ 1007	チェコ 981	フィンランド 881
問15	世のなかには、慈善活動やボランティア団体、就職支援のための組織、あるいは子育て支援のための団体など、様々な団体や組織があります。そのような団体や組織の信頼を確認するため、あなたはこれらの中でどのようなことをしますか。あてはまるものをいくつでもあげてください。(M.A.)	1) インターネットで概要や実績などを調べる	61.2	43.8	30.7	32.7	17.4	33.6	52.1	62.8
		2) メールや電話でやりとりして調べる	33.0	17.3	16.7	25.9	7.3	10.4	28.7	26.7
		3) 新聞・雑誌などで報道された記事を読む	46.9	46.4	35.3	40.8	19.8	17.0	51.2	45.1
		4) テレビ等のコマーシャルをみる	13.4	14.6	33.6	12.9	13.1	19.2	26.6	7.3
		5) 口コミや他人からの情報を得る	52.7	40.6	50.7	46.3	19.5	22.3	55.0	37.2
		6) その所在地に出向いて団体・組織が実在することを確認する	36.3	24.1	33.3	33.2	27.7	45.3	41.9	35.0
		7) 信頼している人の紹介や推薦を得る	69.9	27.6	51.1	42.2	42.9	22.3	67.4	40.0
		8) その他 (記入)	2.2	3.0	0.6	1.2	3.3	1.6	2.1	0.7
		9) わからない	4.1	8.5	4.1	7.4	23.2	9.9	11.3	6.4
問16	あなたは、日常生活や仕事などで初対面の人に会う前にどのようなことがあればその人を信頼しやすくなると思いますか。この中からあてはまるものをいくつでもあげてください。(M.A.)	1) 友人の紹介	64.5	61.3	54.3	48.6	35.7	28.1	55.9	44.6
		2) 名声やよい評判	48.1	21.2	41.5	52.2	36.0	7.5	69.2	24.6
		3) いままでの実績	54.5	43.9	10.7	25.5	15.9	16.5	45.1	48.9
		4) 口コミや他人からの情報	55.0	32.3	38.8	33.1	16.4	7.9	62.9	48.1
		5) 高い社会的または職業上の地位	13.1	11.9	13.4	12.3	16.1	8.2	18.7	10.8
		6) 高学歴	20.8	2.1	6.9	15.5	18.7	15.5	26.6	13.1
		7) 取得が難しい資格 (医者や弁護士など)	23.4	8.5	10.5	17.0	16.1	5.1	31.7	33.3
		8) 同じ学校や大学の卒業	5.3	11.5	5.6	4.0	4.0	4.6	15.0	5.4
		9) 同じ出身地 (同郷)	7.6	15.3	6.3	11.5	4.4	14.2	15.5	6.8
		88) その他 (記入)	2.0	3.4	0.0	2.1	2.8	0.7	1.6	2.4
		89) 初対面の人は信頼できない	3.7	3.9	15.3	13.1	20.6	32.9	8.6	5.3
		99) わからない	3.7	5.2	3.0	3.7	7.6	9.9	4.0	4.1

番号	質問項目	回答選択肢	アメリカ 1008	日本 924	台湾 1005	ドイツ 1007	ロシア 1600	トルコ 1007	チェコ 981	フィンランド 881
問17(a)	あなたは、人と信頼関係を築いていく上で、お互いの性格で重要だと思うものはなんですか。この中から特に重要と思うものを3つあげてください。(3 M.A.)	1) 人や物事に対して公平である	29.5	35.6	41.3	49.8	37.9	43.0	6.1	44.4
		2) 頼りになる	48.7	14.8	37.5	55.8	52.1	52.5	63.5	57.1
		3) 責任感がある	36.5	53.9	53.7	27.0	41.4	34.7	37.4	19.3
		4) 寛大である	10.5	3.5	16.2	3.8	8.9	20.2	2.5	1.7
		5) 正直である	74.3	52.9	20.9	61.9	47.1	65.9	46.8	65.5
		6) 思いやりがある	25.5	36.5	23.4	9.5	13.5	8.2	19.8	18.8
		7) 言行が首尾一貫している	20.9	8.9	34.7	18.8	17.7	16.7	25.1	24.2
		8) 冷静である	3.3	5.2	4.3	3.1	5.5	2.0	4.2	1.4
		9) 博愛的である	5.7	0.6	1.8	11.8	10.8	8.0	17.1	5.4
		10) 気さくである	7.4	5.1	10.8	18.7	15.6	29.9	19.6	9.9
		11) 考え方が柔軟である	9.5	8.4	5.0	2.8	3.9	2.7	4.6	3.0
		12) エネルギッシュである	1.9	1.7	2.0	1.0	3.2	1.7	2.3	0.5
		13) 協調性がある	6.4	12.2	3.5	4.7	2.9	1.7	11.7	12.5
		14) 約束を守る	21.0	44.8	27.3	14.3	23.3	6.2	26.7	25.9
		15) 人に対して好意的である	7.1	5.2	13.3	3.6	3.6	2.0	11.0	2.6
		88) その他(記入)	0.1	0.8	0.0	0.2	0.3	0.2	0.6	0.2
		99) わからない	0.6	1.3	0.9	1.4	0.9	1.5	0.1	0.8
問17(b)	それでは、相手との関係で重要だと思うものはなんですか。この中から特に重要と思うものを2つお答えください。(2 M.A.)	1) 考え方が似ている	34.8	36.8	31.3	45.2	35.6	37.7	32.7	37.6
		2) 趣味・嗜好が似ている	11.3	9.5	25.7	12.0	15.7	12.7	10.7	10.4
		3) 気が合う	37.2	45.5	33.4	47.0	31.2	58.6	38.2	46.0
		4) いつでも連絡がとれる	6.8	7.7	13.8	29.2	14.2	16.0	28.0	3.1
		5) 約束の時間をきちんと守る	9.1	34.4	14.3	6.8	19.5	12.4	10.3	17.4
		6) 人の権利を擁護する	27.9	16.2	31.9	7.8	20.9	24.2	14.3	29.1
		7) 思っていることをわかりやすく伝える	36.8	14.9	30.6	15.6	26.3	9.7	19.3	24.3
		8) 友達や知り合いが多くいる	5.5	4.0	4.4	2.3	5.3	2.9	3.3	0.8
		9) 友人として長く付き合っている	28.9	24.5	11.0	24.9	20.9	21.1	41.9	23.4
		88) その他(記入)	0.6	0.1	0.0	0.4	0.6	0.1	0.3	0.2
		99) わからない	1.7	1.5	1.1	2.3	2.6	2.3	0.3	1.5

番号	質問項目	回答選択肢	アメリカ 1008	日本 924	台湾 1005	ドイツ 1007	ロシア 1600	トルコ 1007	チェコ 981	フィンランド 881
問17 (e)	では、相手の技能や能力の面ではいかがですか。この中から2つお答えください。(2 M.A.)	1) リーダーシップがある	35.2	18.8	37.3	11.7	15.2	27.7	11.6	12.6
		2) 人の気持ちを理解できる	40.5	74.8	49.8	60.0	36.8	50.8	63.3	52.7
		3) 目標を達成することができる	28.9	15.0	22.4	22.8	33.2	32.7	20.7	14.4
		4) 専門的知識・技能を持っている	34.2	28.1	41.5	21.2	35.9	16.4	38.1	30.0
		5) 説得力がある	4.1	21.4	15.5	25.1	17.8	26.2	22.1	15.3
		6) 自分と違う考え方を尊重する	52.9	30.0	29.7	25.1	35.6	38.5	38.8	61.5
		8) その他 (記入)	0.4	0.1	0.0	0.9	0.6	0.1	1.1	0.2
		9) わからない	2.4	2.2	1.2	4.7	3.9	3.8	1.2	3.1
問18	このような2つの意見があります。あなたのお考えはどちらに近いですか。	1) 他人と一緒に仕事などをする前に、まずその人を信頼できるかどうかを確認する	26.5	26.0	31.6	36.1	30.3	54.4	32.9	11.4
		2) まず他人と一緒に仕事などをしてからその人を信頼できるかどうかを判断する	71.3	71.0	65.4	60.6	63.7	39.8	64.3	86.5
		8) その他 (記入)	0.2	0.3	0.0	0.2	0.4	0.2	0.3	0.0
		9) わからない	2.0	2.7	3.0	3.1	5.6	5.6	2.4	2.2
問19	あなたは過去に他人から裏切られた経験がありますか。	1) ある	76.6	46.9	48.6	50.0	55.5	37.7	75.3	73.9
		2) ない	17.9	49.2	40.8	40.2	31.1	58.6	18.0	23.7
		9) わからない	5.6	3.9	10.6	9.8	13.4	3.7	6.6	2.4

番号	質問項目	回答選択肢	アメリカ 1008	日本 924	台湾 1005	ドイツ 1007	ロシア 1600	トルコ 1007	チェコ 981	アイルランド 881
問20	あなたは、自分自身やご家族のことで不安を感じていることはありますか。この中から特に不安に感じていることを3つあげてください。(3 M.A.)	1) 重い病気	79.2	48.5	67.6	80.3	74.9			80.2
		2) 医療ミス	6.9	10.8	28.9	21.2				16.8
		3) 犯罪の犠牲になること	50.0	27.8	16.0	53.8	38.0			45.3
		4) 地震や台風などの自然災害に遭うこと	21.6	38.2	38.0	17.2	12.5			13.3
		5) 火災の被害に遭うこと	12.6	12.2	5.6	13.3	20.8			11.5
		6) 公害や環境汚染	6.3	13.2	12.2	2.1	7.5			16.8
		7) 原子力施設の事故	11.3	2.5	3.5	10.4	6.9			16.0
		8) プライバシーを侵害されること	16.3	12.7	10.4	15.1	13.7			7.2
		9) 経済の後退や不景気	30.0	38.5	41.6	7.8	16.8			18.6
		10) 失業	34.5	16.2	36.1	28.2	28.7			19.1
		11) 無差別テロ事件	15.9	7.0	4.5	12.9	15.6			21.0
		12) 食中毒の被害に遭うこと	3.3	8.0	3.1	7.2	4.0			1.1
		13) 新型インフルエンザの感染症にかかること	5.1	11.7	20.9	5.4	4.9			4.9
		88) その他 (記入)	0.6	0.5	0.0	3.0	1.3			0.7
		89) 特にない	0.8	10.1	1.4	2.7	0.6			0.9
		99) わからない	1.2	0.5	0.9	1.5	1.8			1.5

付録2　国別の単純集計表　293

番号	質問項目		回答選択肢	アメリカ 1008	日本 924	台湾 1005	ドイツ 1007	ロシア 1600	トルコ 1007	チェコ 981	フィンランド 881
問21	次にあげる生活領域のそれぞれについて、あなたが重要だと思う程度に従って1〜7の評価をつけてください。										
	a	あなた自身の配偶者やこども	1) 1 重要でない	0.2	0.8	0.8	0.6	0.8			0.9
			2) 2	0.0	0.2	0.3	0.8	0.1			0.0
			3) 3	0.6	0.2	1.6	0.6	0.4			0.7
			4) 4	0.8	1.2	3.3	1.9	1.6			0.6
			5) 5	1.1	2.8	6.5	5.0	2.5			1.7
			6) 6	5.6	4.8	10.1	13.6	5.4			2.3
			7) 7 重要	85.5	82.5	70.7	68.9	83.3			86.8
			8) 該当しない	6.1	7.1	5.5	7.9	3.2			4.0
			9) わからない	0.2	0.4	1.2	0.7	2.8			3.1
	b	あなたの現在の職業や仕事	1) 1 重要でない	3.7	3.7	1.4	7.1	7.0	3.1	2.1	10.1
			2) 2	1.8	3.4	1.3	4.6	2.4	2.4	4.4	6.0
			3) 3	3.0	2.8	5.8	5.3	4.1	3.3	6.3	6.7
			4) 4	9.4	12.2	11.2	11.8	9.5	6.5	13.5	12.4
			5) 5	18.1	14.8	19.3	17.8	13.8	11.5	16.9	25.9
			6) 6	22.1	13.0	19.8	20.0	19.9	23.4	22.9	20.8
			7) 7 重要	29.0	31.8	37.1	14.0	35.9	48.4	15.0	12.6
			8) 該当しない	12.3	17.9	3.0	18.3	5.6	0.0	17.1	3.9
			9) わからない	0.7	0.4	1.1	1.3	2.0	1.5	1.7	1.7
	c	自由になる時間とくつろぎ	1) 1 重要でない	0.9	1.1	0.8	0.5	3.8			0.5
			2) 2	1.8	1.7	1.0	1.6	2.8			1.8
			3) 3	4.2	4.2	4.4	4.8	5.3			6.4
			4) 4	11.8	18.2	13.4	17.6	18.7			9.4
			5) 5	23.2	25.6	23.4	29.1	20.8			28.4
			6) 6	25.1	16.9	20.9	26.3	22.2			30.9
			7) 7 重要	31.7	31.6	35.0	19.0	24.5			21.7
			8) 該当しない	0.4	0.2	0.5	0.5	0.6			0.2
			9) わからない	0.9	0.4	0.6	0.7	1.4			0.8

番号	質問項目	回答選択肢	アメリカ 1008	日本 924	台湾 1005	ドイツ 1007	ロシア 1600	トルコ 1007	チェコ 981	フィンランド 881
d	友人、知人	1) 1 重要でない	0.2	0.9	1.1	0.2	1.8			0.8
		2) 2	0.8	1.2	0.6	1.2	1.4			0.9
		3) 3	2.5	4.0	4.4	4.0	3.6			3.5
		4) 4	8.2	15.7	16.9	15.0	15.4			7.7
		5) 5	20.7	24.5	26.2	28.5	24.4			22.7
		6) 6	34.7	21.9	22.3	31.8	27.7			33.8
		7) 7 重要	31.1	31.4	27.7	18.3	24.1			29.6
		8) 該当しない	0.2	0.1	0.2	0.1	0.4			0.1
		9) わからない	1.6	0.4	0.7	1.0	1.1			0.8
e	両親や兄弟姉妹	1) 1 重要でない	0.5	0.3	0.8	1.4	1.1			2.4
		2) 2	0.6	1.0	1.2	1.1	0.5			1.5
		3) 3	1.4	1.6	1.3	3.5	1.3			2.5
		4) 4	3.7	7.3	4.7	5.5	4.8			5.8
		5) 5	7.2	10.4	11.6	11.9	9.4			15.1
		6) 6	23.0	21.4	14.9	29.3	16.9			23.2
		7) 7 重要	60.3	55.2	64.4	37.1	61.2			45.7
		8) 該当しない	2.4	2.3	0.3	9.0	3.2			2.5
		9) わからない	0.9	0.5	0.8	1.2	1.8			1.4
f	おじ、おば、いとこなどの親戚	1) 1 重要でない	1.4	2.4	3.0	3.6				3.1
		2) 2	2.2	4.3	4.3	3.7				6.5
		3) 3	4.8	6.9	9.7	8.4				12.1
		4) 4	12.3	20.9	21.9	19.8				19.1
		5) 5	24.0	23.5	21.5	26.8				25.2
		6) 6	27.6	20.9	23.0	20.1				22.4
		7) 7 重要	25.6	18.4	14.4	10.9				9.4
		8) 該当しない	1.4	1.9	1.0	5.0				1.0
		9) わからない	0.8	0.8	1.3	1.8				1.2

付録2　国別の単純集計表　295

番号	質問項目	回答選択肢	アメリカ 1008	日本 924	台湾 1005	ドイツ 1007	ロシア 1600	トルコ 1007	チェコ 981	フィンランド 881
g	宗教	1) 1 重要でない	7.3	35.5	11.4	26.2	12.4	2.2	48.2	22.5
		2) 2	4.3	14.3	10.7	15.2	8.3	1.3	17.3	16.5
		3) 3	7.8	11.0	18.8	12.1	10.3	1.6	9.6	13.4
		4) 4	14.1	15.5	23.9	16.5	19.9	3.7	6.8	12.5
		5) 5	19.5	6.9	15.5	13.2	17.0	7.1	5.2	12.1
		6) 6	14.8	4.2	8.0	7.1	11.8	14.0	3.6	9.8
		7) 7 重要	29.7	7.9	9.1	7.0	15.1	69.7	3.0	11.6
		8) 該当しない	1.0	2.8	1.2	1.6	1.9	0.0	0.0	0.0
		9) わからない	1.5	1.8	1.4	1.1	3.3	0.5	6.3	1.7
h	政治	1) 1 重要でない	8.2	5.8	19.6	13.8	16.9	16.5	24.4	14.9
		2) 2	7.5	8.1	16.1	17.9	13.9	11.8	24.0	17.6
		3) 3	15.1	13.6	24.0	19.0	18.1	12.2	22.6	19.9
		4) 4	22.9	23.9	21.2	21.2	20.4	16.9	16.2	20.2
		5) 5	22.1	19.6	9.4	15.9	13.5	16.0	6.0	15.7
		6) 6	13.9	13.2	2.9	7.8	6.1	10.7	2.9	7.5
		7) 7 重要	8.4	13.9	4.1	3.4	6.7	14.9	1.2	3.1
		8) 該当しない	0.7	0.2	1.6	0.0	1.2	0.0	0.0	0.0
		9) わからない	1.1	1.6	1.2	1.1	3.2	1.0	2.8	1.2
i	ボランティアや他人への奉仕	1) 1 重要でない	7.3	5.0	4.5	12.7	25.8			5.2
		2) 2	7.5	6.0	4.2	11.7	13.9			10.7
		3) 3	11.5	12.2	17.1	17.9	15.2			17.5
		4) 4	22.2	27.1	26.5	23.5	16.1			19.0
		5) 5	23.6	23.9	23.8	14.3	9.8			22.0
		6) 6	13.4	12.6	11.1	6.8	5.0			16.2
		7) 7 重要	8.8	9.4	9.9	2.8	3.7			7.2
		8) 該当しない	3.9	1.5	1.3	8.6	4.7			0.6
		9) わからない	1.7	2.4	1.7	1.7	5.8			1.7

番号	質問項目	回答選択肢	アメリカ 1008	日本 924	台湾 1005	ドイツ 1007	ロシア 1600	トルコ 1007	チェコ 981	フィンランド 881
問22	あなたは社会や仕事で成功する条件として、何が大きな役割を果たしていると思いますか。この中から2つあげてください。(2 M.A.)	1) 個人の才能	63.4	46.1	49.4	62.4	52.3	56.7	62.0	55.5
		2) 個人の努力	58.3	68.8	67.1	29.4	40.0	41.6	34.4	46.1
		3) 運やタイミング	18.6	44.2	52.2	19.2	27.9	34.2	48.0	15.8
		4) 人柄	28.2	26.1	20.4	33.5	35.4	41.6	22.0	34.6
		5) 血縁	4.1	2.6	2.0	4.1	10.5	7.3	7.1	4.1
		6) 地縁	12.7	1.1	2.1	24.3	12.2	6.9	11.2	24.2
		7) 同窓(高校や大学など)	3.8	1.2	1.3	5.5	3.2	2.4	4.7	5.6
		8) 性別	4.4	0.4	0.8	5.1	1.3	3.1	2.8	4.3
		9) 年齢	3.7	1.6	1.3	6.8	5.8	1.9	4.4	2.7
		88) その他(記入)	1.3	0.1	0.0	1.3	0.6	0.7	1.5	0.6
		99) わからない	1.3	2.6	1.0	2.4	2.3	1.7	0.8	1.6
問23	あなたの生き方について、これら2つの考えのうち、どちらがあなたの気持ちに近いですか。	1) 仕事や遊びなどで自分の可能性を試すために、できるだけ多くの経験をしたい	54.9	58.1	44.6	36.9	42.2			57.2
		2) わずらわしいことにはなるべく遭遇せずに、平穏無事に暮らしたい	42.0	40.2	51.8	59.1	56.4			40.4
		8) その他(記入)	0.7	0.2	0.0	0.3	0.1			0.0
		9) わからない	2.5	1.5	3.6	3.7	1.3			2.4
問24	あなたの今の生き方は、この中ではどれにあてはまりますか。あてはまるものをこの中からいくつもあげてください。(M.A.)	1) 自分を大切にする生き方	15.0	49.0	24.7	29.3	28.9			10.9
		2) その日その日をクヨクヨしないで暮らす	54.3	39.1	52.7	21.7	24.0			50.6
		3) 仕事とプライベートのバランスのとれた生活	54.8	43.5	42.9	48.3	40.8			62.8
		4) 家庭重視の生活	60.9	50.6	55.0	58.2	37.3			56.1
		5) 社会的貢献	29.1	14.2	26.2	15.7	8.4			18.6
		6) 目標に向かって努力する	36.3	34.3	43.5	23.4	14.4			26.4
		7) 他の人の考え方を尊重する	54.8	19.8	21.0	33.0	17.0			49.9
		8) その他(記入)	0.2	0.3	0.0	1.1	0.2			0.2
		9) わからない	1.7	0.8	1.2	2.7	3.8			1.4

付録2　国別の単純集計表　297

番号	質問項目	回答選択肢	アメリカ 1008	日本 924	台湾 1005	ドイツ 1007	ロシア 1600	トルコ 1007	チェコ 981	フィンランド 881
問25	この中で、大切なことを２つあげてくれといわれたら、どれとどれにしますか。(M.A.)	1) 親孝行、親に対する愛情と尊敬	40.9	69.5	81.6	41.7	34.7			23.8
		2) 助けてくれた人に感謝し、必要があれば援助する	56.6	72.7	71.3	43.8	59.2			69.2
		3) 個人の権利を尊重すること	54.3	24.2	25.6	56.5	39.7			62.7
		4) 個人の自由を尊重すること	37.3	26.1	18.4	30.9	30.0			30.1
		8) その他（記入）	0.5	0.1	0.0	0.7	0.3			0.3
		9) わからない	2.2	0.9	1.0	4.3	4.1			2.0
問26	あなたは、今後、自国の人々は、個人の利益よりも公共の利益を大切にすべきだと思いますか。それとも、公共の利益よりも個人の利益を大切にすべきだと思いますか。	1) 個人の利益よりも公共の利益を大切にすべきだ	74.5	41.2	57.0	61.2	51.2	73.2	57.3	81.0
		2) 公共の利益よりも個人の利益を大切にすべきだ	14.4	37.9	15.6	28.8	28.9	17.3	18.0	15.6
		3) 一概に言えない	4.2	17.9	23.9	3.4	10.8	0.0	17.5	0.0
		8) その他（記入）	0.8	0.0	0.0	1.1	1.0	0.0	1.1	0.1
		9) わからない	6.2	3.0	3.5	5.6	8.1	9.5	6.0	3.3
問27	法律についてこのような２つの意見があります。あなたのお考えはどちらに近いですか。	1) 法律はどんなときにも守るべきである	60.6	48.8	53.3	61.0	62.6	75.1	45.1	62.3
		2) 目的が本当に正しいものだと確信がもてるときには、法律をやぶることもやむをえない	31.8	46.4	39.9	32.4	29.9	18.0	44.0	34.8
		8) その他（記入）	1.2	0.6	0.0	0.8	1.4	0.2	2.1	0.3
		9) わからない	6.3	4.1	6.8	5.9	6.1	6.8	8.8	2.5

番号	質問項目	回答選択肢	アメリカ 1008	日本 924	台湾 1005	ドイツ 1007	ロシア 1600	トルコ 1007	チェコ 981	フィンランド 881
問28	あなたは、あなたの国に働きに来る外国人労働者について政府はどう対処すべきだと思いますか。あなたの意見に最も近いものをこの中から1つだけあげてください。	1) 働きにきたい人はだれでも受け入れるべきである	10.7	9.3	9.0	5.2	5.0			17.9
		2) 働き口がある限り受け入れるべきである	22.1	38.5	15.1	29.2	29.9			46.5
		3) 受け入れる外国人労働者の数に制限を設けるべきである	45.2	43.9	60.0	44.6	39.9			25.8
		4) 外国人労働者の入国を禁じるべきである	17.4	2.9	10.7	17.6	19.6			7.0
		8) その他(記入)	0.9	0.3	0.0	0.4	0.3			0.7
		9) わからない	3.7	5.0	5.2	3.1	5.3			2.0
問29	あなたの国に定住している外国人は、あなたの国の慣習や伝統を身につけるべきだと思いますか。それとも従う必要はないと思いますか。	1) 日本の慣習や伝統を身につけるべき	85.6	69.9	60.7	75.5	60.7			79.5
		2) 日本の慣習や伝統に従う必要はない	10.6	21.5	27.3	18.3	26.1			16.5
		8) その他(記入)	1.1	2.4	0.0	2.2	1.5			1.1
		9) わからない	2.7	6.2	12.0	4.1	11.7			3.0
問30	あなたは、人生の意味や目的について考えることがどのくらいありますか。この中から1つあげてください。	1) しばしばある	51.9	26.6	30.0	22.3	44.9			35.2
		2) ときどきある	35.8	55.4	51.8	44.9	40.1			52.9
		3) ほとんどない	7.5	15.0	13.0	24.2	8.8			9.8
		4) まったくない	1.7	2.4	1.8	7.2	3.2			1.5
		8) その他(記入)								
		9) わからない	3.1	0.5	3.3	1.3	3.1			0.7
問31	善と悪について、あなたはこの2つの意見のどちらに賛成ですか。	1) どんな場合でもはっきりとした善と悪があり、すべてにあてはまる	45.9	30.1	36.7	21.1	27.7	61.3	24.1	45.3
		2) たいていの場合はっきりとした善と悪はなく、その時の状況による	50.0	65.5	60.3	74.1	66.8	33.3	73.4	53.0
		8) その他(記入)	0.9	0.1	0.0	0.5	0.1	0.0	0.4	0.0
		9) わからない	3.2	4.3	3.0	4.4	5.4	5.5	2.1	1.7

付録2 国別の単純集計表 299

番号	質問項目	回答選択肢	アメリカ 1008	日本 924	台湾 1005	ドイツ 1007	ロシア 1600	トルコ 1007	チェコ 981	フィンランド 881
問32	この6つの地域の中で、あなたが属していると最も強く意識している地域はどれですか。この中から1つだけあげてください。	1) いま住んでいる市区町村	43.3	51.1	17.2	51.6	48.1			26.3
		2) いま住んでいる都道府県	16.8	16.6	24.4	10.1	14.8			10.6
		3) いま住んでいるブロック地域（北海道、東北、関東、関西など）	8.7	5.8	14.3	11.0	5.0			10.7
		4) あなたの国	17.7	22.2	29.8	14.3	23.9			36.0
		5) 大州（北米、アジア、東欧、西欧、中近東など）	4.2	1.0	2.4	4.8	1.1			7.4
		6) 世界	5.7	2.5	5.0	3.4	3.4			7.3
		7) その他（記入）	0.5	0.2	0.0	1.6	0.9			0.8
		8) わからない	3.3	0.6	7.0	3.2	2.9			1.0
問33	あなたは、現在、何らかの組織やクラブに所属していますか。この中から、あなたが所属しているものをいくつでもあげてください。(M.A.)	1) 自治会、町内会	12.0	55.1	8.5	3.8	14.5			9.6
		2) PTA、父母の会	8.6	12.7	4.2	3.6	3.8			4.3
		3) 婦人会、老人会、青年会	7.4	10.8	6.9	5.4	2.2			10.7
		4) 消防団、防犯協会	3.3	2.8	3.3	4.4	0.5			1.5
		5) 農協、漁協、森林組合	2.8	5.3	4.3	0.6	1.6			7.5
		6) 商工会、その他の業界団体	7.4	6.9	4.7	2.7	0.9			4.5
		7) 労働組合	7.2	7.4	7.8	6.0	7.5			47.0
		8) スポーツ、レクリエーション、趣味・文化サークル	18.5	29.8	10.7	27.0	5.9			32.5
		9) 県人会、同窓会、OB会	7.5	15.7	8.3	1.0	1.1			6.9
		10) 宗教団体	30.1	6.7	7.6	7.6	1.4			13.2
		11) 生協（生活協同組合）、消費者運動	4.0	12.1	2.5	1.1	1.5			25.7
		12) 政治団体、後援会	7.6	4.1	1.6	1.6	1.3			5.8
		13) 市民団体	5.9	2.4	1.5	2.9	0.3			3.4
		14) 環境保護団体	4.5	1.5	1.7	2.4	0.9			2.8
		88) その他（記入）	3.6	1.3	0.0	2.5	14.1			1.4
		99) どれにもはいっていない	38.4	20.7	56.1	52.3	52.8			20.0

番号	質問項目	回答選択肢	アメリカ 1008	日本 924	台湾 1005	ドイツ 1007	ロシア 1600	トルコ 1007	チェコ 981	ポーランド 881
問34	あなたは、同居のご家族以外の人で、個人的に親しく、よく話をしたり連絡を取り合ったりする人が何人くらいいらっしゃいますか。この中から1つだけあげてください。	1) 1人もいない	3.1	3.8	3.4	4.2	3.6	6.5	2.8	1.0
		2) 1人	8.5	3.1	5.2	9.7	6.5	6.2	6.7	3.0
		3) 2～3人	29.6	38.9	40.1	40.2	27.5	29.7	37.7	23.7
		4) 4～9人	38.5	36.7	34.8	32.8	30.3	31.1	35.4	49.7
		5) 10～14人	12.3	11.3	8.1	8.2	12.5	9.8	9.4	12.1
		6) 15～19人	1.6	2.2	1.6	1.6	4.6	2.9	3.0	3.4
		7) 20人以上	5.2	3.9	3.9	2.1	13.3	13.4	3.9	6.5
		9) わからない	1.3	0.2	3.0	1.2	1.8	0.5	1.2	0.6
問35	あなたは悩み事や重大な相談事を、まずどなたに相談していますか、あるいは、するとと思いますか。この中から1つだけあげてください。	1) 父親	9.5	1.7	5.7	6.0	6.1			2.0
		2) 母親	16.8	8.1	12.9	11.5	21.3			8.5
		3) 配偶者（夫や妻）やパートナー	30.6	59.8	36.9	40.6	28.3			39.0
		4) 子ども（子の配偶者を含む）	6.2	8.5	8.6	11.6	9.1			8.7
		5) 恋人・婚約者	4.1	1.1	4.3	7.7	1.7			3.7
		6) 兄弟姉妹	7.9	6.9	9.2	4.5	5.5			8.4
		7) その他の家族や親戚	3.4	0.5	1.1	2.0	3.4			1.6
		8) （学校、近所などの）友人・知人	9.0	6.8	14.0	7.3	9.7			19.4
		9) 職場の上司	0.2	0.5	0.3	0.0	0.3			0.1
		10) 職場の同僚	1.5	2.1	0.7	0.3	1.0			0.8
		11) 電話やインターネットを使って匿名で相談できるところ	0.6	0.2	0.1	1.0	0.8			3.2
		12) 僧侶、牧師・神父	6.0	0.3	0.7	0.8	0.8			1.9
		13) 相談できる人がいない	2.1	1.2	2.6	4.0	5.2			1.0
		88) その他（記入）	0.8	1.4	0.0	0.1	0.8			0.6
		99) わからない	1.5	0.6	3.0	2.6	6.1			0.9
問36-1 (a)	あなたは、誰かに重大なことで助けて欲しいと言われたことがありますか。	1) ある	90.0	45.8	74.1	68.4	91.4			88.9
		2) ない	10.0	54.2	25.9	31.6	8.6			11.1

番号	質問項目	回答選択肢	アメリカ 1008	日本 924	台湾 1005	ドイツ 1007	ロシア 1600	トルコ 1007	チェコ 981	フィンランド 881
問36-1 (b)	[問36-1 (a) の答えが「ある」の人に] それはどなたですか。あてはまる人をすべてあげてください。(M.A.)	1) 父親	19.6	6.9	31.1	16.4	17.4			11.4
		2) 母親	31.3	11.8	38.5	29.0	28.6			19.9
		3) 配偶者（夫や妻）やパートナー	36.2	12.1	35.4	35.0	36.0			33.9
		4) 子ども（子の配偶者を含む）	38.8	16.1	31.1	32.4	36.5			28.6
		5) 恋人・婚約者	22.4	4.3	20.9	31.9	9.9			8.1
		6) 兄弟姉妹	47.2	24.8	53.8	32.7	34.2			31.6
		7) その他の家族や親戚	33.4	10.9	36.8	19.0	29.0			12.6
		8) （学校、近所などの）友人・知人	54.1	43.3	60.9	31.8	47.1			60.0
		9) 職場の上司	12.0	2.4	14.4	6.0	7.2			6.9
		10) 職場の同僚	27.1	19.1	35.2	21.6	22.9			24.6
		11) 電話やインターネットを使って匿名で相談できるところ	1.2	0.2	5.1	0.4	0.9			3.6
		12) 僧侶、牧師・神父	3.4	0.0	2.6	1.0	0.5			1.0
		88) その他（記入）	1.0	1.4	0.0	0.9	1.8			0.6
		99) わからない	1.4	2.4	1.9	0.6	1.4			1.0
問36-2 (a)	誰かに重大なことで助けて欲しいと言ったことがありますか。	1) ある	80.7	26.1	69.5	59.3	85.6			81.4
		2) ない	19.3	73.9	30.5	40.7	14.4			18.6

番号	質問項目	回答選択肢	アメリカ 1008	日本 924	台湾 1005	ドイツ 1007	ロシア 1600	トルコ 1007	チェコ 981	フィンランド 881
問36-2 (b)	[問36-1 (a) の答えが「ある」の人に] それはどなたですか。あてはまる人をすべてあげてください。(M.A.)	1) 父親	44.8	16.6	50.6	31.2	26.2			17.5
		2) 母親	55.7	26.6	61.7	41.0	44.6			26.3
		3) 配偶者（夫や妻）やパートナー	37.8	31.5	41.4	38.5	36.7			34.8
		4) 子ども（子の配偶者を含む）	17.3	9.1	23.1	23.1	22.8			13.4
		5) 恋人・婚約者	17.8	2.1	19.3	26.6	7.7			7.5
		6) 兄弟姉妹	36.2	20.7	51.7	27.3	27.2			24.6
		7) その他の家族や親戚	25.1	4.1	33.5	15.7	23.2			9.1
		8) （学校、近所などの）友人・知人	37.9	23.2	52.0	26.3	34.9			43.5
		9) 職場の上司	12.2	4.6	17.2	5.0	7.5			9.9
		10) 職場の同僚	16.2	6.2	28.7	17.3	15.4			13.8
		11) 電話やインターネットを使って匿名で相談できるところ	2.5	0.8	3.0	1.5	1.2			4.8
		12) 僧侶、牧師・神父	13.5	1.2	4.9	3.0	2.3			3.4
		88) その他（記入）	2.5	1.2	0.0	1.2	1.6			1.2
		99) わからない	2.7	2.9	1.7	1.2	1.8			0.9
問37	「家庭は、こちらよく、いくつあげる。ただ1つの場所であるJという考え方がありますが、あなたはそう思いますか、そうは思いませんか。	1) そう思う	49.6	78.5	86.8	61.8	72.5	11.6	15.2	47.6
		2) そうは思わない	48.3	18.1	9.9	35.7	24.6	17.5	60.0	51.1
		8) その他（記入）	0.3	0.6	0.0	0.0	0.2	48.0	18.9	0.0
		9) わからない	1.8	2.8	3.4	2.5	2.8	22.4	4.8	1.4
問38	あなたの生活についてお聞きします。ひとくちにいって、あなたは今の生活に満足していますか、それとも不満がありますか。この中からあなたのお気持ちに近いものを1つあげてください。	1) 満足している	47.7	35.9	23.8	55.9	40.1	11.6	15.2	62.5
		2) どちらかといえば満足している	40.6	49.7	43.0	27.6	35.9	17.5	60.0	29.6
		3) どちらかといえば不満だ	9.0	11.5	25.1	10.9	16.3	48.0	18.9	5.9
		4) 不満だ	1.7	2.5	6.9	5.0	6.3	22.4	4.8	1.4
		9) わからない	1.0	0.4	1.3	0.6	1.3	0.5	1.1	0.6

付録2 国別の単純集計表

番号	質問項目	回答選択肢	アメリカ 1008	日本 924	台湾 1005	ドイツ 1007	ロシア 1600	トルコ 1007	チェコ 981	フィンランド 881
問39	あなたは自分の家庭に満足していますか。それとも不満がありますか。この中からあなたのお気持ちに近いものを1つあげてください。	1) 満足している	49.8	52.2	38.4	58.9	53.9			63.3
		2) どちらかといえば満足している	39.2	38.7	42.0	27.9	29.9			25.5
		3) どちらかといえば不満だ	7.6	6.0	14.8	5.6	10.5			4.9
		4) 不満だ	1.5	1.9	3.2	2.9	2.9			0.7
		9) わからない	1.9	1.2	1.6	4.8	2.7			5.6
問40	あなたの家族や家庭で、現在欠けている、あるいは、ものたりないと思うものがありますか。この中にあればいくつあげてください。(M.A.)	1) 家族同士の会話	28.5	16.6	32.6	18.6	16.4			17.4
		2) 一緒に過ごす時間	53.7	22.8	38.9	24.6	30.4			41.0
		3) 親の権威	6.3	3.7	11.7	5.0	4.7			2.4
		4) 親を敬う気持ち	7.1	6.8	12.5	5.4	7.1			3.4
		5) お互いの信頼感	10.3	5.6	16.0	10.9	11.2			8.1
		6) 思いやり・安らぎ	13.6	11.6	18.9	9.2	7.5			12.7
		7) 個人のプライバシー	10.1	4.0	13.8	7.0	8.8			4.7
		8) 道徳観	9.6	2.8	5.8	5.7	6.8			6.4
		88) その他（記入）	2.2	1.0	0.4	4.1	5.5			1.2
		89) 特にない	22.5	49.8	23.4	45.0	24.6			26.2
		99) わからない	3.3	1.0	3.2	5.6	13.5			8.2
問41	つぎの3つの意見の中で、どれが一番あなたのお考えに近いですか。	1) 離婚はすべきではない	13.2	28.8	17.9	11.9	13.2	25.7	13.0	4.5
		2) ひどい場合には、離婚してもよい	49.8	43.9	45.3	52.5	45.9	37.2	57.0	58.7
		3) 二人の合意さえあれば、いつ離婚してもよい	30.9	23.9	31.5	29.3	33.0	34.3	24.9	34.1
		8) その他（記入）	2.4	0.4	0.0	0.3	0.7	0.1	0.9	0.0
		9) わからない	3.8	2.9	5.3	6.0	7.2	2.7	4.2	2.7

304

番号	質問項目	回答選択肢	アメリカ 1008	日本 924	台湾 1005	ドイツ 1007	ロシア 1600	トルコ 1007	チェコ 981	アイルランド 881
問 42	この中であなたが「ある」「また は「存在する」と思うものは何 ですか。あてはまるものをいく つでもあげてください。(M. A.)	1) 神や仏	80.9	45.1	50.0	29.1	59.2			42.9
		2) 死後の世界	56.0	19.2	32.8	20.1	22.3			33.3
		3) 霊魂 (魂)	64.6	21.2	36.8	26.0	36.2			44.6
		4) 悪魔	44.7	2.8	7.3	6.5	16.2			15.4
		5) 地獄	42.7	6.7	13.9	7.1	17.3			12.7
		6) 天国や極楽	60.1	13.1	26.4	11.7	23.6			19.2
		7) 宗教上の罪	32.4	5.1	10.0	5.0	10.9			12.0
		8) 宗教上の罰 (ばち)	26.1	6.1	9.5	9.2	22.8			9.3
		9) 宇宙の創造神	53.5	7.6	6.8	17.6	20.3			30.5
		88) この中にはない	4.9	31.4	9.2	37.9	9.2			21.2
		99) わからない	6.5	4.5	18.0	13.9	17.8			6.0
問 43 (a)	宗教についてお聞きしたいので すが、たとえば、あなたは、何 か信仰とか信心とかを持ってい ますか。	1) もっている、信じている	81.3	30.4	64.2	57.6	73.9	96.3	25.2	50.2
		2) もっていない、信じてい ない、関心がない	18.7	69.6	35.8	42.4	19.4	3.7	74.8	49.8
		3) その他					6.6			
問 43 (b)	それは何という宗教ですか。	1) キリスト教		5.3	14.0				7.7	85.1
		2) プロテスタント	48.9			46.9	1.3	0.2	83.4	1.1
		3) カトリック	32.7		2.3	43.1	0.5		0.4	0.7
		4) ユダヤ教	5.1				0.1	0.1		
		5) イスラム教	0.4			4.5	9.0	99.3	0.8	
		6) 仏教系		83.3	53.8		0.9			
		7) 神道系		5.7						
		8) 道教			26.5					
		9) ヒンドゥー教						0.3		
		10) ロシア正教					85.8			
		11) その他 (記入)	7.8	3.2	1.2	2.1	0.6		6.9	10.6
		12) 宗教ではない					0.8			
		13) 回答拒否	5.1			3.4	1.1	0.1	0.8	
		14) わからない		2.5	2.2					2.5

付録2 国別の単純集計表 305

番号	質問項目	回答選択肢	アメリカ 1008	日本 924	台湾 1005	ドイツ 1007	ロシア 1600	トルコ 1007	チェコ 981	フィンランド 881
F1	[性別]	男	48.6	47.3	50.0	46.9	47.5	48.3	48.8	46.4
		女	51.4	52.7	50.0	53.1	52.5	51.7	51.2	53.6
F2	[年齢（年齢コード）] あなたのお年は満でおいくつですか。	20-24	8.7	3.8	9.5	6.6	14.9	16.6	10.2	10.8
		25-29	8.7	3.6	14.2	8.4	9.1	19.2	10.1	9.0
		30-34	9.9	6.8	9.2	5.9	9.5	14.5	10.9	8.9
		35-39	9.8	8.2	15.2	7.4	8.7	12.8	8.4	7.5
		40-44	8.3	8.0	9.2	10.2	8.9	12.0	8.6	6.9
		45-49	11.3	8.3	6.7	8.6	10.5	10.8	9.8	9.5
		50-54	9.2	8.9	13.9	7.6	9.5	5.6	7.2	7.6
		55-59	5.9	11.4	9.9	7.2	8.1	3.6	10.6	7.9
		60-64	8.2	13.9	5.1	7.4	5.6	3.4	10.6	10.1
		65-69	8.7	9.3	4.0	11.0	4.9	1.6	7.4	9.3
		70以上	11.1	17.9	3.3	19.5	10.4	0.0	6.2	12.5
F3	[職業] あなたのご職業は何ですか。	[自営業主] 農林漁業	0.4	2.7	2.3	0.2	0.6	1.6	0.2	0.8
		[自営業主] 商工サービス業	3.2	9.5	10.4	2.2	2.4	8.6	5.2	1.9
		[自営業主] 自由業	6.3	1.1	4.6	1.4	1.1	1.3	2.0	4.3
		[家族従業者] 農林漁業	0.2	1.8	0.7	0.0	0.1	0.0	0.1	0.0
		[家族従業者] 商工サービス業	0.8	1.9	5.3	2.6	1.8	1.0	1.7	0.3
		[雇用者] 自由職	0.7	0.4	3.0	0.0	0.1	2.2	1.3	1.5
		[雇用者] 管理職	9.2	3.6	7.6	2.0	5.2	0.8	3.4	4.3
		[雇用者] 専門・技術職	15.0	1.4	8.2	0.7	8.0	2.8	7.5	3.9
		[雇用者] 事務職	12.9	18.4	28.5	14.2	8.3	7.7	12.4	16.5
		[雇用者] 労務職	18.3	21.0	6.0	18.3	28.1	18.5	27.5	28.3
		[無職] 主婦	6.4	21.8	9.8	1.3	11.9	36.1	3.9	2.2
		[無職] 学生	3.3	1.4	5.5	0.0	4.1	6.1	3.7	6.6
		[無職] その他	22.1	14.9	6.7	0.0	5.9	12.5	4.5	29.3
		[無職] 退職者	0.5	0.0	0.0	2.8	18.6	0.0	25.3	0.0
		どれにもあてはまらない	0.5	0.0	0.0	54.4	18.6	0.0	0.8	0.0
		無回答	0.7	0.0	1.7	54.4	3.9	0.8	0.4	0.2

番号	質問項目	回答選択肢	アメリカ 1008	日本 924	台湾 1005	ドイツ 1007	ロシア 1600	トルコ 1007	チェコ 981	フィンランド 881
F4	[未既婚] あなたは、現在結婚していらっしゃいますか。	結婚している	49.7	76.4	55.2	49.6	59.3	72.9	49.2	56.4
		結婚していないがパートナーと	10.0	1.8	4.7	0.0	5.1	0.5	7.7	0.0
		別居	2.2	0.1	0.7	1.5	1.4	0.1	0.9	0.0
		死別	7.3	6.6	3.1	16.0	11.5	2.2	8.9	6.0
		離婚	10.9	3.2	5.0	12.0	8.3	1.5	13.8	15.0
		未婚	18.8	11.7	29.4	21.0	12.4	22.8	19.5	22.5
		無回答	1.0	0.1	2.0	0.0	2.1	0.0	0.0	0.1
F5	[学歴] (アメリカ) あなたが最後に卒業された学校はどちらですか。(中退・在学中は卒業としてお考えください。)	小・中学校	4.4							
		高校	38.0							
		短期大学	20.6							
		4年制大学	23.9							
		大学院	10.7							
		その他	1.7							
		無回答/回答拒否	0.7							
	[学歴] (日本) あなたが最後に卒業された学校はどちらですか。(中退・在学中は卒業としてお考えください。)	小・中学校		14.7						
		高校		44.8						
		短大・専門学校		18.1						
		大学		20.8						
		大学院		1.1						
		その他 (記入)		0.0						
		無回答/回答拒否		0.5						
	[学歴] (台湾) あなたが最後に卒業された学校はどちらですか。(中退・在学中は卒業としてお考えください。)	小・中学校			14.6					
		高校			24.9					
		短期大学			22.7					
		4年制大学			29.8					
		大学院			7.1					
		無回答/回答拒否			1.0					

付録2　国別の単純集計表　307

番号	質問項目	回答選択肢	アメリカ 1008	日本 924	台湾 1005	ドイツ 1007	ロシア 1600	トルコ 1007	チェコ 981	フィンランド 881
F5	[学歴]（ドイツ）注 あなたが最後に卒業された学校はどちらですか。（中退・在学中は卒業としてお考えください。）	小学校				1.9				
		中学校				41.9				
		実業高校				36.6				
		普通高校				13.3				
		大学				6.2				
		無回答 回答拒否				0.1				
	[学歴]（ロシア） あなたが最後に卒業された学校はどちらですか。（中退・在学中は卒業としてお考えください。）	初等・中等教育／小・中学校					8.7			
		高校					23.1			
		短期大学					37.0			
		4年制大学					29.7			
		大学院					0.9			
		その他					0.1			
		無回答 回答拒否					0.5			
	[学歴]（トルコ） あなたが最後に卒業された学校はどちらですか。（中退・在学中は卒業としてお考えください。）	1 初等教育／小学校						46.9		
		2 中等教育／高校						32.9		
		3 職業訓練校／大学						14.6		
		7 無教育						5.7		
	[学歴]（チェコ） あなたが最後に卒業された学校はどちらですか。（中退・在学中は卒業としてお考えください。）	小・中学校							17.5	
		高校							68.0	
		高等専門学校							1.7	
		大学							12.0	
		大学院							0.4	
		その他							0.1	
		回答拒否							0.3	
	[学歴]（フィンランド） あなたが最後に卒業された学校はどちらですか。（中退・在学中は卒業としてお考えください。）	小・中学校								17.9
		職業学校								28.8
		高校								10.7
		短期大学								16.1
		高等職業専門学校								7.2
		大学								19.2
		無回答 回答拒否								0.1

番号	質問項目	回答選択肢	アメリカ 1008	日本 924	台湾 1005	ドイツ 1007	ロシア 1600	トルコ 1007	チェコ 981	フィンランド 881
F6	[同居人数] 今、ごいっしょにお住まいの方は、あなたご自身をふくめて、何人でしょうか。	1人	16.7	6.7	7.9	34.7	11.4	3.4	19.6	36.8
		2人	34.9	27.2	10.6	39.8	26.1	14.0	37.3	38.6
		3人	17.5	20.9	17.4	13.4	29.9	20.6	21.0	10.1
		4人	16.5	22.6	28.5	9.5	19.8	30.9	17.0	9.2
		5人	8.4	10.0	17.8	2.0	7.4	16.2	3.1	3.6
		6人	2.2	8.9	8.2	0.4	2.4	6.6	0.8	1.2
		7人	1.3	2.9	4.3	0.1	1.3	3.8	0.2	0.5
		8人	0.5	0.4	1.6	0.1	0.6	1.9	0.0	0.0
		9人	0.4	0.2	0.8	0.0	0.3	0.5	0.0	0.0
		10人・10人以上	0.0	0.0	1.0	0.0	0.1	2.1	0.0	0.0
		11 (10〜20は国別に異なる)	0.0	0.0	0.2	0.0	0.0	0.0	0.0	0.0
		12	0.2	0.0	0.2	0.0	0.0	0.0	0.0	0.0
		14	0.0	0.0	0.1	0.0	0.0	0.0	0.0	0.0
		20	0.0	0.0	1.4	0.0	0.8	0.0	0.0	0.0
		無回答	1.5	0.2	1.4	0.0	0.8	0.2	1.0	0.0
F7	[同居形態] 現在、あなたは誰と一緒にお住まいですか。このなかから、あてはまる人をすべてあげてください。(M.A.)	本人だけ	16.7	6.7	9.9	34.7	15.8			36.7
		配偶者やパートナー	55.9	76.7	53.3	57.0	59.3			52.6
		親 (配偶者の親を含む)	12.2	25.0	40.5	4.1	21.9			2.0
		子ども (子の配偶者を含む)	38.6	56.9	46.2	24.8	48.1			27.8
		恋人・婚約者	4.3	0.0	2.6	0.5	1.4			2.5
		祖父母 (配偶者の祖父母を含む)	1.0	3.1	3.7	0.2	2.2			0.0
		孫	1.2	8.0	6.0	0.0	6.6			0.5
		兄弟姉妹 (配偶者の兄弟姉妹を含む)	6.6	5.2	20.0	1.3	7.1			0.9
		親戚	2.9	0.5	1.4	0.0	2.1			0.1
		ルームメイト・友達	6.0	0.1	3.5	0.1	0.6			1.4
		それ以外の人	0.4	0.1	0.0	0.0	0.3			0.1
		わからない	1.0	0.1	1.1	0.0	1.6			0.5

付録2 国別の単純集計表　309

番号	質問項目	回答選択肢	アメリカ 1008	日本 924	台湾 1005	ドイツ 1007	ロシア 1600	トルコ 1007	チェコ 981	アイスランド 881
F8	[生活程度] お宅の現在の生活程度は、世間一般からみて、この中のどれに属すると思いますか。	上	1.3	2.2	0.4	0.1	1.0	2.5	0.6	0.6
		中の上	10.9	12.7	10.9	4.0	3.3	8.5	5.8	6.9
		中	56.7	60.0	58.0	50.3	45.3	61.7	44.3	59.5
		中の下	23.4	19.0	22.0	30.5	26.6	15.9	29.1	26.1
		下	5.8	3.0	4.2	12.8	18.3	10.3	15.7	4.8
		わからない／無回答	1.9	3.1	4.5	2.3	5.5	1.1	4.5	2.2
F9	[世帯収入] (アメリカ) お宅の収入は、ご家族全部合わせて、過去1年間でおよそどれくらいになりましたか。この中ではどうでしょうか。ボーナスも含め、税込みでお答えください。	Under $20,000	11.1							
		$20,001 - $30,000	11.0							
		$30,001 - $40,000	12.1							
		$40,001 - $50,000	9.9							
		$50,001 - $60,000	8.2							
		$60,001 - $80,000	9.7							
		$80,001 - $100,000	5.8							
		$100,001 - $150,000	7.4							
		$150,001 - $200,000	2.1							
		Over $200,000	1.4							
		Refused	16.3							
		Don't know	5.0							
	[世帯収入] (日本) お宅の収入は、ご家族全部合わせて、過去1年間でおよそどれくらいになりましたか。この中ではどうでしょうか。ボーナスも含め、税込みでお答えください。	200万円未満		7.1						
		200万円〜400万円未満		19.2						
		400万円〜600万円未満		16.9						
		600万円〜800万円未満		15.4						
		800万円〜1,000万円未満		8.2						
		1,000万円〜1,500万円未満		5.2						
		1,500万円〜2,000万円未満		1.4						
		2,000万円以上		1.7						
		無回答（回答拒否）		12.0						
		わからない		12.9						

番号	質問項目	回答選択肢	アメリカ 1008	日本 924	台湾 1005	ドイツ 1007	ロシア 1600	トルコ 1007	チェコ 981	フィンランド 881
F 9	[世帯収入] (台湾) お宅の収入は、ご家族全部合わせて、過去1年間でおよそどれくらいになりましたでしょうか。この中ではどうでしょうか。ボーナスも含め、税込みでお答えください。	Under NT $300,000			13.4					
		NT $300,001–$600,000			22.0					
		NT $600,001–$900,000			13.6					
		NT $900,001–$1,200,000			6.9					
		NT $1,200,001–$1,500,000			3.3					
		NT $1,500,001–$1,800,000			2.5					
		NT $1,800,001–$2,100,000			1.4					
		Over NT $2,100,000			3.2					
		Refused (volunteered)			14.8					
		Don't know			18.9					
	[世帯収入] (ドイツ) お宅の収入は、ご家族全部合わせて、過去1年間でおよそどれくらいになりましたでしょうか。この中ではどうでしょうか。ボーナスも含め、税込みでお答えください。	Under $20,000				31.0				
		$20,001–$30,000				26.2				
		$30,001–$40,000				13.7				
		$40,001–$50,000				13.4				
		$50,001–$60,000				5.4				
		$60,001–$80,000				3.0				
		$80,001–$100,000				0.0				
		$100,001–$150,000				0.4				
		Refused				2.7				
		Don't know				4.3				

付録2 国別の単純集計表 *311*

番号	質問項目	回答選択肢	アメリカ 1008	日本 924	台湾 1005	ドイツ 1007	ロシア 1600	トルコ 1007	チェコ 981	アイスランド 881
F 9	[世帯収入] (ロシア) お宅の収入は、ご家族全部合わせて、過去1年間でおよそどれくらいになりましょうか。この中ではどうでしょうか。ボーナスも含め、税込みでお答えください。	0					0.3			
		Below 135000 rur.					38.4			
		135001-162000 rur.					10.9			
		162001-189000 rur.					5.2			
		189001-192000 rur.					2.9			
		192001-243000 rur.					5.1			
		243001-270000 rur.					2.7			
		270001-297000 rur.					1.8			
		297001-324000 rur.					2.0			
		324001-378000 rur.					2.4			
		378001-432000 rur.					1.2			
		432001-486000 rur.					1.2			
		486001-540000 rur.					0.9			
		540001-810000 rur.					1.4			
		810001-1080000 rur.					0.6			
		1080001-1350000 rur.					0.5			
		1350001-1620000 rur.					0.1			
		1620001-2160000 rur.					0.2			
		2160001-2700000 rur.					0.1			
		2700000-4050000 rur.					0.1			
		Above 5400001 rur.					0.1			
		No answer/refused					10.5			
		Don't know					11.8			

番号	質問項目	回答選択肢	アメリカ 1008	日本 924	台湾 1005	ドイツ 1007	ロシア 1600	トルコ 1007	チェコ 981	ﾎﾟｰﾗﾝﾄﾞ 881
F 9	[世帯収入] (トルコ) お宅の収入は、ご家族全部合わせて、過去1年間でおいくらになりましたか。この中ではどうでしょうか。ボーナスも含め、税込みでお答えください。	Under 500 TL (250)						12.1		
		Between 501-750 TL (625)						19.9		
		Between 751-1000 TL (875)						19.3		
		Between 1001-1250 TL (1125)						11.8		
		Between 1251-1500 TL (1375)						8.8		
		Between 1501-2000 TL (1750)						11.0		
		Between 2001-3000 TL (2500)						5.1		
		More than 3000 TL (4000)						4.0		
		98						5.2		
		99						2.9		
	[世帯収入] (チェコ) お宅の収入は、ご家族全部合わせて、過去1年間でおいくらになりましたか。この中ではどうでしょうか。ボーナスも含め、税込みでお答えください。	Under 130000 Czech crowns							12.8	
		130001-180000 Czech crowns							9.9	
		180001-230000 Czech crowns							9.4	
		230001-265000 Czech crowns							7.0	
		265001-300000 Czech crowns							6.1	
		300001-350000 Czech crowns							6.8	
		350001-385000 Czech crowns							4.6	
		385001-475000 Czech crowns							5.4	
		475001-540000 Czech crowns							3.7	
		More than 540000 Czech crowns							4.0	
		REFUSED							17.6	
		DON＝T KNOW							12.6	

注）ドイツの学歴は複雑で他国との比較は難しい。ここでは、調査実施を委託したドイツ調査機関がドイツ語の回答内容を国際比較向けにコード化したものである。

執筆者紹介（50音順）

石川　晃弘	中央大学名誉教授，中央大学社会科学研究所客員研究員	
佐々木　正道	中央大学文学部教授，中央大学社会科学研究所研究員・幹事	
田野崎　昭夫	中央大学名誉教授，中央大学社会科学研究所客員研究員	
林　　文	中央大学社会科学研究所客員研究員	
森　　秀樹	兵庫教育大学大学院学校教育研究科教授	
	中央大学社会科学研究所客員研究員	
安野　智子	中央大学文学部教授，中央大学社会科学研究所研究員	
吉野　諒三	統計数理研究所データ科学研究系教授	
	中央大学社会科学研究所客員研究員	

ウラヂミール・ダヴィデンコ（VLADIMIR・DAVYDENKO）
　　　　チューメン大学教授（ロシア）

ニコライ・ドリャフロフ（NIKOLAY・DRYAKHLOV）
　　　　モスクワ大学教授（ロシア）

信頼感の国際比較研究　　　　　中央大学社会科学研究所研究叢書 26

2014 年 3 月 25 日　発行

編著者　　佐々木　正道

発行者　　中央大学出版部
　　　　　代表者　遠山　曉

〒192-0393　東京都八王子市東中野 742-1
発行所　中央大学出版部
電話 042(674)2351　FAX 042(674)2354
http://www2.chuo-u.ac.jp/up/

Ⓒ 2014　　　　　　　　　　　電算印刷㈱
ISBN 978-4-8057-1327-3

中央大学社会科学研究所研究叢書

**1　中央大学社会科学研究所編
自主管理の構造分析
－ユーゴスラヴィアの事例研究－**
A5判328頁・2800円

80年代のユーゴの事例を通して，これまで解析のメスが入らなかった農業・大学・地域社会にも踏み込んだ最新の国際的な学際的事例研究である。

**2　中央大学社会科学研究所編
現代国家の理論と現実**
A5判464頁・4300円

激動のさなかにある現代国家について，理論的・思想史的フレームワークを拡大して，既存の狭い領域を超える意欲的で大胆な問題提起を含む共同研究の集大成。

**3　中央大学社会科学研究所編
地域社会の構造と変容
－多摩地域の総合研究－**
A5判462頁・4900円

経済・社会・政治・行財政・文化等の各分野の専門研究者が協力し合い，多摩地域の複合的な諸相を総合的に捉え，その特性に根差した学問を展開。

**4　中央大学社会科学研究所編
革命思想の系譜学
－宗教・政治・モラリティ－**
A5判380頁・3800円

18世紀のルソーから現代のサルトルまで，西欧とロシアの革命思想を宗教・政治・モラリティに焦点をあてて雄弁に語る。

**5　高柳先男編著
ヨーロッパ統合と日欧関係
－国際共同研究Ⅰ－**
A5判504頁・5000円

EU統合にともなう欧州諸国の政治・経済・社会面での構造変動が日欧関係へもたらす影響を，各国研究者の共同研究により学際的な視点から総合的に解明。

**6　高柳先男編著
ヨーロッパ新秩序と民族問題
－国際共同研究Ⅱ－**
A5判496頁・5000円

冷戦の終了とEU統合にともなう欧州諸国の新秩序形成の動きを，民族問題に焦点をあて各国研究者の共同研究により学際的な視点から総合的に解明。

— 中央大学社会科学研究所研究叢書 —

坂本正弘・滝田賢治編著

7 現代アメリカ外交の研究

A 5 判264頁・2900円

冷戦終結後のアメリカ外交に焦点を当て，21世紀，アメリカはパクス・アメリカーナⅡを享受できるのか，それとも「黄金の帝国」になっていくのかを多面的に検討．

鶴田満彦・渡辺俊彦編著

8 グローバル化のなかの現代国家

A 5 判316頁・3500円

情報や金融におけるグローバル化が現代国家の社会システムに矛盾や軋轢を生じさせている．諸分野の専門家が変容を遂げようとする現代国家像の核心に迫る．

林　茂樹編著

9 日本の地方CATV

A 5 判256頁・2900円

自主製作番組を核として地域住民の連帯やコミュニティ意識の醸成さらには地域の活性化に結び付けている地域情報化の実態を地方のCATVシステムを通して実証的に解明．

池庄司敬信編

10 体制擁護と変革の思想

A 5 判520頁・5800円

A.スミス，E.バーク，J.S.ミル，J.J.ルソー，P.J.プルードン，Ф.Н.チュッチェフ，安藤昌益，中江兆民，梯明秀，P.ゴベッティなどの思想と体制との関わりを究明．

園田茂人編著

11 現代中国の階層変動

A 5 判216頁・2500円

改革・開放後の中国社会の変貌を，中間層，階層移動，階層意識などのキーワードから読み解く試み．大規模サンプル調査をもとにした，本格的な中国階層研究の誕生．

早川善治郎編著

12 現代社会理論とメディアの諸相

A 5 判448頁・5000円

21世紀の社会学の課題を明らかにし，文化とコミュニケーション関係を解明し，さらに日本の各種メディアの現状を分析する．

中央大学社会科学研究所研究叢書

石川晃弘編著

13 体制移行期チェコの雇用と労働

A5判162頁・1800円

体制転換後のチェコにおける雇用と労働生活の現実を実証的に解明した日本とチェコの社会学者の共同労作。日本チェコ比較も興味深い。

内田孟男・川原　彰編著

14 グローバル・ガバナンスの理論と政策

A5判300頁・3600円

グローバル・ガバナンスは世界的問題の解決を目指す国家，国際機構，市民社会の共同を可能にさせる。その理論と政策の考察。

園田茂人編著

15 東アジアの階層比較

A5判264頁・3000円

職業評価，社会移動，中産階級を切り口に，欧米発の階層研究を現地化しようとした労作。比較の視点から東アジアの階層実態に迫る。

矢島正見編著

16 戦後日本女装・同性愛研究

A5判628頁・7200円

新宿アマチュア女装世界を彩った女装者・女装者愛好男性のライフヒストリー研究と，戦後日本の女装・同性愛社会史研究の大著。

林　茂樹編著

17 地域メディアの新展開
－CATVを中心として－

A5判376頁・4300円

『日本の地方CATV』（叢書9号）に続くCATV研究の第2弾。地域情報，地域メディアの状況と実態をCATVを通して実証的に展開する。

川崎嘉元編著

18 エスニック・アイデンティティの研究
－流転するスロヴァキアの民－

A5判320頁・3500円

多民族が共生する本国および離散・移民・殖民・難民として他国に住むスロヴァキア人のエスニック・アイデンティティの実証研究。

中央大学社会科学研究所研究叢書

菅原彬州編

19 連続と非連続の日本政治

A5判328頁・3700円

近現代の日本政治の展開を「連続」と「非連続」という分析視角を導入し，日本の政治的転換の歴史的意味を捉え直す問題提起の書。

斉藤　孝編著

20 社会科学情報のオントロジ
－社会科学の知識構造を探る－

A5判416頁・4700円

オントロジは，知識の知識を研究するものであることから「メタ知識論」といえる。本書は，そのオントロジを社会科学の情報化に活用した。

一井　昭・渡辺俊彦編著

21 現代資本主義と国民国家の変容

A5判320頁・3700円

共同研究チーム「グローバル化と国家」の研究成果の第3弾。世界経済危機のさなか，現代資本主義の構造を解明し，併せて日本・中国・ハンガリーの現状に経済学と政治学の領域から接近する。

宮野　勝編著

22 選挙の基礎的研究

A5判150頁・1700円

外国人参政権への態度・自民党の候補者公認基準・選挙運動・住民投票・投票率など，選挙の基礎的な問題に関する主として実証的な論集。

礒崎初仁編著

23 変革の中の地方政府
－自治・分権の制度設計－

A5判292頁・3400円

分権改革とNPM改革の中で，日本の自治体が自立した「地方政府」になるために何をしなければならないか，実務と理論の両面から解明。

石川晃弘・リュボミール・ファルチャン・川崎嘉元編著

24 体制転換と地域社会の変容
－スロヴァキア地方小都市定点追跡調査－

A5判352頁・4000円

スロヴァキアの二つの地方小都市に定点を据えて，社会主義崩壊から今日までの社会変動と生活動態を3時点で実証的に追跡した研究成果。

中央大学社会科学研究所研究叢書

石川晃弘・佐々木正道・白石利政・ニコライ・ドリャフロフ編著

25 グローバル化のなかの企業文化
　　　―国際比較調査から―

A 5 判400頁・4600円

グローバル経済下の企業文化の動態を「企業の社会的責任」や「労働生活の質」とのかかわりで追究した日中欧露の国際共同研究の成果。

＊価格は本体価格です。別途消費税が必要です。